Um grande sinal apareceu no céu

Mafalda Pereira Böing

Prefácio e apresentações de
Dom Murilo S. R. Krieger, SCJ

Um grande sinal apareceu no céu

Manifestações carinhosas da **Mãe de Jesus**

Edições Loyola

Dados Internacionais de Catalogação na Publicação (CIP)
(Câmara Brasileira do Livro, SP, Brasil)

Böing, Mafalda Pereira
   Um grande sinal apareceu no céu : manifestações carinhosas da Mãe de Jesus / Mafalda Pereira Böing ; prefácio e apresentações de Dom Murilo S. R. Krieger. -- São Paulo : Edições Loyola, 2024.
   -- (Espiritualidade Mariana)

   ISBN 978-65-5504-355-6

   1. Maria, Virgem, Santa 2. Maria, Virgem, Santa - Aparições e milagres 3. Maria, Virgem, Santa - Devoção I. Krieger, Murilo S. R. II. Título. III. Série.

24-203379   CDD-232.91

Índices para catálogo sistemático:
1. Mariologia : Teologia cristã   232.91

Cibele Maria Dias - Bibliotecária - CRB-8/9427

Preparação: Paulo Fonseca
Capa: Ronaldo Hideo Inoue
   Composição a partir da montagem da imagem generativa de © Faith Stock com a ilustração de © mimibubu. Na contracapa, imagem generativa de © Faith Stock. © Adobe Stock.
Diagramação: Desígnios Editoriais
Imagens de Miolo: © Philipimage, © Alexandre, © Tekweni, © ZayNyi, © davmar86, © lisima. © Adobe Stock.

Edições Loyola Jesuítas
Rua 1822 nº 341 – Ipiranga
04216-000 São Paulo, SP
T 55 11 3385 8500/8501, 2063 4275
editorial@loyola.com.br
vendas@loyola.com.br
www.loyola.com.br

Todos os direitos reservados. Nenhuma parte desta obra pode ser reproduzida ou transmitida por qualquer forma e/ou quaisquer meios (eletrônico ou mecânico, incluindo fotocópia e gravação) ou arquivada em qualquer sistema ou banco de dados sem permissão escrita da Editora.

ISBN 978-65-5504-355-6

© EDIÇÕES LOYOLA, São Paulo, Brasil, 2024

"Um grande sinal apareceu no céu:
uma mulher vestida de sol,
tendo a lua debaixo dos pés e,
sobre a cabeça, uma coroa de doze estrelas."
(Ap 12,1)

A meu marido,
aos meus filhos e netos,
com muito carinho.

SUMÁRIO

PREFÁCIO: Maria e as bênçãos do céu 13

CAPÍTULO I
Nossa Senhora de Loreto e a Santa Casa

APRESENTAÇÃO: Bem-vindo à Santa Casa! 17
INTRODUÇÃO: "Desde agora me chamarão bem-aventurada todas as gerações" 19
    1. Cidade Santuário 21
    2. Deus veio morar no meio dos homens 23
    3. A Santa Casa de Nazaré é levada para a Europa 30
    4. Autenticidade da Santa Casa 32
    5. Como era a Casa de Maria? 41
    6. Festas, liturgias e celebrações 46
    7. Igreja, Santuário, Basílica 50
    8. Os santos e o Santuário de Loreto 52
CONCLUSÃO: Um lugar de bênçãos e graças 55
ORAÇÕES 57
BIBLIOGRAFIA 62

CAPÍTULO II
Nossa Senhora de Guadalupe, a Mãe de Deus nas Américas

APRESENTAÇÃO: Guadalupe: a Mãe latino-americana 67
INTRODUÇÃO: "Menina minha" 69
    1. Um país chamado México 70
    2. O primeiro encontro com a Virgem 72
    3. A primeira visita ao Bispo 74
    4. O segundo encontro com a Virgem 75
    5. A segunda visita ao Bispo 77
    6. O terceiro encontro com a Virgem 78
    7. A terceira visita ao Bispo – o milagre do manto 80
    8. A cura de Juan Bernardino 81

9. O pedido da Virgem é atendido.. 82
10. O reconhecimento das aparições... 83
11. O nome: Virgem de Guadalupe.. 84
12. O manto de Juan Diego... 86
13. O quadro de Guadalupe... 88
14. Estudos científicos do quadro... 89
15. O mistério dos olhos.. 92
16. Documentos... 95
17. O atentado.. 97
CONCLUSÃO: Maria socorre seus filhos.. 99
BIBLIOGRAFIA 102

CAPÍTULO III
Nossa Senhora Aparecida, Padroeira do Brasil

APRESENTAÇÃO: A Mãe dos brasileiros 105
INTRODUÇÃO: Um sinal da presença de Deus..................................... 107
1. O rio foi a origem de tudo.. 108
2. O conde de Assumar tornou-se um enviado......................... 110
3. Nossa Senhora morena... 114
4. Os primeiros milagres.. 116
5. De oratório a Basílica... 120
6. A profanação da imagem.. 128
7. Uma história cheia de bênçãos.. 131
8. Os redentoristas... 132
9. Romeiros e romarias.. 136
10. Os Papas peregrinos em Aparecida....................................... 139
11. A devoção mariana.. 144
12. Datas significativas na história de Aparecida....................... 147
APÊNDICE: Consagração a Nossa Senhora Aparecida....................... 150
BIBLIOGRAFIA 156

CAPÍTULO IV
Nossa Senhora das Graças, a Medalha Milagrosa

APRESENTAÇÃO: Carinho materno.. 159
INTRODUÇÃO: Maria e seus braços abertos.. 161

1. A vidente: suas origens 163
2. Catarina em família 164
3. Um chamado maior 166
4. Caminho tortuoso 168
5. Uma simples noviça 170
6. Primeira aparição 172
7. Segunda aparição 175
8. Uma santa vida oculta 177
9. Missão a cumprir 179
10. Partida para o céu 182
11. A capela da Rue du Bac, em Paris 184
12. A Medalha Milagrosa 186
13. A capela do milagre 190
14. A resposta de Deus 191
15. Maria, o melhor instrumento de Deus 193
ORAÇÕES 196
BIBLIOGRAFIA 201

CAPÍTULO V

Nossa Senhora de La Salette, a mãe chora por seus filhos

APRESENTAÇÃO: As lágrimas de Nossa Senhora 205
INTRODUÇÃO: Um encontro à beira da estrada 207
1. A situação 208
2. La Salette 209
3. Setembro de 1846 210
4. A aparição 212
5. Retorno à aldeia 215
6. A fonte milagrosa 217
7. Lágrimas de luz 218
8. Primeiros tempos 223
9. A atitude da Igreja 225
10. Uma luz que vem dos Alpes 227
11. O santuário 230
12. Maximin 232
13. Mélanie 237
14. O que dizer? 240
15. Por quem chorou Nossa Senhora? 241
BIBLIOGRAFIA 243

CAPÍTULO VI
Nossa Senhora de Lourdes, uma fonte de Graças

APRESENTAÇÃO: O recado que se renova 247
INTRODUÇÃO: Amizade e intimidade com Deus 249
    1. Histórico 250
    2. As aparições 252
    3. A vidente 261
    4. A mensagem 266
    5. Os milagres 269
    6. Centro de oração 275
    7. Centro de peregrinação 276
CONCLUSÃO 278
BIBLIOGRAFIA 280

CAPÍTULO VII
Nossa Senhora de Fátima, um apelo materno

APRESENTAÇÃO: Fátima: a experiência do Evangelho 283
INTRODUÇÃO: Os planos de Deus 285
    1. O local das aparições 286
    2. As aparições 287
    3. Os videntes 297
    4. A grande promessa do Imaculado Coração de Maria 299
    5. A mensagem de Fátima: penitência, oração, rosário 300
    6. As orações ensinadas em Fátima 303
    7. A devoção dos 5 Primeiros Sábados 304
    8. A consagração ao Imaculado Coração de Maria 306
CONCLUSÃO 308

PREFÁCIO

Maria e as bênçãos do céu

Ao longo dos últimos anos, as Edições Loyola publicaram uma série de livros referentes a aparições ou manifestações de Nossa Senhora, todos de autoria da professora Mafalda Pereira Böing. Agora, esses textos são publicados em um só volume. Nesta publicação, *Um grande sinal apareceu no céu. Manifestações carinhosas da Mãe de Jesus* – optou-se pela ordem cronológica das manifestações:

- *Nossa Senhora de Loreto e a Santa Casa* (1293)
- *Nossa Senhora de Guadalupe, a Mãe de Deus nas Américas* (1531)
- *Nossa Senhora Aparecida, Padroeira do Brasil* (1717)
- *Nossa Senhora das Graças, a Medalha Milagrosa* (1830)
- *Nossa Senhora de La Salette, a mãe chora por seus filhos* (1846)
- *Nossa Senhora de Lourdes, uma fonte de Graças* (1858)
- *Nossa Senhora de Fátima, um apelo materno* (1917)

A fé nos ensina que Deus se revelou "muitas vezes e de muitos modos... a nossos pais, pelos profetas. Nestes dias... falou-nos por meio do Filho... expressão de seu ser" (Hb 1,1-3). Em Jesus, Deus nos mostrou a sua face e nos ensinou tudo o que queria nos ensinar. Assim, nem aparições nem outras manifestações extraordinárias acrescentam algum dado novo à Revelação. Cabe-nos, pois, escutar Jesus, como o próprio Pai nos recomendou no momento da Transfiguração: "Este é o meu Filho amado... Escutai-o!" (Mt 17,5). As aparições reconhecidas pela Igreja tão somente recordam ou atualizam, explicam ou manifestam com nova intensidade o que já nos foi revelado.

Maria nos foi dada em um momento dramático da vida de seu filho Jesus: quando esteve pregado na Cruz e precisava fazer um esforço imenso para dizer qualquer palavra. A partir daí, ela "continua agora no céu a desempenhar o papel de Mãe, cooperando na geração e no crescimento da vida divina em cada uma das almas dos homens resgatados" (São Paulo VI, Exortação apostólica *Signum Magnum*, 20). As aparições de Guadalupe ou da Rue du Bac, de La Salette, Lourdes ou Fátima, a Santa Casa de Loreto e o encontro da imagem da Imaculada (Aparecida) no Rio Paraíba do Sul são prova disso.

A Igreja está convicta de que "não há fruto da graça da História da Salvação que não tenha como instrumento necessário a mediação de Nossa Senhora. [...] Agradeçamos a Deus Pai, a Deus Filho, a Deus Espírito Santo, dos quais nos vêm, por intermédio da Virgem Maria, todas as bênçãos do céu" (Bento XVI, durante a Canonização de Frei Galvão, São Paulo, 11 mai. 2007).

Os textos que seguem procuram apresentar o que há de mais importante em cada uma das sete manifestações carinhosas da Mãe de Jesus. Eles são de autoria, repito, da professora Mafalda Pereira Böing. A apresentação de cada um dos capítulos foi feita por mim.

Dom Murilo S. R. Krieger, SCJ
ARCEBISPO EMÉRITO DE SÃO SALVADOR DA BAHIA

CAPÍTULO I

Nossa Senhora de Loreto e a Santa Casa

"Nos momentos mais importantes de vossa vida,
vinde aqui [em Loreto], ao menos com o coração,
para recolher-vos espiritualmente
entre as paredes da Santa Casa."
(Papa Bento XVI – Loreto, 02 set. 2007)

APRESENTAÇÃO

Bem-vindo à Santa Casa!

"Alegra-te, cheia de graça! O Senhor está contigo" (Lc 1,28). A jovem de Nazaré, ao escutar essa mensagem, não poderia ter tido outra reação: diante do que lhe disse o enviado de Deus, ela se perturbou "e começou a pensar qual seria o significado da saudação" (Lc 1,29). Quando o anjo Gabriel explicou-lhe a razão daquela inesperada visita e do convite feito ("Encontraste graça junto a Deus!", Lc 1,30), sobretudo ao ser lembrada de que "para Deus nada é impossível" (Lc 1,37), Maria pronunciou as palavras mais importantes e decisivas de sua vida: "Eis aqui a serva do Senhor! Faça-se em mim segundo a tua palavra" (Lc 1,38). Naquele momento, por causa do "sim" de Maria, "a Palavra se fez carne e veio morar entre nós" (Jo 1,14). Ao assumir a nossa carne, Jesus, verdadeiro Deus, tornava-se também verdadeiro homem.

Esse momento, determinante para a História da humanidade, não foi testemunhado, mas sabemos o que aconteceu e como pelo evangelista Lucas, em sua dedicatória a Teófilo: "Muitos se propuseram escrever uma narração dos fatos que aconteceram entre nós [...]. Por isso, ilustríssimo Teófilo, depois de ter investigado cuidadosamente tudo desde as origens, eu também resolvi te escrever um relato com ordem e sequência, para que tenhas na devida conta a solidez dos ensinamentos que recebeste oralmente" (Lc 1,1-2.4).

Será mesmo que esse acontecimento não teve testemunhas? Na verdade teve, sim. As paredes da casa de Nazaré, onde morava Maria, "ouviram" o que ali foi dito e repercutiram as palavras da mãe de Jesus e do anjo Gabriel pelos ares daquela cidade, da Terra Santa, do mundo e dos séculos.

Séculos depois, essas paredes foram transportadas para a Itália e hoje se encontram na cidade de Loreto. Essa é a história que será contada nestas páginas, a partir da experiência pessoal da autora, que, com o marido e alguns familiares, ali passou alguns meses, pesquisando e rezando naquele ambiente, agora repassando o que vivenciou aos que têm interesse em conhecer aquele que é o primeiro Santuário mariano.

É oportuno lembrar aqui as palavras do papa São João Paulo II, por ocasião do VII Centenário Lauretano:

> Não se contam as almas de simples fiéis e de santos canonizados pela Igreja que, entre as paredes da capela lauretana, tiveram a sua "anunciação", ou seja, a revelação do projeto de Deus sobre a sua vida, e, no seguimento de Maria, pronunciaram o seu *fiat* e o seu "eis-me!" definitivo a Deus. [...] Em Loreto... muitos se convertem da incredulidade à fé, do pecado à graça, da tibieza e da superficialidade ao fervor espiritual e ao empenho do testemunho. Loreto é uma paragem de paz para a alma; é um encontro particular com Deus; é um refúgio para quem procura a Verdade e o sentido da própria vida (15 ago. 1993).

Muitos não têm condições de ir a Loreto; outros não podem retornar àquele Santuário todas as vezes que gostariam. Estas páginas desejam levar Loreto para perto de todos, para dentro do seu coração. Desfrute dessa experiência!

Dom Murilo S. R. Krieger, SCJ

INTRODUÇÃO

"Desde agora me chamarão bem-aventurada todas as gerações"

Ao visitar sua prima Isabel e, tendo ouvido os elogios que essa parente lhe dirigiu, Maria proclamou no *Magnificat*: "Por isso, desde agora, me chamarão bem-aventurada todas as gerações" (Lc 1,48). Ela reconheceu o que Deus realizara nela: estava grávida por obra do Espírito Santo. Agora, ela levava no seu seio divino seu filho Jesus.

Essa profecia vem se realizando no decorrer do tempo, e verdadeiras multidões de devotos marianos têm louvado e prestigiado aquela que Deus escolheu e cobriu de graças porque aceitou ser a mãe do Messias.

Nos mais variados lugares e nações do mundo, Maria é conhecida por diversos nomes, todos com tocantes histórias: Nossa Senhora de Guadalupe, no México e na América Latina, tem traços indígenas e é defensora dos oprimidos e das minorias; Nossa Senhora de La Salette, na França, trajando touca e avental de camponesa, pede conversão e oração, especialmente pelos sacerdotes, e insiste na frequência aos sacramentos; Nossa Senhora Aparecida, no Brasil, toda negra e coroada, faz o povo se unir para rezar o terço e colocar Deus em primeiro lugar em sua vida; Nossa Senhora da Revelação, em Roma, veste um longo manto verde e carrega a Bíblia na mão. São tantas as invocações!

Nestas páginas escrevo sobre Nossa Senhora, porém sem mensagens, recomendações, recados ou pedidos da Mãe de Jesus, nem trajes especiais. Segundo a imagem que a lembra, Nossa Senhora de Loreto tem a pele escura e traz o Menino Jesus ao colo. Os dois, quase inteiramente cobertos por uma túnica dourada e com enfeites, são coroados com realeza porque, durante séculos, têm sido muito amados por multidões de devotos. Desde sempre, eles estão ali, dentro da Santa Casa, na Basílica de Loreto. Maria acolhe multidões e lhes concede bênçãos e graças. É uma presença de tranquilidade, paz, harmonia e simplicidade: Maria e Jesus, na sua moradia, na sua casa, a mesma de Nazaré, que agora está em Loreto.

Lá, Jesus e Maria, há dois mil anos (1.300 em Nazaré; 700 em Loreto) esperam nossa visita, ainda como naquele tempo: visita do dia a dia, para repousar, revigorar as forças, fortalecer a fé, falar sobre as necessidades dos parentes e amigos, contar as dificuldades em levar nossa cruz e também as alegrias da vida em família e na comunidade. Se nos colocarmos em atitude de escuta, ouviremos os conselhos da Virgem, renovaremos nossas forças e poderemos voltar para nossas atividades (e dificuldades) rotineiras.

Nossa Senhora de Loreto, apesar de sua coroa, não se fecha em sua realeza, mas cuida do filho, arruma suas roupas, limpa a casa, faz pão e geleias e também recebe com carinho os que buscam seu filho. Essa é a mãe que também nós queremos buscar na Santa Casa em Loreto.

Espero e desejo que este meu relato possa ajudar os leitores a fazer essa visita. Não é preciso ir à Itália para isso: basta conhecer um pouco a história da Santa Casa, concentrar-se em oração e imaginar-se lá, visitando Maria e Jesus, com devoção, simplicidade e amor.

Que todos consigam essa bênção e aproveitem ao máximo o encontro com a Virgem de Loreto e o seu Menino Jesus!

Mafalda Böing

1
Cidade Santuário

Quase no centro da Itália, à beira do mar Adriático, há uma bela região de colinas cobertas de pomares, lavouras, aldeias e uma produtiva indústria espalhada pelas planícies. Na maior parte dessas colinas há sempre uma cidade muito antiga, cuja parte central geralmente é rodeada de muralhas. Em uma dessas colinas, com bela vista para o mar e sobressaindo a todas as outras, começou a ser formada, no século XIII, a cidade de Loreto, com seu Santuário da Santa Casa.

Loreto, uma esplêndida cidade de fé, cultura e arte, é um conjunto arquitetônico de uma riqueza sem par, como são as preciosidades encontradas entre suas muralhas. Essas preciosidades espalham-se ao redor da Basílica, construída no século XVI, obra monumental e verdadeiro museu, que apresenta magníficas obras de arte de variados artistas, contados entre os mais famosos do mundo.

A Basílica abriga em seu interior a Santa Casa, local onde, segundo a tradição, nasceu a Virgem Maria, filha de Joaquim e Ana. Mais tarde, na mesma casa, Maria recebeu a visita do Arcanjo Gabriel, que lhe anunciou ter sido ela a escolhida por Deus para ser a mãe de Jesus, o Messias. Foi lá que ela disse "sim" ao Criador. Então, o Espírito Santo desceu sobre ela e o poder do Altíssimo a cobriu com sua sombra, e o que dela nasceu é Filho de Deus (cf. Lc 1,35-36).

Em Loreto, na Itália, encontra-se hoje aquela casa simples e humilde, embora rodeada de mármores e obras de arte por estar dentro da Basílica. Podemos imaginar quantas vezes Maria limpou aquelas paredes e, certamente, José nelas encostou suas costas suadas depois de muito trabalhar nas encomendas da carpintaria. E o Menino, humano como todos os meninos da terra, deve ter encostado naquelas paredes as mãos e os pés, cansado de correr... Paredes que abrigaram uma família no seu dia a dia, acompanhando seus risos, choros, conversas, cantos, orações e, talvez, os momentos de adeus e até mesmo de luto, pois lá provavelmente morreu São José.

A Santa Casa não é grande. É um ambiente pequeno, sem móveis, tendo ao fundo um altar com a imagem de Nossa Senhora, toda negra, inteiramente coberta por uma dalmática – espécie de túnica dourada –, que não cobre tão somente a cabeça de Nossa Senhora, a cabeça e os bracinhos do Menino Jesus, que ela tem no colo.

O ambiente é de poucas e fracas luzes, que dão mais solenidade às paredes de pedras enegrecidas pelo tempo. Há sempre pessoas silenciosas, ajoelhadas ou de pé, num clima de profunda e fervorosa oração.

De todos os cantos do mundo chegam peregrinos à procura de saúde, carinho materno, compreensão, rumo, fé. Muitos casais com dificuldade para engravidar buscam, na Santa Casa, o milagre de um filho que lhes alegre o lar, como Jesus alegrou o lar de Maria. É comum ver também casais que, agradecidos e felizes, levam seus bebês para mostrar à Virgem.

A Santa Casa é o santuário que mais recorda a união de Jesus com Maria. Quando Deus convidou a Virgem para participar do plano da Salvação, o projeto era apenas este: ser mãe de Jesus, com todas as suas consequências. Ela compreendeu isso perfeitamente, e assim viveu.

Como escreveu Dom Murilo Krieger no livro *Com Maria, a Mãe de Jesus*: "O povo de Deus cedo descobriu que onde está Jesus, está Maria. Silenciosa e humilde, simples e corajosa, ninguém como ela viveu o ideal evangélico. Não tinha projetos paralelos nem procurou jamais sua própria vontade".

A Santa Casa nos lembra justamente isto: a casa da Sagrada Família foi a morada do Filho de Deus com sua mãe e São José, por isso é um lugar tão especial. A Basílica de Loreto contém o maior tesouro da humanidade, pois guarda o lugar aonde Deus veio encontrar a sua criatura e junto dela fazer morada. Sobre o altar, em latim, está escrita uma frase que nos emociona: *Hic verbum caro factum est* ("Aqui o Verbo se fez carne"). Não é apenas um enfeite, é a frase mais importante que as palavras humanas poderiam formar.

Quando, em 1994, o santo papa João Paulo II visitou Loreto, afirmou: "De fato, tudo teve início com Maria, na Casa de Nazaré".

Muitos perguntam: "Como a Santa Casa foi parar na Itália? Já não existe uma Basílica da Anunciação em Nazaré, na Terra Santa?". Para responder a essas dúvidas, "viajemos": antes de falar de Loreto, vamos visitar o Oriente.

2

Deus veio morar no meio dos homens

Há pouco mais de 2 mil anos, em Nazaré da Galileia, morava um casal, Joaquim e Ana. Ela era descendente do sacerdote Aarão e Joaquim descendia do rei Davi. Tendo chegado à velhice, e sem filhos, sofriam, pois, além de os filhos serem considerados uma bênção especial de Deus, eram desejados porque se sabia que de uma família do Povo Escolhido haveria de nascer o Messias. É compreensível, portanto, que Joaquim e Ana buscassem consolo e depositassem esperança nas orações que faziam a Deus, pedindo a graça de um filho. Somente quando estava com idade avançada é que Ana engravidou e deu à luz Maria (Miriam, em hebraico), que quer dizer: Senhora da Luz. A menina foi levada cedo para o Templo, no qual seria educada e onde ficaria até o noivado com algum jovem escolhido por seus pais. O escolhido foi José.

A casa de Joaquim e Ana, como muitas em Nazaré, consistia no aproveitamento de uma gruta (formação rochosa frequente na região), à qual se anexava uma construção com três paredes de pedra. Nessa parte da moradia havia uma janela e uma porta, por onde se alcançava o interior da casa. Ambiente confortável, mas tudo muito simples. Foi ali que, "na plenitude dos tempos" (cf. Gl 4,4), entre milhares de jovens de Israel, Deus escolheu Maria para ser a mãe do Salvador, mãe do Messias, e a preparou para isso, fazendo-a nascer *repleta dos favores divinos* e sem o pecado original.

O Salvador era promessa de Deus, que criou o ser humano para o amor. Quando o homem, na liberdade que lhe foi dada pelo Criador, afastou-se dele, seu bem infinito, Deus lhe abriu as portas fechadas pelo pecado, prometendo mandar o Messias, o Salvador.

Santo Tomás de Aquino ensinou que o mistério da Encarnação é o milagre incompreensível, no qual Deus nos mostra o seu amor pelos homens. Lemos em Oseias 11,4: "Quero atraí-los e uni-los a mim pelos laços do amor". Santo Agostinho escreveu: "Considera este prodígio, ó homem, o teu Deus se fez teu irmão!" E o evangelista São João proclamou: "Deus amou tanto o mundo, que deu seu filho unigênito, para que não morra todo o que nele crer, mas tenha a vida eterna" (Jo 3,16).

Referindo-se ao dom que o Pai nos fez ao enviar seu Filho, o papa São João Paulo II observou: "Porque, pela sua Encarnação, ele, o Filho de Deus, uniu-se de certo modo a cada homem, trabalhou com mãos de homem, pensou com mente de homem, agiu com vontade de homem e amou com coração de homem" (Encíclica *Redemptor hominis*). Realmente, como ensinava Santo Ambrósio: "Deus desceu à terra para que pudéssemos subir aos céus".

É por causa da misericórdia divina que temos um céu à nossa espera. Misericórdia quer dizer amor gratuito, compaixão; é o coração amoroso de Deus debruçado sobre a miséria humana. Jesus Cristo, a segunda Pessoa da Santíssima Trindade, veio debruçar-se sobre a miséria humana em nome do Pai, para nos mostrar o grande amor desse Pai por nós e para nos ensinar a também sermos misericordiosos.

A Encarnação é o mistério central da nossa fé: nosso Deus veio um dia morar conosco. Ele tomou um corpo humano, conviveu com as fraquezas e misérias humanas, e também com as lutas, as esperanças e a fé dos homens. Para Santo Agostinho, Santo Anselmo e Santo Tomás de Aquino, se não existisse o pecado, não teria existido a Encarnação. Por isso, podemos dizer com Santo Agostinho: "Ó feliz culpa, que mereceu tal e tão grande Redentor". De fato, se Jesus não tivesse se encarnado, nós, seres humanos, viveríamos sem esperança, como viventes em um canto escuro e úmido do quarto dos fundos, onde haveria frio, dúvidas, confusão, desorientação. A Encarnação mudou tudo: trouxe-nos para a sala da frente, para os tapetes macios, as almofadas, as flores e a música, com o sol entrando pelos vidros e reanimando os ossos...

O papa Bento XVI, em uma catequese sobre o beato João Duns Scotus, afirmou: "Antes de tudo, ele meditou sobre o Mistério da Encarnação e, ao contrário de muitos pensadores cristãos daquela época, sustentou que o Filho de Deus se teria feito homem também se a humanidade não tivesse pecado". Jesus Cristo se encarnou por amor a cada criatura, para oferecer a todos a Redenção, mas também a fim de demonstrar o profundo amor do Pai pela humanidade, que quer que todos os homens e mulheres se salvem.

Deus veio definitivamente para dentro da História da humanidade, mas também quer vir pessoalmente para cada um de nós. Então poderemos dizer, como São Paulo: "Já não sou eu que vivo, é Cristo que vive em mim" (Gl 2,20).

Em 4 de outubro de 2012, na missa em frente da Basílica de Loreto, onde foi entregar o "Ano da Fé" à proteção de Nossa Senhora, o papa Bento XVI falou à multidão de fiéis peregrinos:

> Na crise atual que atinge não apenas a economia, mas vários setores da sociedade, a Encarnação do filho de Deus nos fala de quanto o homem é importante para Deus e Deus para o homem. Sem Deus o homem acaba por deixar o seu egoísmo prevalecer sobre a solidariedade e o amor, as coisas materiais sobre os valores, o ter sobre o ser. É preciso voltar para Deus para que o homem volte a ser homem. Com Deus, mesmo nos momentos difíceis de crise, o horizonte da esperança não desaparece: a Encarnação nos diz que jamais estamos sozinhos, Deus entrou em nossa humanidade e nos acompanha.

Essas palavras nos lembram de que Deus está sempre conosco, porque "o Verbo se fez carne e habitou entre nós" (Jo 1,14). Deus não se esqueceu, pois, de sua obra-prima e, para tê-la de volta, ousou o que só ele poderia ousar: decidiu vir morar com ela como um igual. Queria provar ao ser humano que somente o amor-doação pode salvar.

Esse acontecimento ímpar, esse prodígio inatingível à compreensão humana a não ser pela fé, só Deus podia planejar e realizar. Ele o realizou naquela casa de Nazaré, que hoje chamamos Santa Casa, pelo que nela ocorreu: Deus se aninhou no seio de Maria, a filha de Joaquim e Ana; ela era uma jovem mulher plena de qualidades e graças, que acreditava no Plano de Salvação. Como todo o seu povo, ansiava e rezava pela vinda do Messias, anunciado séculos antes pelos Profetas. A ela Deus mandou o arcanjo Gabriel, que lhe disse: "Alegra-te, cheia de graça, o Senhor está contigo" (Lc 1,28). "Eis que conceberás e darás à luz um filho e o chamarás com o nome de Jesus. Ele será grande, será chamado filho do Altíssimo, e o Senhor lhe dará o trono de Davi, seu pai. Ele reinará na casa de Jacó para sempre, e o seu reinado não terá fim" (Lc 1,31-33).

Maria era muito jovem, talvez tivesse 15 anos, mas conhecia as Escrituras e sua situação (era noiva, mas ainda não casada com José). Por isso, perguntou ao arcanjo: "Como é que vai ser isso, se não conheço homem algum?" (Lc 1,34). Isso significava dizer: "Sou virgem, não tenho relações sexuais". Então, o Arcanjo respondeu: "O Espírito Santo virá sobre ti e o poder do Altíssimo vai te cobrir com a sua sombra. Por isso o Santo que nascer de ti será chamado filho de Deus. Também Isabel, tua parenta, até ela concebeu um filho na sua velhice, e já está no sexto mês aquela que é tida por estéril. Porque a Deus nenhuma coisa é impossível" (Lc 1,35-37).

Maria ouvira o suficiente; por isso, não fez mais perguntas e respondeu, entregando-se inteiramente a Deus: "Eis aqui a serva do Senhor, faça-se em mim segundo a tua palavra" (Lc 1,38).

Quando o arcanjo se afastou, Maria não ficou sozinha; já estava aninhado dentro dela o filho de Deus. Acontecera o grande, o maior milagre: Deus no meio dos homens! Maravilha das maravilhas: o Criador faz um pedido a sua criatura e lhe dá plena liberdade de aceitar ou recusar... Para se tornar homem, Deus pediu a livre adesão de Maria.

A respeito do "sim" de Maria, Santo Tomás de Villanueva exclamou: "Ó poderosa, ó eficaz, ó augustíssima palavra! Com um 'fiat' (faça-se) criou Deus a luz, o céu, a terra, mas com este 'fiat' de Maria, um Deus se tornou homem como nós!" (LIGÓRIO, 1987, 288).

O papa Bento XVI, em seu livro *A infância de Jesus*, diz que Maria não se detém no primeiro impulso, não se perturbou com a proximidade de Deus através do anjo, mas procurou entender, fez perguntas. Mesmo tão jovem, ela foi corajosa e conservou o autocontrole diante do inacreditável. Ao mesmo tempo, sendo mulher de oração e meditação, desde menina, procurou entender a mensagem de Deus para poder vivê-la (RATZINGER, 2012, 35). Esse Papa lembrou, então, como São Bernardo de Claraval descreveu, em uma homilia do Advento, esse emocionante acontecimento:

O mundo inteiro está às escuras sob o domínio da morte. Deus procura entrar de novo no mundo; bate à porta de Maria. Tem necessidade do concurso da liberdade humana: não pode redimir o homem criado livre, sem um "sim" livre à sua vontade. Ao criar a Liberdade, de certo modo, Deus se tornou dependente do homem; o seu poder está ligado ao "sim" não forçado de uma pessoa humana. No momento do pedido a Maria, o céu e a terra como que suspendem a respiração. Dirá "sim"? Ela demora... Porventura lhe será obstáculo a sua humildade? Só por esta vez, não sejas humilde, mas magnânima! Dá-nos o teu "sim"! Chegou o momento decisivo, em que dos seus lábios, do seu coração, surge a resposta: "Faça-se em mim segundo a tua palavra". É o momento da obediência livre, humilde e simultaneamente magnânima, na qual se realiza a decisão mais sublime da liberdade humana (ibid., 37).

Uma saudação angélica, um convite de amor e o "sim". Isso nos leva a pensar no que aconteceu a Maria daí em diante. Passado o momento de encantamento, do impensável e do anjo, ela ficou sozinha. Sabia que começava ali um caminho solitário, misterioso e difícil, pois teria de enfrentar uma gravidez, que não poderia esconder nem mesmo de José. Além das outras dificuldades que viriam. Poderia achar consolo na lembrança das palavras do anjo: "Alegra-te, cheia de graça, e não temas". Começou, pois, uma caminhada que era missão e a realizou aprofundando-se no amor e na intimidade com Deus (ibid., 38).

Jesus não nasceu em Nazaré. O profeta Miqueias já anunciara que o Messias nasceria em Belém: "Mas tu, Belém-Efrata, tão pequena entre os clãs de Judá, é de ti que sairá para mim aquele que é chamado a governar Israel" (Mq 5,1). Devido ao recenseamento determinado por César Augusto, o casal precisou viajar a Belém, cidade da Judeia, onde a gravidez se completou e Maria deu à luz o nosso Salvador. Algum tempo depois, por causa da perseguição de Herodes e, aconselhado em sonhos por um anjo, José levou Maria e o Menino para o Egito, onde viveram alguns anos. Somente com a morte de Herodes a Sagrada Família voltou para a sua Nazaré e foi morar na casa de onde o casal tinha saído para o recenseamento.

Jesus viveu quase trinta anos nessa humilde casa, submisso a Maria e a José. Com eles aprendeu a falar, a rezar, a trabalhar, a viver. Foi filho e companheiro. É possível que ali estivesse quando José morreu. Tendo completado 30 anos, daquela casa partiu para a pregação e a divulgação do Reino.

A Santa Casa, portanto, não é tão simples quanto sua aparência: ela testemunhou maravilhas que só Deus pode realizar entre os homens.

O que os patriarcas e profetas tanto pediram a Deus foi Maria quem recebeu. Ela alcançou a graça perante Deus e foi por ela, por meio dela, que Deus Pai presenteou seu filho ao mundo. Foi o corpo de Maria que deu a Jesus o seu DNA. Por isso tudo, desde os tempos mais antigos, Maria tem sido chamada e venerada como Mãe de Deus.

Tudo indica que depois da Paixão, Morte, Ressurreição e Ascensão de Jesus, a antiga casa de Nazaré se tornou um lugar sagrado, uma preciosa relíquia para os discípulos e os primeiros cristãos. Provavelmente ali eles começaram a se encontrar para realizar a Eucaristia.

Segundo uma antiga tradição, na Santa Casa em Loreto está o chamado "Altar dos Apóstolos": o primeiro altar da nossa Igreja, construído e colocado na Santa Casa em Nazaré, quando os discípulos começaram a celebrar as santas missas. Segundo essa mesma tradição, esse altar veio com a Santa Casa e ali ainda se encontra, sob um altar maior, dentro da Basílica de Loreto.

No século IV, no ano 313, Santa Helena, convertida ao cristianismo e mãe do imperador Constantino, visitou Nazaré e procurou a casa de Maria. Sobre aquela casa simples (paredes e Gruta) e tão pequena, mandou construir uma igreja maravilhosa, dedicada à Santíssima Mãe de Deus. Como os apóstolos se espalharam pelo mundo a pregar o Evangelho, crescia o número dos cristãos. Esses, ao visitarem a Terra Santa, procuravam conhecer Nazaré, onde estava a casa que fora da Sagrada Família.

Em 1090, a Terra Santa foi invadida pelos turcos, que destruíram os lugares cristãos. O templo mariano de Nazaré teve o mesmo destino, mas apenas as paredes da parte superior foram arrasadas. A Santa Casa salvou-se porque os invasores muçulmanos não notaram o que havia de maior valor: a pequena construção de paredes pobres e pouco visível, que se encontrava na cripta da igreja.

Tendo reconquistado a região, os Cruzados construíram, sobre as ruínas da igreja destruída pelos turcos outra maior. Esta chegou a ser visitada por São Francisco de Assis, entre 1219 e 1220, quando o santo foi à Terra Santa na tentativa de converter o sultão turco. O rei da França, São Luís IX, também esteve em peregrinação à Santa Casa de Nazaré dentro da nova basílica.

Essa nova igreja foi destruída pelos islâmicos em 1263, mas a Santa Casa, que estava dentro dela (a Gruta e as paredes de pedra), ficou milagrosamente intata. Em abril de 1291, porém, as tropas invasoras do sultão Khalil chegaram à última fortaleza ainda defendida pelos Cruzados, a de São João de Acre, distante apenas 41 quilômetros de Nazaré. Todos os outros lugares cristãos da Terra Santa já estavam nas mãos dos maometanos. A Santa Casa parecia ter seus dias contados.

3

A Santa Casa de Nazaré é levada para a Europa

Há duas versões que tentam explicar o que aconteceu com a Santa Casa de Nazaré; ambas afirmam que ela foi transportada para a Europa, mais especificamente para a Itália, trazida pelos anjos ou em pedras no navio da família Angeli.

Uma tradição de mais de 700 anos conta que na noite de 9 para 10 de maio de 1291, um mês depois da derrota dos Cruzados na Galileia, a Santa Casa foi transportada por anjos de Nazaré para a Ilíria, perto do castelo de Fiume, que corresponde hoje à localidade de Tersato, na Dalmácia, antiga Iugoslávia. Segundo essa hipótese, chamada Trasladação Angélica, a Santa Casa da Virgem Maria teria ficado em Tersato durante três anos e meio, como lugar de grande devoção, peregrinações e graças. Na noite de 9 para 10 de dezembro de 1294, ela teria sido levada, novamente pelos anjos, para o outro lado do mar Adriático, tendo sido depositada na atual região de Marche, na Itália. Ali, foi colocada primeiro perto da cidade de Ancona, depois nas proximidades da cidade de Recanati; primeiro em terras baixas e depois sobre uma colina, em cima da estrada que ligava Roma ao litoral do mar Adriático. E nesse lugar se encontra ainda hoje. Ao redor da basílica, surgiu a cidade de Loreto.

Essa narrativa, tão inverossímil a não ser à luz da fé, foi transmitida oralmente de geração em geração a partir do século XIII. Existem textos, pelo menos a partir de 1440, que fazem referência à Trasladação Angélica (cf. SANTARELLI, 2006, 350). O papa Paulo II, em 1470, e o papa Leão XIII, em 1884, fizeram referência a isso.

Uma segunda hipótese sobre a presença da Santa Casa em terras italianas, chamada Trasladação Marítima, divulgou-se a partir do século XX:

em 1906, o francês Ulysse Chevalier publicou uma obra chamada *Nossa Senhora de Loreto. Estudo histórico sobre a autenticidade da Santa Casa*. Nela, o autor se referia a documentos encontrados no Vaticano sobre uma família Angeli que, tendo vivido no século XIII, teria sido responsável pelo transporte da Santa Casa de Nazaré para a Itália. A família Angeli, com negócios na Terra Santa, teria trazido para a Itália, de navio, "pedras da Santa Casa" (FLICHY, 2009, 20), as quais, inclusive, fariam parte do dote da jovem Itamar Angeli, quando de seu casamento com o príncipe Filippo d'Anjou. Itamar descendia do imperador de Constantinopla e Filippo era filho do rei de Nápoles.

Lembramos aqui que o sobrenome Angeli significa *anjos*. A partir dos escritos de Chevalier, surgiu a hipótese de ter havido confusão no passado, dentro da tradição familiar, quando a expressão "pedras da Santa Casa" – aquelas trazidas pela família Angeli (dos anjos) – passou a soar como "a Santa Casa trazida pelos ares por anjos celestes".

Portanto, ou a Santa Casa foi transportada por anjos através dos ares ou, depois de desmontada em Nazaré, foi levada de navio pela família Angeli, e remontada na Itália.

São essas as hipóteses sobre o transporte da Santa Casa de Nazaré para Loreto, na Itália. Nessa questão, a Igreja não nos obriga a acreditar em uma ou em outra versão, até porque ambas são hipóteses e as pesquisas continuam.

Há uma carência de documentação escrita sobre a Santa Casa. Talvez isso se deva a um grande incêndio ocorrido em Recanati, em 1322, que destruiu praticamente todos os documentos da cidade e da região. Se havia mais relatos escritos daquela época, eles foram perdidos.

A Santa Casa, onde nasceu Maria e aconteceu a Anunciação e a Encarnação de Jesus Cristo, está, pois, desde o século XIII, em Loreto, na Itália.

4
Autenticidade da Santa Casa

Os estudos da Igreja sobre Loreto mostram que quase todos os Papas, durante sete séculos, confirmaram a autenticidade da Santa Casa, reconhecendo, assim, que ela é mesmo uma parte da Casa de Nazaré onde viveu Maria.

Além de terem se pronunciado sobre a Santa Casa ao longo dos últimos séculos, vários Papas foram a Loreto como peregrinos. Em algumas ocasiões, dedicaram à Virgem Santíssima eventos importantes da Igreja, como foi o caso do Concílio Vaticano II (Papa São João XXIII, em 1962) e do Ano da Fé (Papa Bento XVI, em 2012).

O primeiro Pontífice a falar sobre a Santa Casa foi Clemente V, em uma Bula de 18 de julho de 1310 (menos de vinte anos depois da chegada da Casa de Maria), citando peregrinos e "votos" diante da milagrosa Virgem de Loreto.

Em 1362, o papa Urbano V doou à cidade de Tersato, na Dalmácia, um quadro da Virgem com o menino, "para confortar o povo pela perda da Santa Casa, que tinha lá permanecido durante mais de 3 anos".

Em 2 de novembro de 1375, o papa Gregório XI, na Bula *De Indulg. et Privilegiis*[1], concedeu especiais indulgências a quem visitasse o Santuário de Loreto, sobre o qual assim se refere: "[...] Temos sabido que, devido a muitos milagres que o Altíssimo se digna mostrar na igreja da Bem-Aventurada Virgem Maria de Loreto, para ali acorre uma grande multidão de fiéis, cheios de devoção".

O papa Pio II, que morreu em 14 de agosto de 1464 na cidade de Ancona, tinha grande devoção a Nossa Senhora de Loreto, que tempos

---

1. Gregório XI, *De Indulg. et Privilegiis*, an. V. 175, P. Clemente Benedettucci in "Annali della S. Casa", 1933, 510, in: *Il Santuario di Loreto*. Loreto: Congregazione Universale della Santa Casa, 1964, 84 e 85.

antes o havia curado de grave doença. Em peregrinação, ele ofereceu a Nossa Senhora um cálice de ouro, sobre o qual mandou gravar:

> Ó Santa Mãe de Deus, é verdade que teu poder não tem fim e enche o universo inteiro de maravilhas. Mas, conforme teu agrado, preferiste este lugar a outro, onde todo dia glorificas com sinais e milagres esta Casa de Loreto que te agrada; assim também eu, mísero pecador, com a mente e com o coração, humildemente me volto para ti.

O cardeal Pietro Barbo, que viria suceder a Pio II, tendo sido assistente desse Papa nos seus últimos dias de vida em Ancona, não podendo voltar a Roma por estar acometido pela peste, obteve entre as paredes da Santa Casa a cura instantânea e milagrosa do seu mal. Junto com a cura, recebeu de Nossa Senhora a revelação de que seria eleito o novo Papa. Realmente, isso aconteceu em Roma, em 30 de agosto de 1464, já no primeiro escrutínio dos cardeais. Eleito, tomou o nome de Paulo II e quis manifestar sua gratidão à Virgem Lauretana na sua primeira Encíclica, de 19 de outubro do mesmo ano. O resumo do documento pontifício foi esculpido a mando do Governador da Santa Casa numa grande placa de mármore colada na parede interna da Basílica de Loreto, onde ainda se encontra. Legível e impressionante, faz o elogio do Santuário, com a narração do milagre que, escreve textualmente o Papa, "experimentamos pessoalmente". O mesmo papa Paulo II, em Bula papal de 12 de fevereiro de 1470, novamente elogiou o Santuário de Loreto, que "foi milagrosamente fundado", e "a imagem da Santa Virgem, ali colocada por ação angélica, pela clemência de Deus". Foi esse Papa que se decidiu pela construção da atual Basílica, recomendando que se fizesse um templo "que fosse glorioso" sobre a Santa Casa.

O papa Júlio II (1503-1513), também curado milagrosamente pela Virgem Lauretana, na Bula papal de 21 de outubro de 1507 confirmou ao Santuário de Loreto as indulgências concedidas pelos seus predecessores e declarou a Santa Casa "Igreja Pontifícia", totalmente dependente da Santa Sé. Nessa Bula, ele afirma que a Santa Casa é o aposento onde Maria foi saudada pelo anjo, onde concebeu o Salvador, nutriu-o e onde ele cresceu. Sobre isso, ele não deixa dúvidas, dizendo textualmente: "Este aposento foi a primeira igreja consagrada pelos apóstolos em honra de Deus e da Virgem, e foi depois milagrosamente transportado, primeiro para a Dalmácia e depois para Loreto".

Leão X, eleito Papa em 11 de março de 1513, na Bula papal *Gloriosíssima Virgem*, de agosto de 1518, afirmou o seguinte sobre a Santa Casa:

> No conhecimento de todos, é o primeiro e mais célebre de todos os Santuários, porque está provado por testemunhas dignas de fé que a Santa Virgem, depois de ter transportadas pela onipotência divina a sua imagem e a casa de Nazaré até a Dalmácia, pousou-a num lugar entre Tersato e Fiume. Depois a tirou dali para a Itália e a assentou na floresta de Recanati e no campo dos dois irmãos, e por último a fez depositar por obra dos anjos sobre a estrada pública, onde se encontra ainda hoje e onde o Altíssimo, por merecimentos da Santa Virgem, continua a operar milagres.

O papa Leão X amava Loreto e as artes. Foi ele quem imaginou os magníficos relevos em mármore branco das paredes que contém a Santa Casa.

O papa Clemente VII (1523-1534) que, como todos os outros, era devoto de Nossa Senhora de Loreto, enviou uma comissão a Nazaré e Tersato a fim de conferir novamente as medidas dos fundamentos da Santa Casa que restam em Nazaré e as marcas deixadas por ela em Tersato, comprovando-se que todas eram coincidentes.

O papa Júlio III (1550-1555) instituiu em Loreto o Colégio dos Peregrinos da Basílica e o entregou aos padres da Companhia de Jesus. Santo Inácio mandou para lá os primeiros quatorze religiosos, que logo se tornaram quarenta. Esse número mostra a importância do Santuário e a grande afluência de peregrinos.

São Pio V (1566-1572) provou sua devoção ao Santuário mandando imprimir dentro da Santa Casa a seguinte frase: *Vera domus florida quae fuit in Nazareth* ("A verdadeira casa florida que estava em Nazaré").

O papa Sisto V (1585-1590) foi um dos mais insignes benfeitores da Santa Casa. Desde menino aprendeu a amá-la e a venerá-la (pois era filho daquela região). Ele declarou Loreto Sede Episcopal na Bula papal de 17 de março de 1586, afirmando ser a cidade "um hino à glória e à origem miraculosa do Santuário que acolhe o santo aposento consagrado pelos Mistérios Divinos, no qual nasceu Maria e ela foi saudada pelo anjo e concebeu do Espírito Santo o Salvador do mundo, tornando-se mãe de Deus".

O beato Pio IX (1846-1878), também nascido na região de Marche (onde está situada Loreto), foi devotíssimo da Santa Casa. Ainda adolescente, ali fez a promessa de se tornar sacerdote se fosse curado de grave doença. Foi curado, tornou-se sacerdote, bispo, papa e levou uma vida santa. Ele foi o Papa que se tornou conhecido por declarar, em 1854, o Dogma da Imaculada Conceição. Na Bula *Inter Omnia*, de 26 de agosto de 1852, ele afirmou:

> Entre todos os santuários consagrados à Imaculada Virgem, Mãe de Deus, um está em primeiro lugar e brilha com incomparável fulgor: a venerável e augustíssima Casa de Loreto. Consagrada pelos desígnios divinos, ilustrada por inumeráveis milagres, honrada pela afluência dos povos, a glória de seu nome atinge toda a Igreja do mundo, e constitui muito justamente objeto de culto para todas as nações e para todas as raças humanas. Em Loreto, realmente, se venera a Casa de Nazaré, tão querida ao Coração de Deus e que, construída na Galileia, foi mais tarde separada de suas bases e, pela força divina, trasladada além do mar, primeiro à Dalmácia e depois à Itália. Exatamente naquela Casa a Santíssima Virgem, que por eterna e divina disposição ficou perfeitamente isenta da culpa original, foi concebida, nasceu, cresceu e ali o celeste mensageiro a saudou "cheia de graça" e "bendita entre as mulheres". Exatamente naquela Casa Nossa Senhora, repleta de Deus e sob a ação fecunda do Espírito Santo, sem nada perder da sua inviolável virgindade, tornou-se mãe do filho Unigênito de Deus.

O papa Leão XIII (1878-1903), nas festas do VI Centenário da Trasladação da Santa Casa, celebrado solenemente em 1894, publicou a Carta encíclica *Felix Lauretana Cives*, na qual professa sua devoção especialíssima à Santa Casa de Loreto:

> Compreendam todos, e em primeiro lugar os italianos, quão especial dom lhes foi concedido por Deus, que, com suma providência, subtraiu prodigiosamente a Casa a um poder indigno e com um expressivo ato de amor ofereceu-a a eles. De fato, naquela beatíssima moradia foi sancionado o início da salvação humana, com o grande e prodigioso mistério de Deus se fazendo Homem, que reconcilia a humanidade perdida com o Pai Eterno e renova todas as coisas. Deus quis de tal maneira exaltar o Nome de Maria para tornar realidade neste lugar [Loreto] aquela famosa profecia: "Todas as gerações me chamarão bem-aventurada".

Como vimos, praticamente todos os Papas, a partir de 1300, tiveram algo a ver com a Santa Casa e com Nossa Senhora de Loreto.

Quando o papa São João XXIII decidiu convocar o Concílio Vaticano II, fazia mais de um século que um Papa não saía de Roma. Então, ele invocou a Virgem como primeira estrela do Concílio e anunciou que faria uma peregrinação a Loreto, definido por ele como "síntese admirável de todos os santuários marianos do mundo". Ele foi a Loreto em 4 de outubro de 1962, como peregrino, uma semana antes da abertura da Primeira Sessão Conciliar, que ocorreu no dia 11 daquele mês, e entregou à Virgem os trabalhos do Concílio com a seguinte oração:

> Hoje, mais uma vez, e em nome de todo o episcopado, a vós, dulcíssima mãe, que sois invocada como *Auxilium Episcoporum*, pedimos por nós, Bispo de Roma, e por todos os Bispos do mundo que nos alcanceis a graça de entrar na sala conciliar da Basílica de São Pedro como entraram no Cenáculo os apóstolos e os primeiros discípulos de Jesus: um só coração, uma pulsação única de amor a Cristo e pelas almas, um propósito único de viver e de nos imolarmos pela salvação de cada pessoa e dos povos.

Lembramos, ainda, o papa São João Paulo II que mais de uma vez peregrinou a Loreto. Tendo visitado o Santuário em 8 de setembro de 1979, na vigília de sua ida à ONU, pediu luzes a Nossa Senhora para o que ia acontecer naquela importante assembleia:

O nascimento de Maria esparge a própria luz sobre todas as Igrejas que há no orbe. [...] O nascimento de Maria projeta sua luz de modo especial sobre a Igreja da terra italiana, precisamente aqui em Loreto, no admirável Santuário. Desde o princípio do meu pontificado desejei ardentemente vir a este lugar. Esperei por este dia e aqui estou [...]. O culto da Mãe de Deus nesta terra anda ligado, segundo antiga e viva tradição, à Casa de Nazaré [...], a Casa da Sagrada Família. Cada casa é sobretudo o santuário da mãe [...]. Esta Casa foi o local da vida cotidiana, da vida oculta do Messias. Foi o primeiro templo, a primeira igreja, sobre a qual a Mãe de Deus irradiou a própria luz da sua maternidade. [...] Venho aqui a Loreto para reler o misterioso destino do primeiro santuário mariano na terra italiana [...], para trabalhar a fim de que na terra a casa de família, símbolo da unidade e do amor, vença tudo quanto ameaça esta unidade de amor entre os homens...

Em 11 de abril de 1985, São João Paulo II esteve outra vez em Loreto, no encerramento do Congresso Eclesiástico da Igreja na Itália. Naquela ocasião, assim se expressou:

Eis a inspiração que encontro aqui: [...] que as famílias cristãs possam redescobrir dentro das paredes da Santa Casa, primeira e exemplar Igreja Doméstica da História, a oração e a educação dos filhos. [...] Rogo a Maria Santíssima que a Casa de Nazaré se torne para vossa casa modelo de fé viva e intrépida esperança. Possam as famílias cristãs, possam os leigos aprender com ela a arte de transfigurar o mundo com a divina caridade para edificar a civilização do amor.

O mesmo São João Paulo II proclamou o Ano Mariano de 1987 a 1988, quando mais de 5 milhões de peregrinos visitaram Loreto. Em 8 de dezembro de 1987, na Festa da Imaculada, ele falou:

Por que tanta afluência de povo a Loreto? Que mensagem é esta, prisioneira daquelas misteriosas paredes? A singular atração que o Santuário Mariano de Loreto exerce há mais de setecentos anos sobre os fiéis, especialmente os doentes, os pobres, os humildes, os marginalizados, nasce exatamente da sua mensagem única e intemporal, a mensagem da Encarnação de Deus para a salvação do homem! Em Loreto se medita e se redescobre o nascimento de Cristo, o Verbo Divino, e a sua vida terrena, humilde e desconhecida, vivendo conosco e por nós. Em Loreto a realidade misteriosa do Natal e da Santa Família se torna palpável; ali se faz uma experiência pessoal, comovente e transformadora. Pensar na humilde Casa na qual o Verbo Encarnado viveu durante anos convence o peregrino de que verdadeiramente Deus ama o Homem como ele é, e o chama, o segue, o ilumina, o perdoa, o salva.

Em 15 de agosto de 1994, São João Paulo II, nas comemorações do VII Centenário do Santuário de Loreto, afirmou:

A Santa Casa de Loreto, primeiro Santuário de importância internacional dedicado à Virgem e, por diversos séculos, verdadeiro coração mariano da cristandade, não é somente uma "relíquia", mas um precioso "ícone" concreto. [...] É um "ícone" não de verdade abstrata, mas de um evento e de um mistério: a Encarnação do Verbo. Maria – escreveu São Bernardo – é o "caminho régio" pelo qual Deus veio para nós e pelo qual nós podemos, agora, caminhar para ele. [...] Onde se poderia falar com maior ênfase do papel do Espírito Santo, "doador da vida", senão no Santuário de Loreto, que lembra o momento e o lugar no qual cumpriu a suprema de suas realizações "vivificando", dando vida, no seio de Maria, à humanidade do Salvador? [...] O santuário Loretano tem apenas 700 anos, mas essa casinha mariana, para onde viemos em peregrinação, é testemunha, e testemunha singular, daquela data mais antiga que se refere ao nascimento de Jesus. De fato, tudo teve início na Casa de Maria, em Nazaré.

Em 10 de dezembro de 1994, o mesmo Papa lembrou que

As paredes da Casa de Maria ouviram as palavras da angélica saudação e o sucessivo anúncio do projeto divino. As paredes, naturalmente, não ouvem porque não têm vida. Nem por isso deixam de ser testemunhas daquilo que foi dito. [...] A Casa de Nazaré tornou-se um lugar particular daquele envio sobre o qual escreve o apóstolo: "Mas quando ocorreu a plenitude do tempo, Deus enviou o seu filho, nascido de mulher". [...] Portanto, não só o envio do Filho, mas também o do Espírito Santo têm na Casinha de Nazaré o seu posto privilegiado. Nesse lugar teve início a obra divina da Salvação.

Em 23 de novembro de 1995, em Palermo, no III Congresso da Igreja da Itália, São João Paulo II fez referência à Santa Casa:

A Igreja que está na Itália, à qual a Providência legou o Santuário da Santa Casa de Nazaré, reencontra ali a memória viva do mistério da Encarnação, graças à qual todo homem foi elevado à dignidade de filho de Deus. O Loretano é um Santuário admirável. Nele está inscrita a experiência trintenária de convivência que Jesus fez com Maria e José. [...] Esta casa hospedou Jesus de Nazaré ao longo de toda a sua infância e juventude, isto é, do seu amadurecimento humano.

Em 10 de dezembro de 1995, o papa São João Paulo II, em visita à Santa Casa, disse:

A Santa Casa, o Santuário em que nos encontramos, chama para si a fundamental importância que teve para a salvação do gênero humano o "sim" de Maria à convocação do Senhor. [...] Os santuários, particularmente o de Loreto, devem ser lugares do essencial, aonde se vai não só para receber "a Graça", mas também para aumentá-la.

Também o papa Bento XVI esteve peregrino em Loreto, sete vezes quando cardeal e duas como Papa. A segunda peregrinação como Papa foi em 4 de outubro de 2012, para dedicar a Nossa Senhora o Ano da Fé, cuja abertura estava marcada para o dia 11 de outubro do mesmo ano, com duração até novembro de 2013. Foi um momento inesquecível para a Igreja. Bento XVI começou fazendo uma visita à Santa Casa e à imagem da Senhora de Loreto; depois, celebrou a Eucaristia na praça em frente ao Santuário e fez uma homilia memorável:

> O Santuário de Loreto custodia a memória do momento em que o anjo veio a Maria com o grande anúncio da Encarnação, e ela lhe deu sua resposta. Esta humilde morada é um testemunho concreto e tangível do maior acontecimento da nossa história: a Encarnação, o Verbo feito carne; e Maria, serva do Senhor, é o canal privilegiado através do qual Deus veio habitar entre nós. [...] Maria ofereceu a própria carne, pôs-se totalmente à disposição da vontade divina, tornando-se o lugar onde habita o filho de Deus. [...] Maria, que é a mãe de Cristo, é também nossa mãe, nos abre a porta de sua Casa e nos guia para entrarmos na vontade do seu filho. Assim, é a fé que nos proporciona uma casa neste mundo, a qual nos reúne em uma única família e nos faz todos irmãos e irmãs. [...] A Casa de Loreto, que foi colocada numa estrada, recorda aos cristãos que todos somos peregrinos, que devemos estar sempre a caminho para outra morada, a casa definitiva, a Cidade Eterna, a morada de Deus com a humanidade redimida. Quero confiar à Mãe de Deus este tempo de graça que se abre à nossa frente.

Ao ler as exortações dos Papas ao longo dos séculos, sentimos que, também por meio deles, o Espírito Santo nos mostra que Deus mora conosco e que junto dele "estamos em casa".

Sim, os Papas honraram a Santa Casa. Eles a reconheceram e visitaram a dona da Santa Casa, Nossa Senhora de Loreto, para depositar no seu colo de mãe os problemas sérios de toda a cristandade, como faziam os apóstolos nos primórdios da Igreja, quando a sempre humilde moradia da Sagrada família ainda estava em Nazaré.

5

Como era a Casa de Maria?

Sabemos que a casa em que Maria nasceu e morou, local onde o anjo lhe anunciou que seria a mãe do Salvador e na qual também Jesus morou durante trinta anos, ficava em Nazaré, na Galileia. Era uma casa como as outras do lugar: na encosta da montanha, aproveitaram uma gruta de pedra, alargando-a e melhorando-a e, em frente à sua entrada, construíram três paredes. Esse aposento, o principal da casa, era mais amplo e tinha porta e janela. Possivelmente havia também, como era costume nas casas dos judeus, um pátio em frente e nele algum telheiro para outros serviços (talvez carpintaria) ou simplesmente para descanso e conversas à sombra. Justamente essa parte das três paredes foi transladada para a Dalmácia e, depois, para a Itália.

Em relação à Gruta existente sob a Basílica da Anunciação em Nazaré e à Santa Casa sob a Basílica de Loreto, o padre Estanislau Loffreda, historiador e pesquisador, afirmou, numa conferência feita em 1985:

> Não cria nenhuma dificuldade o fato de se encontrar a Gruta em Nazaré e a casa de paredes em Loreto. [...] Em Nazaré, na encosta da montanha, as casas eram habitualmente de dois compartimentos, isto é, a casa de paredes, onde as pessoas viviam, e a parte escavada na rocha era destinada a outras utilidades: silos, celeiros, cisternas etc. Os dois santuários marianos de Nazaré e Loreto não são, portanto, uma simples duplicata, e não são, em princípio, inconciliáveis e antagônicos.
>
> Em suma, são duas partes de uma só casa que o desejo divino dividiu: uma parte está na Ásia; outra, na Europa. Enquanto em Loreto se venera a Casa desprovida de seus alicerces, em Nazaré ficaram a Gruta e os alicerces sem a Casa.

Desde os primeiros estudos, historiadores e cientistas foram escolhidas por autoridades religiosas para verificar a autenticidade da Santa Casa. A conclusão a que chegaram é a de que as paredes da Santa Casa foram feitas de pedras que não existem na Itália, mas que são abundantes na região de Nazaré. E a argamassa que as une – sulfato de cálcio hidratado (gesso), engrossado com pó de carvão de madeira – é um tipo não comum nas construções italianas, porém muito utilizado no Oriente, pelo povo nabateu, especializado em construções na antiga Galileia e em toda aquela região.

Uma descoberta interessante é a presença de grafites em algumas pedras da Santa Casa. O padre Giuseppe Santarelli, diretor da Associação da Santa Casa, estudou-as com atenção e concluiu que elas foram grafitadas em Nazaré e já vieram nas paredes da Santa Casa. São idênticas aos grafites encontrados nas paredes da parte da Gruta que ficou na Santa Casa de Nazaré. Os estudos do Padre Santarelli mostram, inclusive, que nos grafites da Santa Casa há caracteres gregos em meio a letras hebraicas e que as palavras, traduzidas, significam: "Ó Jesus Cristo, Filho de Deus" (existe uma invocação idêntica na Gruta em Nazaré).

No início, a Santa Casa tinha uma janela, que ainda está lá e é conhecida como "Janela do Anjo", e também uma porta; esta, na parede lateral. Ela mede 80 centímetros de largura e tem uma moldura superior muito resistente, "não de pedra mas de madeira de abeto, e que pode se ver ainda hoje, maravilhosamente conservada apesar do passar do tempo" (D'ASCOLI, 1964, 49).

Por volta de 1530, o papa Clemente VII considerou ser inconveniente haver um só lugar para a entrada e a saída dos peregrinos. Então, decidiu que fosse fechada a porta que veio com a casa e que se abrissem três novas portas: uma para a entrada e outra para a saída dos fiéis, e outra ainda, para uso dos celebrantes. A antiga porta foi fechada com o material retirado das paredes das novas aberturas.

Junto com a Casa veio o Altar dos Apóstolos, que mede pouco mais de um metro (1,10 m) e, segundo pesquisas científicas, é feito com o mesmo tipo de pedras que constituem as paredes da Santa Casa. Inclusive, tem o mesmo tipo de grafite. Também a argamassa que une as pedras do altar é a mesma que une as pedras das paredes da Santa Casa, com técnica usada unicamente pelos nabateus, povo que viveu há 2 mil anos na Palestina. Provavelmente, o altar é resultado da iniciativa dos primeiros cristãos que rodeavam os apóstolos, de maneira que se realizassem as primeiras liturgias e missas celebradas na Santa Casa, tornada igreja quando Nossa Senhora, depois da Ascensão do Senhor e da vinda do Espírito Santo, foi morar com São João. Hoje, o Altar dos Apóstolos se encontra sob o altar comum da Santa Casa.

Sobre a Santa Casa, é interessante notar que ela veio simples e sem enfeites, como uma moradia comum da região de Nazaré. Com o passar dos anos e a visita de multidões de peregrinos durante séculos, a casa começou a receber enfeites, presentes valiosos, de prata e de ouro, que cobriam o altar e paredes, como agradecimento por graças recebidas.

O abade Vicenzo Murri, clérigo da Basílica, em obra impressa em 1791, fez minuciosa descrição dos ricos presentes que se encontravam na Basílica: "As coisas preciosas que admiramos aqui dentro são lembranças e presentes que importantes personalidades e grandes senhores ofereceram à Grande Mãe de Deus para pedir graças, ou em agradecimento por graças e favores já recebidos" (apud D'ASCOLI, 1964, 63).

Calcula-se que durante séculos o Tesouro do Santuário de Loreto foi o maior da Europa; nenhum outro se lhe comparava. Entende-se, por isso, o porquê de sempre ter havido a tentativa de saquear tais riquezas.

Quando Napoleão invadiu a Itália e chegou a Loreto, no dia 8 de fevereiro de 1797, fez uma verdadeira "limpa" na Santa Casa: levou tudo o que podia, até o altar, que era de prata, deixando apenas 12 cálices de ouro. Calcula-se que ele levou, no total, 94 quilos de ouro e cerca de 850 de prata.

O abade Vicenzo Murri, o mesmo que fizera tão detalhada descrição do tesouro, implorou a Napoleão que deixasse ao menos um turíbulo e mais objetos para incensar o altar e fazer o culto, mas não foi atendido. Um dos soldados subiu ao altar e pegou a imagem da Virgem, que quase se quebrou. Por fim, a imagem foi colocada em uma caixa e enviada a Paris por Napoleão, em 16 de fevereiro de 1797. Nela havia a seguinte mensagem aos seus ministros: "Envio-lhes a *Madonna*. Façam o que quiserem".

O Ministro do Interior da França mandou-a para a Biblioteca Nacional, "para ser reunida aos monumentos bizarros da superstição, e para completar a história da impostura religiosa"[1]. A imagem de Nossa Senhora foi colocada junto a estátuas de arte egípcia e judaica, no departamento de medalhas, acima de uma múmia e listada como objeto de arqueologia. Tornou-se motivo de deboche, de profana e sacrílega curiosidade.

Pode-se imaginar a consternação dos italianos, sobretudo dos moradores da região de Marche. Houve muitas queixas e Pio VII, que mal havia assumido o pontificado (em 14 de março de 1800), reclamou oficialmente, em nome do povo cristão, pedindo a volta da imagem. Depois de muitas negociações, a França acabou restituindo muitos objetos religiosos, entre eles, principalmente, a imagem da Santa Virgem de Loreto.

A imagem ficara no Museu do Louvre, "negligenciada e desprezada sacrilegamente"[2], por quatro anos. Restituída ao culto, entrou solenemente na Catedral de Notre Dame em Paris, onde ficou três dias em veneração pública, quando multidões a visitaram. No inverno de 1801 a imagem cruzou novamente os Alpes e foi levada a Roma, aonde chegou no dia 11 de fevereiro de 1802, acolhida por uma multidão incalculável, que chorava e cantava de alegria.

Em 2 de dezembro de 1802, a imagem da Virgem de Loreto saiu de Roma, acompanhada de numerosos deputados e representantes de Loreto, que tinham ido buscá-la. Pelas cidades por onde passava, ela recebia homenagens comovidas. Em Recanati, o bispo de Macerata (Dom Vicenzo Strambi, que mais tarde seria canonizado) quis ajudar a carregar o andor da Virgem até a Catedral; como era dia 8, Festa da Imaculada, foi rezada uma missa solene, que teve a participação de uma imensa multidão. No dia seguinte, a Mãe voltou para sua casa... Era exatamente 9 de dezembro, véspera da grande festa anual de Nossa Senhora de Loreto. A estrada de Recanati a Loreto estava tomada pelo povo, que tinha acorrido de toda a

---

1. GREGÓRIO XI, *De Indulg. et Privilegiis*, an. V. 175, P. Clemente Benedettucci in "Annali della S. Casa", 1933, 510, in: *Il Santuario di Loreto. Congregazione Universale della Santa Casa*, 1964, 86.
2. Ibid., 87.

região e que cantava, rezava, louvava em festa, sob arcos triunfais, tapetes e velas. Diáconos levavam aos ombros o andor com a imagem e, ao redor, oito bispos formavam comovente coroa a Maria.

Em Loreto, a recepção foi emocionante, com tiros de festim, banda militar, coral entoando hinos marianos, sinos repicando e toda uma multidão comovida que orava, cantava e chorava de alegria. À noite, a Basílica e a praça foram iluminadas. As festividades continuaram pelos dias 10, 11 e 12 de dezembro e, na tarde deste último dia, a imagem foi devolvida ao seu lugar. A Mãe voltava para o seu lugar na Santa Casa, depois de uma ausência forçada de 5 anos, 9 meses e 22 dias.

Essa bela e valiosa imagem foi, infelizmente, queimada totalmente, até virar cinzas, na noite de 22 para 23 de fevereiro de 1921, em decorrência de um incêndio de causas desconhecidas, ocorrido dentro da Santa Casa. O papa Bento XV mandou, então, esculpir uma cópia da original, em lenho de um magnífico cedro plantado no jardim do Vaticano. É essa a imagem venerada hoje em Loreto, desde setembro de 1922.

As principais obras de restauração da Santa Casa, realizadas depois do incêndio, e a trasladação da nova imagem da Virgem aconteceram durante o pontificado de Pio XI, que se interessava muitíssimo por tudo o que se relacionasse a Loreto.

6
Festas, liturgias e celebrações

A Basílica de Loreto é visitada praticamente durante o ano todo, mesmo no inverno, mas as datas litúrgicas marianas atraem inúmeros peregrinos, principalmente em 25 de março, Dia da Anunciação, e 8 de setembro, Natividade de Maria; afinal, foi ali, na Santa Casa, que Maria nasceu, recebeu o anúncio do arcanjo Gabriel, viveu sua gravidez e, depois, conviveu por quase trinta anos com seu filho Jesus. Sendo a Santa Casa uma relíquia, a ela se deve culto de veneração.

Com um Decreto de 29 de novembro de 1632, a Sagrada Congregação dos Ritos, depois de maduro exame, aprovou para a região de Marche a Festa da Trasladação da Santa Casa e a fixou em 10 de dezembro. Por um decreto emitido por ordem do papa Francisco, no dia 7 de outubro de 2019, o Dicastério para o Culto Divino e a Disciplina dos Sacramentos introduziu no Calendário Romano a Memória Facultativa da Bem-Aventurada Virgem Maria de Loreto, a ser celebrada no dia 10 de dezembro.

"Venuta"

A festa mais importante em Loreto é a *Venuta*, isto é, a festa da *vinda* a Loreto da Santa Casa, onde aconteceu a Encarnação do filho de Deus. Desde o Sínodo Diocesano de 1592, a *Venuta* é celebrada entre 9 e 10 de dezembro.

Na tarde de 9 de dezembro de cada ano, Loreto se enche de numerosíssimos peregrinos. Depois da missa solene, a imagem da Virgem de Loreto sai para a praça, levada num andor, nos ombros de jovens oficiais da Aeronáutica italiana. Na noite desse mesmo dia é feita uma grande fogueira na praça em frente à Basílica, ao redor da qual o povo se reúne para rezar o Rosário e entoar a Ladainha. Na manhã do dia 10 de dezembro é celebrada uma Missa solene. A imagem é, então, levada, solene e carinhosamente, de volta à Santa Casa, dentro da Basílica.

Como é dezembro, a Festa da *Venuta* combina perfeitamente com a celebração do Natal que se aproxima e que tanto apaixona o temperamento emotivo do povo italiano. Durante o *Angelus* de 8 de dezembro de 1987, o papa João Paulo II disse: "Em Loreto, a realidade misteriosa do Natal e da Santa Família se transformam, de modo palpável, em experiência pessoal, emocionante e transformadora".

Padroeira da Aviação

Em 24 de março de 1920, o papa Bento XV proclamou Nossa Senhora de Loreto "a Santa Padroeira de todos aqueles que viajam em avião, sem distinção de Estado ou de nacionalidade".

Naquele mesmo ano, em 12 de setembro, aviadores se reuniram na Basílica de Loreto e fizeram oficialmente a consagração à sua Padroeira. Desde então, a Aeronáutica italiana tem sido presença importante em Loreto e nas suas festividades. Carregar a imagem da Virgem de Loreto nas procissões e na Festa da *Venuta* é uma prerrogativa de aviadores. Num dos lados da Praça João XXIII (onde há uma grande estátua do "Papa Bom"), suspenso sobre uma coluna, há um caça a jato da Aeronáutica italiana, lembrando aos peregrinos que ali é território da Padroeira dos aviadores.

Ladainha lauretana

"Ladainha" (Litania) é uma palavra grega que significa súplica, pedido sério e insistente. Essa é um tipo de oração dirigida a Deus por meio das invocações a Nossa Senhora e aos santos. Chama-se "Lauretana" não só porque se canta em Loreto, mas também porque se originou nesse Santuário, para o qual acorriam peregrinos de toda parte e saudavam a Mãe de Jesus com inúmeras e variadas invocações.

Os Sumos Pontífices introduziram a Ladainha Lauretana na oração da Igreja e, cada vez que a cantamos ou rezamos, recordamos o grande dom de Deus aos homens: seu Filho Jesus, que morou na pobre Casa de Nazaré.

Santo Ambrósio afirmou que as ladainhas são do tempo dos apóstolos, pois São Paulo escreveu a Timóteo (1Tm 2,1): "Acima de tudo, recomendo que se façam pedidos, orações, súplicas, ações de graças por todos os homens...".

Pode-se dizer que a Ladainha faz parte da devoção a Nossa Senhora de Loreto e é imprescindível em todas as peregrinações marianas direcionadas ao Santuário da Santa Casa.

A estrutura da Ladainha Lauretana é a seguinte:

I A Santidade de Maria (3 invocações: Santa Maria, Mãe de Deus, Virgem das Virgens);
II A Maternidade de Maria (12 invocações: Mãe de Cristo, da Igreja, da Divina Graça, do Criador, do Salvador, Mãe Puríssima, Castíssima, Imaculada, Intata, Amável, Admirável, do Bom Conselho);
III A Virgindade de Maria (6 invocações: Virgem Prudentíssima, Venerável, Louvável, Poderosa, Clemente, Fiel);
IV A Simbologia de Maria (13 invocações: Espelho de Justiça, Sede da Sabedoria, Causa de nossa Alegria, Vaso Espiritual, Vaso Honorífico, Vaso Insigne de Devoção, Rosa Mística, Torre de Davi, Torre de Marfim, Casa de Ouro, Arca da Aliança, Porta do Céu, Estrela da Manhã);
V Maria Auxiliadora (4 invocações: Saúde dos Enfermos, Refúgio dos Pecadores, Consoladora dos Aflitos, Auxílio dos Cristãos);
VI Maria Rainha (13 invocações: Rainha dos Anjos, dos Patriarcas, dos Profetas, dos Apóstolos, dos Mártires, dos Confessores, das Virgens, de todos os Santos, Concebida sem pecado original, Elevada aos céus, do Sacratíssimo Rosário, das Famílias, da Paz).

A Ladainha Lauretana é conhecida em todo o mundo e inúmeros compositores se empolgaram com ela e a musicaram. Wolfgang Amadeus Mozart fez duas versões: a primeira, em maio de 1771, quase um ano depois da sua peregrinação à Santa Casa de Loreto – foi composta para quatro vozes, três trombones, arcos e órgão; a segunda versão foi composta em 1774, para quatro vozes, dois oboés, arcos e órgão.

Já em 1531, no lançamento da primeira pedra da construção do revestimento marmóreo da Santa Casa, foi cantada a Ladainha Lauretana. Em 1565, o padre Rafael Riera escreveu que os peregrinos chegavam a Loreto cantando a Ladainha de Nossa Senhora. Em 1575, o famoso Costanzo Porta era o maestro da *Schola Cantorum*; ele compôs uma bela melodia para seus cantores louvarem a Virgem com a Ladainha.

7

Igreja, Santuário, Basílica

Patrimônio religioso e artístico

No início, a Santa Casa foi colocada simplesmente sobre uma estrada pública. Pequena, sem fundações, parecia frágil e isso preocupava as autoridades religiosas e civis. Além disso, ela não comportava as multidões de peregrinos e também deveria ser protegida das intempéries. Decidiu-se, então, por volta do ano de 1390, edificar sobre ela uma ampla igreja. Somente no pontificado do papa Paulo II, porém, teve início a construção da Basílica. Iniciada em 1469, foi concluída em 1700. De estilo gótico-renascentista, nela trabalharam afamados e inspirados construtores e artistas, realizando um dos mais belos monumentos feitos pelo talento humano em louvor a Deus. No Santuário tudo gira em torno da Santa Casa; ela é a inspiração para todo o patrimônio artístico do santuário. Esculturas, pinturas, tudo foi criado por grandes artistas para exaltar Maria e sua morada aqui na terra.

O projeto de construção da Basílica é devido a Giovanni Alberti, de Milão, que provavelmente demarcou as fundações e iniciou as paredes, já em 1469. O edifício sacro ocupa 95 metros de comprimento por 65 metros de largura, com uma planta em cruz latina, de três naves. A altura máxima da cúpula, medida do pavimento da Basílica, tem 41,50 metros.

Grandes e inspirados construtores trabalharam na sua edificação; a igreja apresenta internamente formas gótico-venezianas (estilo e obra de Marco Cedrino) mas, do lado de fora, mostra o estilo renascentista de Giuliano da Maiano, que trabalhou em Loreto até 1487.

Os temas bíblicos, apresentados por inúmeras obras de arte, buscam conduzir espiritualmente o peregrino à contemplação do mistério da Encarnação, que a Santa Casa perpetua. As três portas de bronze na fachada do templo, artisticamente trabalhadas, as pinturas, os vitrais, os mosaicos, as esculturas, todo o magnífico acervo de Loreto não são apenas um extraordinário tesouro artístico. São muito mais! São evangelização, são cultura religiosa, são uma viagem histórico-artística pelas páginas da Bíblia que elevam nossa alma.

O revestimento de mármore, a cúpula e as capelas

O revestimento de mármore foi iniciado sob as ordens do papa Júlio II que, em 1507, enviou Donato Bramante a Loreto para realizar "coisas grandes e para desenhar muitas obras" (SANTARELLI, 2000, 36). Os trabalhos foram iniciados em 1511 e concluídos em 1595. A maioria dos artistas que ali trabalharam se inspiraram em passagens do Antigo e do Novo Testamento. Conforme foram passando os séculos, algumas pinturas se deterioraram, tendo outros pintores famosos repintado aqueles locais. Os trabalhos foram financiados principalmente pelos fiéis italianos, em campanha feita pela Congregação Universal da Santa Casa.

Há, naquele Santuário, várias Capelas, notáveis e belas: a Capela do Crucifixo, a Francesa, a Eslava, a Americana, a Alemã, a Polaca, a dos Duques de Urbino, a Espanhola e a Suíça.

Além disso, há na Basílica várias sacristias, todas com motivações religiosas e primorosos trabalhos artísticos. Excetuando-se o Museu do Vaticano, a Basílica de Loreto é o lugar onde se encontra reunido o maior número de obras de arte religiosa que se pode apreciar no mundo, com mais de 700 anos de história e tendo contado com a participação de várias gerações de artistas que se revezaram, trabalhando na cúpula, nas paredes, nas capelas e sacristias.

Na Basílica de Loreto, a arte louva e exalta Maria, Mãe de Jesus, retratando episódios de sua vida.

8
Os santos e o Santuário de Loreto

É fácil imaginar que, nos mais de 700 anos de presença da Santa Casa em Loreto, muitas pessoas santas visitaram o local, pediram bênçãos a Nossa Senhora e agradeceram por elas. O papa Leão XIII, no Breve de 23 de janeiro de 1894, escreveu que na Santa Casa os Servos de Deus "sentem-se incentivados a progredir na virtude, inclinados à maior e mais sublime perfeição". Na mesma linha, o papa São João Paulo II observou: "Não se contam as almas de simples fiéis e de santos canonizados pela Igreja que, entre as paredes da capela lauretana, tiveram a sua 'anunciação', ou seja, a revelação do projeto de Deus sobre a sua vida, e, no seguimento de Maria, pronunciaram o seu *fiat* e o seu 'eis-me!' definitivo a Deus".

Muitos fundadores de congregações religiosas passaram pela Santa Casa; diversos defensores da fé católica (especialmente na Contrarreforma) estiveram ali pedindo forças e luzes para trabalhar pelo Reino de Deus. Um dos mais conhecidos – mais tarde canonizado e declarado Doutor da Igreja – foi São Pedro Canísio que, como peregrino, visitou as paredes pobres e enegrecidas da Santa Casa com humildade e amor e, ali, pediu e obteve inspiração para defender a tradição lauretana dos ataques da Reforma, enriquecendo-se com abundância de argumentos, com profunda convicção e admirável ardor. Em 1557, em visita a Loreto, ele escreveu: "Parece-me tão grande a dignidade, a glória e a excelsa majestade deste lugar que não tenho nenhuma dúvida em antepô-lo e equipará-lo a todos os lugares mais santos da terra…" No Santuário de Loreto somos obrigados a exclamar: "Verdadeiramente, Deus está neste lugar!"

São Luiz Gonzaga, em 1585, dirigindo-se a Roma para entrar na Companhia de Jesus, passou por Loreto para solidificar sua piedade e cumprir o voto feito por sua mãe, que nunca o pudera cumprir.

São Carlos Borromeu foi três vezes à Santa Casa de Loreto. Em 1579, foi a pé desde Fossombrone até Loreto, junto com o arcebispo de Urbino, recitando Salmos, rezando e meditando. Passou a noite na Santa Casa em contínua oração e, na manhã da sua partida, pregou com tanto fervor sobre a Encarnação do Verbo que comoveu os ouvintes até às lágrimas.

São Francisco de Sales, em 1591, quis renovar na Santa Casa o voto de castidade perpétua que tinha feito em Paris, quando ainda era estudante. Seus biógrafos dizem que ele recebeu, naquela santa igreja, graças particulares e que seu espírito ali ficou repleto de novas luzes e de caridade tão ardente que nada lhe parecia impossível quando se tratasse da glória de Deus e da salvação das almas. Voltou à Santa Casa quando, como bispo, foi a Roma para encontrar o Papa.

São José de Cupertino passou seus últimos dias de vida na cidade de Osimo, prisioneiro do Santo Ofício. Ele pedia para ir a Loreto, mas não lhe concediam permissão. Uma vez, porém, em 9 de julho de 1657, estando em Padiglione, nas colinas de Osimo, olhou longamente para a colina de Loreto e depois, com altos gritos, exclamou: "Ó Deus, que coisa é o que vejo? Muitos anjos indo e vindo do céu, carregados de graças, descendo de lá e voltando a buscar mais!". Sabendo que ali estava a Santa Casa, disse o Santo: "Não é de se maravilhar que desçam os Anjos do Paraíso: ó feliz lugar, ó lugar bendito!".

São Luís Maria Grignion de Montfort, inspirador de especial devoção a Maria, foi a pé de Roma a Loreto, onde quis ficar durante duas semanas. Rezando na Santa Casa, encontrou o rumo definitivo da sua missão: a Virgem, de quem cantaria o poder no *Tratado da Verdadeira Devoção à Santíssima Virgem*.

São Giuseppe Benedetto Labre, que se destacou pela penitência e pelo desapego aos bens terrenos, e que passou toda a vida peregrinando e vivendo do pão da caridade, foi a Loreto de 1775 a 1783.

Santo Afonso Maria de Ligório passou três dias de oração na Santa Casa, sem nenhum repouso. Depois, escreveu seu livro *Glórias de Maria*, em que destaca: "Um filho de Maria, ou nunca se aparta de Deus ou, se por desgraça o faz, logo para Ele volta por meio de Maria" (1987, 84).

Santa Teresinha do Menino Jesus, tendo visitado a Santa Casa em 1887, escreveu:

Encontrar-me sob o mesmo teto que abrigou a Sagrada Família, contemplar aquelas paredes, sobre as quais Nosso Senhor tinha fixado seus olhos divinos, tocar aquela terra que São José tinha banhado com seu suor e onde Maria tinha levado Jesus nos braços depois de tê-lo carregado em seu seio virginal causaram-me profunda comoção. Vi o lugar da Anunciação, e minha maior consolação foi a de comungar recebendo Jesus na sua casa e poder ficar tanto tempo no mesmo lugar que ele honrou com sua presença (2001, 163).

Foi na Santa Casa que Chiara Lubich, em novembro de 1939, recebeu a inspiração celeste para fundar os Focolari ("folcolari" significando lareira, lugar de união familiar de amor). Ela afirmou: "A Casinha de Loreto revelou ao meu coração algo de misterioso, porém certo: uma quarta estrada, isto é, o Movimento Focolari".

Outros santos visitaram a Santa Casa, como Santa Francisca Cabrini, Santo Inácio de Loyola, São Paulo da Cruz, São João Bosco, São Lourenço de Brindisi, São Camilo de Lellis, São Francisco Xavier, São Pedro de Alcântara...

CONCLUSÃO
Um lugar de bênçãos e graças

Vimos (cf. subcapítulo 3) que há duas hipóteses para explicar a presença da Santa Casa em Loreto, na Itália. Vale aqui a observação que o papa São João Paulo II fez numa Carta que escreveu a Dom Pasquale Macchi, por ocasião do VII Centenário da Santa Casa (15 ago. 1993):

Deixando, como é necessário, plena liberdade para as pesquisas históricas sobre a origem do Santuário [...], podemos afirmar, com todo o direito, que a importância do próprio Santuário [...] tem como base aquilo que produziu. É o critério que o próprio Cristo nos dá, quando convida seus discípulos a julgar uma árvore pelos seus frutos (n. 2).

O que não se duvida mais é que a Santa Casa de Loreto seja o lugar da Encarnação de Jesus, filho de Deus, segunda Pessoa da Santíssima Trindade, nosso Redentor. Padre Santarelli, historiador e pesquisador, afirma: "Depois de anos de estudos, análises e investigações arqueológicas realizadas com os meios mais sofisticados, temos condições de afirmar categoricamente que esta Casa é exatamente aquela que, até o final do século XIII, era reverenciada em Nazaré como a Casa da Virgem".

A Santa Casa, o mais antigo Santuário mariano da cristandade, continua sendo, para os devotos e peregrinos, o lugar sagrado onde Deus quis compartilhar o cotidiano do homem. Ele, que é infinitamente rico, escolheu viver a pobreza do ser humano: "Vós conheceis a bondade de Nosso Senhor Jesus Cristo. Sendo rico, se fez pobre por vós, a fim de vos enriquecer por sua pobreza" (2Cor 8,9).

Quem visita a Basílica de Loreto se encanta com sua riqueza artística e com seus mármores valiosos. Entra na Santa Casa e é tocado pela humildade, simplicidade e mesmo pela pobreza da moradia que abrigou por tantos anos a Sagrada Família. A riqueza da Santa Casa consiste em ter abrigado o Deus feito homem. Foi um momento único, um acontecimento inaudito, um marco na História da humanidade.

Vivemos, atualmente, momentos difíceis, de secularização. Parece que o homem quer expulsar Deus do mundo. Nunca, como hoje, foram tão importantes os santuários, convidando à peregrinação e à conversão. Entre todos, Loreto é agora "o Santuário", por ser a porta para chegar a Deus, por nos mostrar e recordar o que aconteceu na Santa Casa. Loreto nos recorda que Deus se fez homem em Jesus, que é nosso Salvador, irmão, parente, amigo, vizinho e companheiro de viagem. Loreto é lugar para se renovar a fé, fortalecer a esperança e alimentar o amor.

Multidões de peregrinos buscam em Loreto os sacramentos da Confissão e da Eucaristia. Para muitos, acontece a conversão: vão da incredulidade à fé, do pecado à graça, da superficialidade ao fervor espiritual e ao testemunho. Loreto é um encontro particular com Deus.

Em nossos dias, dominados pelo materialismo e pelo ateísmo, pela violência e pela inversão de valores, Loreto se destaca como um centro de bênçãos e graças para o mundo.

Orações

Oração do Angelus

O Anjo do Senhor anunciou a Maria
E ela concebeu do Espírito Santo.
Ave, Maria...
Eis aqui a serva do Senhor.
Faça-se em mim segundo a vossa palavra.
Ave, Maria...
E o Verbo divino se fez carne
E habitou entre nós.
Ave, Maria...
Rogai por nós, Santa Mãe de Deus,
Para que sejamos dignos das promessas de Cristo.

OREMOS: Infundi, Senhor, em nossos corações a vossa graça, a fim de que, conhecendo pela anunciação do Anjo a Encarnação de Jesus Cristo, vosso Filho, cheguemos, pela sua paixão e cruz, à glória da ressurreição. Pelo mesmo Cristo, nosso Senhor. Amém.
Glória ao Pai...

(Essa é, por excelência, a oração do Santuário de Loreto, pois foi nele que aconteceu o que a oração relata)

A Maria, Senhora do dia a dia

Ó Maria, Senhora do dia a dia,
fala-nos das coisas pequenas e simples
das quais se sente o verdadeiro sabor
do bom pão fresquinho
amassado pelas mãos da mãe.
Ó Maria, Senhora do dia a dia,
livra-nos da tentação da bondade
exibida em palco
e que se liga junto aos refletores.
Ajuda-nos a sermos sempre verdadeiros
em qualquer lugar!
Ó Maria, Senhora do dia a dia,
ensina-nos a beleza dos dias comuns:
que os nossos olhos sejam mensagem,
os nossos sorrisos sejam abraços de paz
e os nossos gestos sejam presentes de alegria.
Ó Maria, Senhora do dia a dia,
ajuda-nos a abrir a porta da casa
para condividir a festa da nossa vida
e para difundir o canto dos filhos de Deus
sobre o cansaço de cada dia.
Ó Maria, ajuda-nos a compreender
que festa é somente Deus:
acolhido e amado na casa, todos os dias!
Amém!

(Dom Angelo Comastri,
Arcebispo de Loreto, 2004)

Oração a Nossa Senhora de Loreto
(Para antes de uma viagem aérea)

Deus e Senhor nosso, que caminhais sobre as asas dos ventos, cuja glória os céus cantam sem cansar, nós vos bendizemos e glorificamos em todas as vossas obras, pois em vossa infinita sabedoria confiastes ao homem a missão de realizar coisas lindas e grandiosas.

Dignai-vos escutar a oração que vos dirigimos pela intercessão da Virgem de Loreto: singrando os ares os aviões proclamem no espaço os louvores de vosso nome e sirvam aos homens para desempenhar mais depressa suas tarefas.

Com a vossa bênção, pilotos, técnicos e auxiliares operem com prudente sabedoria a fim de que, superando todo o perigo, alcancem a meta que os espera. Amém.

(Oração composta pelo papa São João XXIII)

Oração dos aviadores a Nossa Senhora de Loreto

Ó Maria, Rainha do Céu, gloriosa Padroeira da aviação, suba até vós a nossa súplica. Somos pilotos aviadores do mundo inteiro. Arrojados nos caminhos do espaço, unindo em laços de solidariedade as nações e os continentes, queremos ser instrumentos vigilantes e responsáveis da paz e do progresso para as nossas pátrias. Em vós depositamos nossa confiança. Sabemos a quantos perigos se expõe a nossa vida; velai por nós, mãe piedosa, durante nossos voos. Protegei-nos no cumprimento do árduo dever cotidiano, inspirai-nos vigorosos pensamentos da virtude e fazei com que nos mantenhamos fiéis aos nossos compromissos de homens e de cristãos. Reacendei em nossos corações o anelo dos bens celestiais, vós, que sois a Porta do Céu, e guiai-nos, agora e sempre, nas asas da fé, da esperança e do amor. Amém.

(Oração composta pelo papa São Paulo VI, em 1967, a pedido do brigadeiro brasileiro Eduardo Gomes)

Oração a Nossa Senhora de Loreto
(Papa São João Paulo II)

Ó Maria, viemos a ti, na tua Santa Casa de Loreto, memória do mistério de Deus feito homem no teu seio puríssimo por obra do Espírito Santo.

Adoramos o prodigioso acontecimento, sinal maravilhoso do amor de Deus por nós. Teu exemplo nos encoraja à união com teu amado Filho na construção da nossa vida sobre a palavra do Evangelho.

Mãe de misericórdia, consegue-nos de Jesus o perdão e a libertação do mal. Obtém para toda a humanidade, atualmente dominada pelo ódio e pelo egoísmo, a salvação e a paz.

Sobre os passos de inumeráveis peregrinos, que há sete séculos acorrem a esta tua Casa, depositamos nas tuas mãos a nossa compromissada, verdadeira e profunda conversão.

Possa a tua Casa de Nazaré tornar-se, para a nossa casa, um modelo de fé viva e de intrépida esperança, a fim de que na igreja doméstica cresça a Santa Igreja, e sobretudo se difunda o amor de Cristo.

Ó clemente, ó piedosa, ó doce Virgem Maria. Amém.

Oração a Nossa Senhora de Loreto
(Papa Bento XVI, 2005)

Santa Maria, Mãe de Deus, nós te saudamos na tua Casa.

Aqui, o arcanjo Gabriel te anunciou que deverias tornar-te a Mãe do Redentor; que em ti o Filho eterno do Pai, pelo poder do Espírito Santo, se tornaria homem.

Aqui, do fundo do teu coração, disseste: "Eis aqui a serva do Senhor! Faça-se em mim segundo a tua palavra" (Lc 1,38).

Assim, em ti a Palavra se fez carne (Jo 1,14). Tu te tornaste, então, templo vivo, no qual o Altíssimo habitou corporalmente; te tornaste porta pela qual ele entrou no mundo.

Depois da volta do Egito, aqui, sob a fiel proteção de São José, viveste junto com Jesus, até a hora de seu batismo no Jordão.

Aqui rezaste com ele as antiquíssimas orações de Israel, que então se tornaram palavras do Filho dirigidas ao Pai; dessa forma nós, utilizando-nos dessas orações, podemos rezar com o Filho, e estarmos unidos à tua oração, santa Virgem Mãe.

Aqui ambos leram juntos as Sagradas Escrituras e certamente também refletiram as palavras misteriosas do livro do profeta Isaías: "Ele foi transpassado por causa das rebeldias, esmagado por nossos pecados. Sem ordem de prisão e sem sentença, foi detido... O meu servo, o justo, fará que a multidão se torne justa, pois ele mesmo estará carregando o peso dos pecados dela" (Is 53,5.8.11).

Pouco depois do nascimento de Jesus, o velho Simeão, no templo de Jerusalém, já te havia dito que uma espada deveria transpassar teu coração (Lc 2,35).

Depois da visita ao templo com Jesus, quando ele tinha doze anos, voltaste para esta casa de Nazaré, e aqui, por muitos anos, experimentaste aquilo que Lucas assim resumiu: "e lhes era submisso" (Lc 2,51).

Tu viste a obediência do Filho de Deus, a humildade daquele que é o Criador do universo e que era chamado por seus contemporâneos de *carpinteiro* (Mc 6,3).

Santa Mãe do Senhor, ajuda-nos a dizer "sim" à vontade de Deus também quando não compreendemos.

Ajuda-nos a confiar em sua bondade, também na hora da escuridão.

Ajuda-nos a sermos humildes como era teu Filho e como eras tu.

Protege nossas famílias, para que sejam lugares de fé e de amor; para que cresça nelas o poder do Bem de que o mundo tanto necessita.

Protege nossos países, para que permaneçam fiéis; para que a fé nos dê o amor e a esperança que nos indicam a estrada de hoje até amanhã.

Tu, boa Mãe, socorre-nos na vida e na hora de nossa morte. Amém.

Bibliografia

CONGREGAZIONE UNIVERSALE DELLA SANTA CASA DI LORETO. *Il Santuario de Loreto. Notizie critico-storiche.* Loreto: Tipografia Enzo Brandoni, 1964.

D'ASCOLI, Arsenio. *La Santa Casa.* Loreto: Tipografia Enzo Brandoni, 1964.

DUFFY, Eamon. *Santos & pecadores. História dos Papas.* São Paulo: Cosac Naify, 1998.

EMMERICK, Anna Katharina. *Vita della Santa Vergine Maria.* Testo raccolto da Clemens Brentano. Torino: San Paolo, 2004.

COMPÊNDIO DO VATICANO II. *Constituições, decretos, declarações.* Petrópolis: Vozes, 1974.

FLICHY, Marc, in: *Stella Maris*, Suíça, Editions du Parvis, n. 460 (2009) 20.

CONGREGAZIONE UNIVERSALE DELLA SANTA CASA DI LORETO. *Il messaggio della Santa Casa.* Loreto/Ancona, Aniballi, jul.-ago. (2013); jul.-ago. (2015); mar.-jun. (2016).

JOÃO PAULO II. *Lettera di Giovanni Paolo II a Monsignor Pasquale Macchi per il VII Centenario del Santuario della Santa Casa di Loreto.* Vaticano: Libreria Editrice Vaticana, 1993.

KRIEGER, Dom Murilo S. R. *Com Maria, a Mãe de Jesus.* Aparecida: Santuário, 2017.

LAURENTIN, René; DEBROISE, François-Michel. *Indagine su Maria. Le rivelazioni dei mistici sulla vita della Madonna.* Milano: Mondadori, 2012.

LIGÓRIO, Santo Afonso de. *Glórias de Maria.* Aparecida: Santuário, 1987.

MENINO JESUS, Santa Teresinha do, *Obras completas.* São Paulo: Loyola, 2001.

MONTFORT, S. Luís Maria Grignion de. *Tratado da verdadeira devoção à Santíssima Virgem.* Petrópolis: Vozes, 1985.

NICOLINI, Giorgio. *La veridicità storica della miracolosa traslazione della Santa Casa di Nazareth a Loreto.* Ancona: Litostella S. di Rubini, 2004.

RATZINGER, Joseph (Bento XVI). *A infância de Jesus.* São Paulo: Planeta, 2012.

SANTARELLI, Giuseppe. *Loreto. Nella historia e nell'arte.* Ancona: Aniballi, 2000.

_____. *La Santa Casa di Loreto. Tradizione e ipotesi.* Loreto: Lauretane Santa Casa, 2006.

STELLA MARIS. Hauteville, Éditions du Parvis, jul.-ago. (2009); set. (2009); nov.-dez. (2009).

CAPÍTULO II

Nossa Senhora de Guadalupe, a Mãe de Deus nas Américas

"Porventura não sou tua mãe? Não estou eu aqui?
Não te deixes vencer pelas tuas dores, pelas tuas tristezas", Maria nos diz.
Hoje, ela volta a nos enviar como a Juanito,
e nos diz:
Sê o meu mensageiro, sê o meu enviado
para construir muitos santuários novos,
acompanhar muitas vidas, consolar muitas lágrimas.
Basta que caminhes pelas estradas do teu bairro,
da tua comunidade, da tua paróquia
como meu mensageiro, minha mensageira.
Sê o meu mensageiro
dando de comer aos famintos, de beber aos sedentos;
oferece um lugar aos necessitados, veste os nus e visita os doentes.
Socorre os prisioneiros, não os deixes sozinhos,
perdoa a quem te fez mal,
consola quem está triste,
tem paciência com os outros
e, sobretudo, implora e invoca o nosso Deus.
Então, no silêncio, diz [à Virgem de Guadalupe]
o que te vier ao coração.
(Papa Francisco – Basílica de Guadalupe, 13 fev. 2016)

APRESENTAÇÃO

Guadalupe: a Mãe latino-americana

A História da América Latina está profundamente marcada, desde seu início, pela presença materna e carinhosa de Maria Santíssima. Aparecendo a Juan Diego no México, ela quis deixar claro que tinha um amor de predileção por este Continente e seu povo. "Ouve, filho meu... sou a sempre Virgem, Santa Maria, Mãe do Deus da Grande Verdade... Sou a Mãe da Misericórdia, tua e de todas as nações que vivem nesta terra...".

A partir de então foi escrita, em Guadalupe, uma das belas páginas da Mariologia. Se é comovente a humildade de Juan Diego, não menos tocante é a simplicidade com que Maria se dirige a um de seus filhos mais desamparados e, justamente por isso, dos mais queridos.

As etapas dessa aparição são sintética e fielmente descritas a seguir. De minha parte, ressalto alguns pontos:

- A Virgem de Guadalupe "pode ser chamada, com todo o direito, a *Primeira Evangelizadora da América*" (São João Paulo II, 6 mai. 90). Ela, de rosto mestiço, escolheu um indígena asteca para evangelizar nosso continente. Falou em *náhuatl*, língua de Juan Diego, e, para referir-se aos atributos de Deus, utilizou-se de expressões da cultura religiosa local. Os índios sentiram-se acolhidos, valorizados e amados por mãe tão atenta que, além de não ter desprezado seus símbolos, se utilizou deles para transmitir as mensagens do Céu. Foi uma experiência muito diferente daquela que os indígenas tiveram com os dominadores, que não tinham consideração ou respeito por sua cultura.
- As aparições de Guadalupe são uma mensagem de esperança e um convite à conversão ao Deus verdadeiro. Maria é a mãe misericordiosa

que apresenta seus filhos a Jesus. Ensina-lhes que a mensagem cristã é dirigida a todos, sem exclusão de ninguém. Escolhendo um pobre para se manifestar, deixa clara a preferência de Deus pelos mais necessitados. Ensina também que a pobreza evangélica exige total aceitação do plano de Deus, ilimitada confiança em sua palavra e generosa disponibilidade.

- Maria Santíssima pediu a construção de uma igreja, como sinal constante de sua presença e para revelar ao mundo a imensa bondade de Deus. Sucessivas construções foram levantadas no local das aparições, símbolos da Igreja viva que ela mesma foi construindo ao redor de seu Filho. Os peregrinos que acorrem à sua Basílica, no México – cerca de vinte milhões por ano! —, ou a uma das outras muitas igrejas que lhe foram dedicadas, em todo o mundo, testemunham a realização de sua promessa: "Nela mostrarei e darei às gentes todo o meu amor, minha compaixão, minha ajuda e minha defesa... Aí hei de ouvir seus lamentos e prover de remédio e curar todas as suas misérias, penas e dores".
- Juan Diego foi um profeta, um servo fiel e obediente. Cumpriu sua missão não apenas perante o Bispo, mas também junto aos peregrinos que passaram a visitar a pequena Capela onde foi colocada a *tilma* com a imagem não pintada por mãos humanas. A imagem da Virgem, cercada de símbolos que muito dizem ao povo asteca, passou a ser um catecismo permanentemente aberto, a lhes ensinar que ela é, acima de tudo, sua mãe e, por isso mesmo, estão sempre sob sua proteção. O que temer se ela os envolve com seu manto e os conduz a Jesus?

Por tudo isso, é fácil compreender o incentivo que 27 Papas deram à devoção a Nossa Senhora de Guadalupe. Nós, que somos filhos do Continente que teve o privilégio de ser visitado por tão delicada mãe, sentimo-nos alegremente obrigados a elevar ao Pai nosso mais belo louvor por essa graça.

Dom Murilo S. R. Krieger, SCJ

INTRODUÇÃO

"Menina minha"

Escrever sobre as aparições de Nossa Senhora de Guadalupe foi uma experiência emocionante. É impossível pesquisar, escrever e ler sobre os acontecimentos de dezembro de 1531 sem sentir o coração tocado pela pessoa do índio Juan Diego e pelo seu grande amor à Mãe de Deus, com quem ele falava chamando-a de "Senhora minha, Ama, Dona, Menina minha…". Com a aparência de uma jovem índia, a Mãe de Jesus iluminou aquela manhã mexicana dos primeiros anos da América com uma luz destinada a brilhar pelos séculos afora.

Passados quase quinhentos anos daqueles acontecimentos, possamos todos aprender, com Maria e com Juan Diego, que ela nos ama e quer nos ajudar, ensinando-nos sobretudo um caminho sem preconceitos, sem opressão, sem violência, onde a paz e a fraternidade são construídas pela justiça e pelo amor. No México, Nossa Senhora nos deixou seu retrato, colocando-se ao lado do povo latino-americano, sofrendo com ele e oferecendo-lhe "amor, compaixão, ajuda e defesa".

Nestes tempos difíceis para a América Latina, procuremos conhecer melhor Nossa Senhora de Guadalupe, amá-la e encontrar o que ela nos oferece. E, sobretudo, sejamos nós, que a conhecemos, bons instrumentos na divulgação do Evangelho do seu divino Filho, único capaz de mostrar a verdadeira Luz a todos os povos…

Mafalda Böing

1
Um país chamado México

Existe na América do Norte um país conhecido por suas cores e músicas, por seu povo sentimental e religioso. Esse país é o México, que, ao norte, faz fronteira com os Estados Unidos e, ao sul, com a Guatemala e Belize, países da América Central.

Há muitos e muitos anos, quando a América ainda não havia sido conquistada e colonizada pelos europeus, vivia no México o povo Asteca, que tinha uma série de conhecimentos extraordinários.

O chamado Império Asteca tinha um governo organizado, um comércio ativo, possuía artistas notáveis, uma boa medicina e um eficiente sistema judicial. O povo era profundamente religioso, cultuando várias divindades (da chuva, do sol, do fogo etc.), a quem erguia templos e fazia festas. Esse povo acreditava em um Ser Supremo e a ele se referia como "aquele por quem vivemos, sem o qual o homem não é nada; sob suas asas se encontra repouso e defesa". Um dos deuses mais importantes para os astecas era Quetzalcoatl, a serpente emplumada, o senhor do vento. A ele eram sacrificadas a cada ano centenas de vítimas humanas, em rituais públicos muito cruéis.

A terra onde moravam foi conquistada pelos espanhóis, que chegaram ao México em 1519. Foi uma conquista difícil, dolorosa e sangrenta, com a perda de muitas vidas, principalmente para os astecas. Os invasores acabaram impondo sua civilização, língua e religião, e daquele período tão tumultuado surgiu uma forte nação, cujo povo guarda riquíssimas tradições recebidas tanto dos ancestrais astecas quanto dos espanhóis.

O Império Asteca terminou em 1521, quando os índios fizeram sua última defesa e o território passou para o domínio espanhol. Os conquistadores logo destruíram a parte superior da pirâmide onde eram feitos os sacrifícios humanos dos astecas e, no seu lugar, construíram a Igreja de Santiago, que existe ainda hoje.

Não é papel deste estudo julgar a atuação dos espanhóis na invasão, conquista e colonização do México. Lembramos apenas que entre os colonizadores havia cristãos que se preocuparam, desde o início, com a educação e cristianização dos nativos. Lembremo-nos especialmente dos missionários que, com sua vida pobre, austera e simples, muito se distanciavam dos conquistadores. Todas as crueldades e injustiças que foram cometidas contra os astecas faziam esse povo viver um terrível momento de humilhação e desagregação. Pois foi ali, a esse povo extremamente machucado, que a Mãe de Deus quis se manifestar com seu amor materno, com seu carinho e atenção. Para isso, escolheu entre os astecas um dos seus filhos mais humildes, um índio simples e viúvo, cuja família se resumia a um tio, e cuja atividade não passava de tarefas artesanais entremeadas de catequese e orações. Por intermédio desse índio, Deus quis dar ao povo o retrato de Maria Santíssima.

Foi assim que tudo aconteceu: nas redondezas da antiga capital asteca – que se tornou a capital mexicana – vivia um índio convertido chamado Juan Diego. Era um camponês pobre e humilde que, entre os índios, estava destinado aos trabalhos servis mais desprezados e difíceis, por pertencer à casta dos *Tlamenes* que, entre os astecas, só não eram inferiores aos escravos. Mesmo pobre, Juan Diego era um homem livre, com direito a voto; quando criança, frequentara a escola, obrigatória para o povo asteca. Ocupava-se da terra e da caça e, sendo criativo, fabricava alguns móveis para vender.

Quando chegaram os missionários espanhóis, que lhes explicaram as verdades cristãs e o mandamento de amor de Jesus Cristo, Juan Diego, sua esposa e um tio que morava com eles estavam no primeiro grupo de nativos batizados na fé católica, no ano de 1525, recebendo os nomes de Juan Diego, María Lucía e Juan Bernardino. Continuaram morando na aldeia fora da cidade, mas, para se instruírem na fé, caminhavam 20 quilômetros até a cidade e todos os domingos participavam da missa, comungavam e tinham catequese.

Em 1529, María Lucía, esposa de Juan Diego, adoeceu e morreu, o que o levou a se unir ainda mais em amizade e fé a seu tio Juan Bernardino. A morte da esposa levou Juan Diego a uma profunda devoção à Santíssima Virgem, o que fez com que ele não só aos domingos, mas também aos sábados, se levantasse muito cedo para ir à Missa em honra de Nossa Senhora, numa igreja a uma distância de 12 quilômetros.

2
O primeiro encontro com a Virgem

No ano de 1531, a festa da Imaculada Conceição celebrou-se em um sábado, dia 9 de dezembro. Fazia muito frio naquela manhã, quando Juan Diego deixou sua casa na aldeia de Tulpetlac e se dirigiu à vizinha Tlatelolco, na periferia da Cidade do México, para participar da Missa e da catequese.

Podemos imaginar aquele índio caminhando solitário na manhã fria em direção à cidade, para estudar a doutrina, talvez rezando e olhando a áspera paisagem do inverno… Ao passar pela colina de Tepeyac, ouviu estranhos e encantadores sons, como se muitos pássaros cantassem melodias que jamais ouvira.

Juan Diego parou. Ele pertencia a um povo que tinha uma cultura muito rica em símbolos da natureza e de aspectos religiosos. Convertido ao catolicismo, seu coração de homem simples e religioso transferiu para o Deus verdadeiro todo o respeito e devoção que aprendera desde pequeno em sua religião. Por isso, ao ouvir o belo canto dos pássaros, Juan Diego sentiu que havia algo incomum, que aquele não era um amanhecer como os outros.

Na sua simplicidade de homem acostumado à poesia da natureza, e profundo observador que era de tudo o que o rodeava, como se auscultasse algum sinal divino pensou em voz alta, no seu linguajar asteca cheio de simbolismos: "Porventura mereço isto? É por dignidade minha que o ouço? Será que não estou sonhando? Será que isto não é fantasia? Será que já estou lá onde ficaram nossos avós, na Terra da Flor, lá dentro do Céu?".

Ele olhava fixamente para o alto da colina, pois de lá saíam aquelas maravilhosas melodias. Quando o canto cessou, ele ouviu uma voz que o chamava de lá, dizendo: "Juanito! Juan Dieguito!". Muito contente subiu a colina e ali avistou a bela Senhora que o chamava. Sua roupa parecia um sol brilhante, refletindo nas pedras e ervas que havia ao redor, a tudo transfigurando, como se a Senhora se encontrasse entre pedras preciosas e ramagens de ouro. Inclinando-se diante dela ouviu-a dizer, no carinhoso linguajar indígena a que ele estava acostumado: "Ouve, filho meu, o mais desamparado, digno Juan, para onde vais?".

Ele respondeu respeitosamente e com muito carinho, no mesmo linguajar, sentindo no coração que ela era a mãe de Jesus, pois tanta beleza só podia vir do Céu: "Senhora e Rainha minha, Menina: tenho de chegar à tua casa de Tlatelolco, para aprender as coisas divinas que nos ensinam nossos sacerdotes, eles que são imagem de Nosso Senhor".

Então a Senhora lhe disse: "Juanito, menor dos meus filhos, fica sabendo que sou Maria, sempre Virgem, Mãe do verdadeiro Deus, por quem vivemos. Desejo muito que se erga aqui um templo para mim, onde mostrarei e prodigalizarei todo o meu amor, compaixão, auxílio e proteção a todos os moradores desta terra, e também a outros devotos que me invoquem confiantes. Vai ao Bispo do México e manifesta-lhe o que tanto desejo. Vai e põe nisto todo o teu empenho".

Emocionado, Juan Diego inclinou-se diante dela e disse: "Senhora e Rainha minha, já vou, para tornar realidade tua ordem e tua palavra. E agora me separo de ti, eu, teu pobre servidor". E lá se foi em direção à cidade do México.

3
A primeira visita ao Bispo

O bispo daquele país recém-descoberto era franciscano e se chamava Dom Frei Juan de Zumárraga. Juan Diego prostrou-se diante dele e revelou o desejo da Senhora do Céu, narrando tudo o que tinha se passado. O bispo não acreditou naquele índio pobre e simples, que trazia notícias tão inacreditáveis, e então lhe disse: "Meu filho, volta outra vez e então te ouvirei com calma. Agora ainda preciso ver, observar e pensar sobre tudo o que disseste".

Juan Diego saiu triste, porque não se realizaria o que a Senhora lhe pedira.

4

O segundo encontro com a Virgem

O índio voltou ao cume da colina e encontrou a Senhora, que o esperava. Prostrando-se diante dela se lamentou, no linguajar bem típico dos índios, quando falavam com carinho e respeito: "Senhora minha, Ama, Dona, a mais desamparada de minhas Filhas, Menina minha, fiz o que me mandaste fazer. O senhor Bispo me ouviu, mas seu coração não admitiu e não acreditou. Disse-me que terei de voltar lá outra vez e relatar tudo novamente. Vi, pelo que falou, que ele pensa ser invenção da minha parte o teu pedido de erguer aqui um templo. Por isso muito te suplico, Senhora minha, Rainha e Menina minha, que dês o encargo de levar tua vontade a alguns nobres mais destacados, conhecidos e respeitados. Porque certamente sou um camponês qualquer, um capacho, uma escadinha de pau, excremento do povo, sou folha, sou mandado, e tenho de ser levado às costas. E tu, Filha minha, a mais desamparada, Menina minha, Senhora e Rainha minha, me envias a um lugar onde não ando e em que não posso ficar de pé. Perdoa-me, causarei pena a teu rosto e a teu coração, te darei desgosto e cairei na tua repulsa, Dona e Senhora minha".

Respondeu-lhe a Virgem, com imenso carinho: "Ouve, filho meu, o mais desamparado, sabe em teu coração que não são poucos os meus servidores e mensageiros a quem posso dar o encargo de levar meu pensamento e minha palavra, para que cumpra minha vontade. Mas é de absoluta necessidade que sejas tu mesmo a ir e a falar disso, e que precisamente com tua mediação e ajuda se faça realidade meu desejo e minha vontade. Rogo-te muito, filho meu, o mais desamparado, e com toda a energia te mando que amanhã, precisamente, vás outra vez ter com o Bispo. Em meu lugar, faz com que ele saiba, faz com que ouça bem minha vontade e desejo, que edifique meu templo que lhe peço. E diz a ele, uma vez mais, que eu, em pessoa, que sou a sempre Virgem Maria, a Mãe de Deus, te envio a ele".

Juan Diego lhe respondeu: "Senhora minha, Dona, Menina minha, que eu não aflija teu rosto nem teu coração. Com o coração disposto irei lá para repetir tua palavra. De nenhum modo deixarei de fazê-lo, nem me será penoso o caminho. Farei tua vontade, mas pode ser que eu não seja ouvido ou, se ouvido for, não acreditem em mim. Amanhã à tarde, quando o sol se puser, trarei uma resposta do Bispo. Agora me separo de ti, Filha minha, a mais desamparada, Menina minha, Ama, Dona minha, e podes descansar um pouco". E afastou-se.

5

A segunda visita ao Bispo

O dia seguinte era domingo. Já de madrugada, ainda no escuro, Juan Diego foi a Tlatelolco para a catequese. Depois da missa das 10 horas foi direto à casa do senhor Bispo. Teve muita dificuldade para ser recebido, mas, quando o conseguiu, ajoelhou-se aos pés de Dom Juan de Zumárraga, chorou e tornou a comunicar o desejo da Senhora do Céu: que se construísse a capela no lugar onde ela queria.

O senhor Bispo lhe perguntou muitas coisas, queria saber onde a vira e como era, ao que Juan Diego contou tudo exatamente. Mas, apesar de lhe fazer a descrição e de contar tudo o que havia visto e admirado na sempre Virgem e admirável Mãe de nosso Salvador e Senhor Jesus Cristo, ainda assim o Bispo não acreditou. Disse-lhe que não bastava sua palavra para fazer o que ele solicitava. Pediu um sinal para que pudesse acreditar ter sido ele enviado pela Senhora do Céu. Juan Diego então disse ao Bispo: "Amo e Senhor meu, irás ter o sinal, pois irei pedi-lo à Senhora do Céu, já que foi ela que me enviou".

Quando ele se foi, o Bispo ordenou a pessoas de confiança que o seguissem, e foi o que se fez. Mas, no caminho, perderam Juan Diego de vista e, mesmo tendo procurado muito, não o viram mais. Voltaram ao Bispo e, para se justificarem, disseram que o índio o enganava e tudo não passava de invenção. Entretanto, chegou a segunda-feira, quando Juan Diego deveria levar o sinal ao Bispo. Mas ele não foi à colina encontrar a Senhora pois, ao chegar em casa, encontrara seu tio Juan Bernardino com varíola e nas últimas. Primeiro foi chamar um médico, mas este não pôde fazer muita coisa, por estar o doente em estado muito grave. À noite, seu tio lhe rogou que fosse a Tlatelolco chamar um sacerdote, pois queria se confessar e se preparar para a morte.

6

O terceiro encontro com a Virgem

Então, na terça-feira, ainda de madrugada, Juan Diego saiu de casa para buscar o sacerdote em Tlatelolco. Chegando perto da colina de Tepeyac, disse para si mesmo: "Se eu for por aqui, pode ser que a Senhora venha me encontrar e então me atrasarei para levar o sacerdote ao meu tio. Vou passar por outro lugar, e outra hora passo aqui". Em seguida, rodeou a colina, subiu pelo meio e tomou um caminho mais rápido para a cidade, pensava que desse modo não seria visto por aquela que vê a todos muito bem.

De repente Juan Diego a viu descer do cume da colina, barrar-lhe a passagem, pôr-se diante dele e perguntar: "Filho meu, o mais desamparado, para onde vais? Para onde te diriges?".

Ele inclinou-se diante dela, com espanto, aflição e vergonha, e saudou-a: "Menina minha, Filha minha, a mais desamparada, Senhora, espero que estejas bem. Como amanheceste? Acaso estás bem-disposta, Senhora e Menina minha? Vou causar pesar a teu rosto e a teu coração. Hás de saber, Menina minha, que está nas últimas o pobre criado teu, meu tio, que padece de grave enfermidade e dela vai morrer. Pois vou depressa à tua casa da cidade para chamar um dos amados sacerdotes de Nosso Senhor, para que meu tio possa se confessar e se preparar para a morte. Mas logo que puder, hei de voltar aqui. Ama e Menina minha, perdoa-me, tem agora um pouco de paciência comigo. Não quero te enganar, Filha minha, a mais desamparada, Menina minha. Amanhã mesmo voltarei, a toda pressa".

Depois das palavras de Juan Diego, a Virgem disse: "Ouve e guarda em teu coração, filho meu, o mais desamparado. É nada o que te assusta e abate, não te perturbes, não temas essa enfermidade, nem qualquer outro padecimento ou algo angustioso. Acaso não sou eu a tua Mãe? Não estás sob minha sombra e proteção? Acaso não sou eu a tua fonte de vida?

Não estás na dobra do meu manto, justamente onde cruzo meus braços? Que mais te faz falta? Que nada te angustie nem te cause amarguras. Quanto à enfermidade do teu tio, não te aflijas. Porque não há de morrer dessa doença. Crê no teu coração que ele já está curado". Soube-se depois que naquele mesmo instante seu tio ficou curado.

Ouvindo as palavras da Senhora do Céu, Juan Diego consolou-se, acalmou-se e então pediu que ela lhe desse o sinal para levar ao Bispo, a fim de que este cresse nele. Então a Senhora do Céu lhe ordenou que subisse a colina, ao lugar onde lhe aparecera pela primeira vez. Disse-lhe: "Sobe, filho meu, o mais desamparado, colina acima, e ali onde me viste e onde te dei ordens; nesse mesmo lugar verás diversas flores desabrochadas; corta-as, junta-as, reúne-as. E desce logo para cá, trazendo-as a mim".

Juan Diego obedeceu e lá chegando admirou-se ao ver, desabrochadas e abertas, as várias espécies de rosas finas de Castela (Castela é uma região da Espanha onde se cultivavam rosas e flores de grande beleza, que mais tarde os espanhóis levaram também para outras partes do mundo). O lugar não era adequado para brotarem, por ser todo pedregoso, cheio de espinheiros e cactos, e era justamente o tempo em que o inverno se torna mais rigoroso. As rosas eram muito perfumadas e o orvalho da noite as deixara como que cobertas de pérolas. Juanito colheu-as e guardou-as na dobra de sua manta (uma *tilma*). Desceu a colina e mostrou à Rainha do Céu as flores que colhera. Ela as tomou em suas mãos, as arranjou melhor na dobra da tilma de Juan Diego, e lhe disse: "Filho meu, o mais desamparado, estas flores são a prova, o sinal que levarás ao Bispo. Dirás a ele que veja nelas o que quero e com isso realize minha vontade. Tu és meu embaixador, em ti ponho minha confiança. Ordeno-te fortemente que só na presença do Bispo abras a tua manta e lhe dês a conhecer e descubras o que levas. Contarás tudo, dirás a ele como te mandei subir ao cume da colina e tudo o que viste e admiraste. Com isso vais mudar o coração do senhor Bispo, para que ele faça o que estiver ao seu alcance para erguer o templo que lhe pedi".

Depois que a Senhora lhe falou, Juan Diego tomou a estrada que vai direto à Cidade do México. Ia contente, apressado e com o coração tranquilo, levando com cuidado as rosas na dobra de sua tilma, aspirando o perfume das lindas flores.

7
A terceira visita ao Bispo – o milagre do manto

Ao chegar ao palácio do Bispo, Juan Diego foi impedido de entrar. Ficou ali muito tempo esperando em pé, tristonho, sempre escondendo as flores que trazia envolvidas na tilma. Os criados, espiando e percebendo que eram flores frescas, recém-colhidas, admiravam-se muito, por estarem em plena estação fria. Foram então contar ao senhor Bispo o que tinham visto e que o tal índio esperava pacientemente ser recebido. Então Dom Frei Juan de Zumárraga ordenou que entrasse. Chegando Juan Diego diante do Bispo, ajoelhou-se e disse: "Dono meu, Senhor, já fiz o que me ordenaste. Fui dizer à minha Ama, à minha Dona, à Senhora do Céu, Santa Maria, preciosa Mãe de Deus, como tu me pedias um sinal para poder acreditar em mim e então mandar erguer o templo. Contei a ela que eu te dera minha palavra de trazer o sinal. Ela acolheu teu pedido e enviou-me ao cume da colina, onde a vi pela primeira vez, e me mandou colher rosas de Castela. E foi ela própria que, com suas mãozinhas, ajeitou as flores dentro da minha manta dobrada, para eu vir te trazer pessoalmente. Ainda que eu soubesse que o topo da colina não é lugar onde brotam flores, que ali só há pedras, espinheiros e cactos, nem por isso me surpreendi nem duvidei. E as encontrei lá, deslumbrantes e salpicadas de orvalho. Agora aqui estão. Digna-te recebê-las".

Juan Diego abriu sua manta e caíram no chão todas as variadas rosas de Castela. No mesmo instante apareceu estampada no manto a preciosa imagem da sempre Virgem Maria, Mãe de Deus. Ao ver isso, todos os que estavam presentes se ajoelharam, admiradíssimos e com o coração cheio de emoção. Depois de orar, também emocionado, Dom Frei Juan de Zumárraga se pôs de pé, desamarrou a manta do pescoço do índio, na qual apareceu a imagem da Senhora do Céu, e guardou-a no seu oratório.

8
A cura de Juan Bernardino

Juan Diego ficou no palácio do Bispo até o dia seguinte, quando foi mostrar o lugar em que deveria ser erguido o templo. A seguir partiu para casa, pois queria ver como estava seu tio Juan Bernardino. Muita gente o acompanhou, todos curiosos de ver realizada a promessa de cura da Virgem. Ao chegar, viram que o tio estava curado e nada mais sentia.

Juan Diego contou a Juan Bernardino o que lhe tinha acontecido, os encontros com a Rainha do Céu e como seria construído um templo para ela na colina de Tepeyac. Também contou que ela prometera curar seu tio. E Juan Bernardino confirmou: a Senhora tinha aparecido a ele tal como a Juan Diego, e o curara, recomendando-lhe que contasse tudo ao sobrinho, e que aquela preciosa imagem do manto se chamaria Virgem Santa Maria de Guadalupe.

Também Juan Bernardino foi levado ao Bispo para testemunhar e narrar o que lhe acontecera. E a piedosa imagem do manto passou a ser visitada e venerada por toda a cidade. Todos vinham orar diante de um quadro tão maravilhoso, que não fora pintado por mãos humanas...

9

O pedido da Virgem é atendido

A capela pedida por Nossa Senhora a Juan Diego foi construída por espanhóis e índios trabalhando ombro a ombro, sendo inaugurada em 26 de dezembro de 1531, apenas duas semanas depois de a imagem da Virgem de Guadalupe ter ficado estampada miraculosamente na *tilma* de Juan Diego.

Dom Frei Juan de Zumárraga nomeou Juan Diego como encarregado da Capela e da Sagrada Imagem, dizendo que não havia ninguém melhor do que ele para guardar tão precioso tesouro. Foi construído um quartinho contíguo à capela e Juan Diego abandonou seus negócios, propriedade e família, dedicando seus últimos dezessete anos de vida à Mãe de Deus. Diariamente, ele explicava a milhares de pessoas que vinham ver a Sagrada Imagem que a Santa Virgem era o instrumento de Deus para tirar o povo do paganismo e dos sacrifícios humanos e conduzi-lo ao verdadeiro Deus.

Os nativos abraçaram com fervor a fé cristã e pediram o Batismo. Nos sete anos seguintes, mais ou menos 8 milhões de astecas se converteram ao cristianismo. Juan Diego, vivendo ao pé da sua querida Senhora, e falando sobre ela e sobre as verdades evangélicas a tantos visitantes, foi crescendo na própria fé e levando uma vida santa. Em 1548, com a idade de 74 anos, foi morar definitivamente na presença de Deus e na companhia daquela a quem tanto amara em vida, sua "Menina minha, Filha minha, a mais desamparada", como a chamava. Foi enterrado na própria Capela, por ordem do Bispo, onde já havia sido sepultado seu tio Juan Bernardino, falecido em 1544, aos 84 anos.

10
O reconhecimento das aparições

Em 1556, Dom Alonso de Montúfar, segundo Bispo do México, aprovou canonicamente e defendeu como verdadeiras as aparições de Guadalupe. Bem mais tarde, em 1737, foi declarado o dia 12 de dezembro como Festa de Nossa Senhora de Guadalupe. Mas foi somente em 1754 que o papa Bento XIV declarou oficialmente que a Virgem de Guadalupe é a Padroeira do México.

Em 1910, o papa Pio X declarou a Virgem de Guadalupe "Celestial Padroeira da América Latina". Em 1966, o enviado especial do papa Paulo VI entregou a "Rosa de Ouro" à Virgem de Guadalupe. Em 1979, o papa João Paulo II visitou Guadalupe, no México, e presenteou a Virgem com um diadema de ouro.

11

O nome:
Virgem de Guadalupe

Ao aparecer a Juan Bernardino para curá-lo de sua enfermidade, Nossa Senhora lhe declarou seu nome: Virgem de Guadalupe. No idioma dos índios, a palavra soava como *Coatlaxopeuh*, que significa "Eu pisoteei a serpente de pedra".

Ora, Juan Bernardino deve ter repetido essa palavra em dialeto indígena, mas aos espanhóis pareceu apenas que ele dissera um nome que soava como Guadalupe, o nome da Mãe de Deus que, com esse título, era muito venerada na Espanha. Sem mais pesquisas ou consultas, até porque lhes parecia natural que o nome fosse aquele, os espanhóis passaram a designar o quadro miraculosamente pintado de "Virgem de Guadalupe".

É interessante notar que naquela época os astecas adoravam uma estátua de pedra em forma de serpente a quem, todos os anos, sacrificavam milhares de crianças e jovens. Para nós, cristãos, é significativo que as gravuras e estátuas da Imaculada Conceição apresentem Maria com os pés sobre a cabeça da serpente (que significa o Mal) e que naquele ano, no dia 9 de dezembro, data da primeira aparição em Tepeyac, se tenha festejado a festa da Imaculada Conceição. Nossa Senhora se apresentou ao índio como "aquela que esmaga a serpente com o pé".

Toda a mensagem foi assimilada muito mais facilmente pelos índios do que pelos espanhóis, pois a Virgem adaptou todos os detalhes da sua aparição à mentalidade e ao conhecimento do povo asteca, não só pelo seu aspecto de uma jovem índia morena, mas também pelo nome que revelou como seu. Na verdade, aquele fervor mal direcionado que levava a sacrifícios humanos escondia um povo profundamente religioso, que abraçou sem dificuldade uma fé baseada no amor e na justiça. Uma "mocinha índia", vinda do céu para esmagar com os pés a serpente sedenta de vítimas, mostrava-lhes uma religião que trocava a dor e o sangue por rosas frescas, sinal do amor e da caridade. A Virgem de Guadalupe conseguiu o que parecia impossível: unir astecas e espanhóis, dois povos tão diferentes entre si, em torno de uma apaixonada e sincera devoção.

A construção da Capela e a veneração ao manto foram o ponto de partida para um grande impulso na evangelização: os índios passaram a aceitar com mais facilidade a religião cristã e, aos milhares, buscaram o Batismo.

A imagem milagrosamente pintada na tilma lhes apresentava uma mulher de pele morena, semelhante a uma jovem índia. O nome, Guadalupe para os espanhóis, *Coatlaxopeuh* para os astecas, parecia indicar que brancos e índios deviam se unir espiritualmente. Os índios cristãos se rejubilavam ao perceber que a própria Mãe de Deus lhes devolvia sua antiga dignidade, e os brancos passaram a encarar os índios com mais respeito. Ainda hoje acontece o mesmo: quando o que atrai e reúne as pessoas é a Virgem Maria, desaparecem as diferenças sociais.

O manto ficou na ermida até 1622, ano em que a pequena construção foi demolida e, no seu lugar, foi construído um templo maior. Outras construções foram feitas posteriormente, sendo que a maior delas foi concluída em 1709. Em 1976, foi consagrada uma basílica moderna, construída ao lado da antiga. O papa João Paulo II a visitou em janeiro de 1979. Ela tem o formato de um chapéu mexicano (*sombrero*) e é um dos lugares mais visitados do México. A Virgem de Guadalupe mora no coração dos mexicanos, hoje um povo mestiço que traz no sangue e no coração riquezas incontáveis, herdadas dos astecas e dos espanhóis.

12
O manto de Juan Diego

Sabe-se que os índios pobres como Juan Diego usavam uma roupa simples: uma tanga, e sobre ela a tilma, uma espécie de manto amarrado sobre um dos ombros. A tilma de Juan Diego (também chamada *ayate*) não era de algodão, pois um tecido assim era privilégio dos mais ricos. Ela era tecida com a fibra vegetal do *maguei*, também chamado "pita", um tipo de planta muito comum nas regiões áridas. Os índios batiam com pedaços de pau as folhas de *maguei*, ferviam-nas e as lavavam até sobrarem só fios esbranquiçados que, torcidos e trançados, serviam para confeccionar tecidos grosseiros, mas resistentes.

Foi nesse manto que as mãos da Virgem ajeitaram a braçada de rosas a ser levada ao Bispo. Foi nele também que, quando Juan Diego o abriu para fazer caírem as rosas diante de Dom Zumárraga, ficou estampada, miraculosamente, a imagem de Nossa Senhora.

O manto foi feito com três peças costuradas que, juntas, formavam um retângulo de aproximadamente dois metros de altura por um metro e meio de largura.

Há detalhes extraordinários e não explicáveis em relação à tilma. Especialistas fizeram testes com mantos confeccionados da mesma maneira e todos eles se desintegraram em menos de trinta anos. Entretanto, a tilma de Juan Diego permanece intata desde 1531.

Como é que esse manto de fibra vegetal se conservou intato durante séculos? Os cientistas que estudaram a tilma não conseguiram explicar o motivo pelo qual ela não é atingida nem pelo pó, nem pelos insetos, nem pela umidade. Sabe-se que nos primeiros 116 anos ela esteve exposta diretamente à veneração dos fiéis, sem nenhuma proteção. Somente em 1647 ela foi coberta por um vidro dividido em duas partes, trazido da Espanha, substituído em 1766 por um vidro inteiriço.

Também é de surpreender que, a pouca distância do quadro, em todo esse tempo, ardiam dia e noite setenta lamparinas de azeite e velas incontáveis, todas soltando uma fumaça negra que, entretanto, em nada prejudicou a tilma. Isso, sem contar que, durante todos esses anos, os devotos costumavam encostar no manto milhares de estampas, lenços, medalhas, terços, muletas, bengalas, espadas, joias, escapulários, mãos suadas e úmidas de beijos.

Muito ainda se poderia falar sobre a miraculosa conservação do manto que o índio Juan Diego usava naquele dia de 1531, no qual ficou retratada a Virgem Maria como uma jovenzinha morena, de expressão suave no rosto e um belo manto azul contrastando com o dourado dos raios de sol. Mas o que importa mesmo é saber que a tilma de Juan Diego, feita de frágeis fibras vegetais, que normalmente não chegam a durar 30 anos, milagrosamente encontra-se, ainda hoje, em perfeitas condições, depositada na Basílica de Nossa Senhora de Guadalupe, no México, e que a estampa da Virgem Maria nela foi pintada com tintas desconhecidas na face da terra: um milagre realmente assombroso.

13
O quadro de Guadalupe

O manto ou tilma no qual se estampa milagrosamente a imagem da Mãe do Céu, que é feito das fibras do *maguei*, compõe-se de três tiras emendadas, cada qual medindo cerca de dois metros de altura por meio metro de largura. A imagem foi impressa sobre duas tiras (a terceira está dobrada atrás do quadro). A figura da Virgem ocupa quase todo o quadro e nos mostra uma linda jovem, de pele morena como as índias mexicanas, aparentando ter menos de 20 anos.

Seu vestido rosado, parecendo vermelho nas partes sombreadas, é longo, deixando ver apenas a ponta do pé direito. O rosado do vestido está coberto de desenhos dourados, formando flores. Nos punhos das mangas há uma tira de arminho branco. As mangas deixam ver que a Virgem tem outro vestido (ou camisa) por baixo dele, de cor branca. Cobrindo-lhe a cabeça e grande parte do vestido há um véu azul-celeste, que também lhe chega aos pés. No azul desse véu estão espalhadas 46 estrelas douradas e uma larga faixa, também dourada, lhe acompanha toda a borda.

A Virgem tem a cabeça inclinada para a direita e suas mãos estão juntas, na altura do peito, como que em oração. Ela tem no peito um broche dourado, sobre o qual há uma cruz. Sob os seus pés está a lua crescente, com as pontas voltadas para cima. Por trás de toda a bela figura da Virgem saem resplendores dourados (cinquenta de cada lado), alguns mais densos que outros, como se o sol se escondesse atrás dela. Circundando os resplendores, há uma espessa nuvem branca como um alvo e fofo algodão. Saindo dessa nuvem, e abaixo de toda a imagem, aparece a figura de um anjo, da cintura para cima (peito, cabeça, braços e asas), como se ele, segurando as pontas do vestido e do manto da Virgem, a estivesse conduzindo pelos céus...

14

Estudos científicos do quadro

Evidentemente, o quadro de Guadalupe tem causado muita polêmica através dos séculos, e muitos estudos têm sido feitos, quer por curiosos, quer, principalmente, por cientistas. Uma das mais importantes pesquisas foi realizada mediante a utilização de raios infravermelhos.

A fotografia infravermelha é uma técnica de grande valor para se obter informações históricas sobre pinturas antigas. Ela pode indicar, por exemplo, se num quadro foi acrescentada uma pintura sobre outra. E, por incrível que pareça, a fotografia infravermelha pode até descobrir o rascunho, os traços que foram desenhados na tela antes de se pintar sobre ela. Os cientistas e pintores que estudaram o quadro da Virgem de Guadalupe, depois de muitas fotos e pesquisas, concluíram que, alguns anos depois da pintura milagrosa na tilma de Juan Diego, foram feitos alguns acréscimos ou retoques e pode-se, inclusive, afirmar que alguns deles foram realizados por um pintor de origem indígena e outros por um pintor espanhol (as técnicas, as tintas e o estilo deixam claras tais características).

Vejamos, então, as conclusões dos cientistas:

a) A pintura dourada dos raios solares que rodeiam a Virgem, o amarelo-dourado das estrelas e toda a borda do manto foram acrescentados ou retocados por mão humana, depois que se formou o original. Essa pintura dourada está se deteriorando com o tempo, e assim continuará acontecendo.

b) A lua sob os pés da Virgem e o anjo segurando a parte mais comprida do manto e da túnica também foram pintados ou retocados por mãos humanas, provavelmente alguns anos depois.

c) O broche com a cruz no alto do vestido, os punhos de arminho, o laço à cintura e os desenhos dourados sobre o vestido rosado devem ter sido acrescentados mais tarde, pois não faziam parte do quadro original.

d) Já o azul do manto da Virgem de Guadalupe é de incrível beleza e foi pintado com uma tinta azul semitransparente, totalmente desconhecida na terra. Não foram mãos humanas que o pintaram.

e) O vestido rosado também foi pintado com um pigmento desconhecido, e apresenta uma notável e inexplicável luminosidade. Aliás, o manto azul e o vestido rosado são tão brilhantes e coloridos que parece terem sido acabados de pintar! Não foram pintados por mãos humanas.

f) As mãos da Virgem de Guadalupe, embora tenham sido retocadas mais tarde, apresentam também uma tinta desconhecida e inexplicável.

g) O rosto da Virgem é incomparável: o tom moreno indígena (que se observa também nas mãos) é como se fizesse parte da própria trama do tecido. Não foi feito nenhum traço sobre ele, nenhum contorno: o sombreado, as linhas do nariz, da boca e dos olhos aproveitam os próprios defeitos e diferentes espessuras dos fios que formam o tecido grosseiro da tilma para dar impressão de brilho e de profundidade à fisionomia. Conforme a gente se afasta ou se aproxima do quadro, os tons parecem mudar e o brilho se transforma. É como se o rosto tivesse vida. Esse fenômeno, observado também no manto azul e no vestido rosado (justamente as partes originais do quadro), só tem comparação, na natureza, com as cores das plumas de certas aves e das asas de algumas borboletas. Não pode ser conseguido por técnicas humanas. Sobre o rosto da Virgem, assim se expressaram, no seu relatório, Philip S. Callahan e Jody Brant Smith, dois cientistas norte-americanos que fizeram as pesquisas com raios infravermelhos: "A impressão que dá é de um rosto tão áspero quanto os desertos do México e, entretanto, tão gentil quanto o de uma noiva em sua noite de núpcias. É a face que estremecia a cristandade da Europa bizantina, com o naturalismo do Novo Mundo indígena: um adequado símbolo para todos os povos de um grande continente". Em suma, o rosto da Virgem de Guadalupe é de tal beleza, e foi pintado de tal maneira, que se torna inexplicável para o atual estágio da ciência. O mesmo acontece com o vestido, as mãos e o véu, todos, portanto, pintados por mãos não humanas.

h) O fato de o quadro ter sido retocado e de lhe terem feito alguns acréscimos em nada diminui a sua beleza. É preciso dizer que tais acréscimos de forma alguma conseguem esconder o aspecto miraculoso dos pigmentos desconhecidos pela ciência, tampouco a técnica, jamais conseguida por mão humana. Enfim, o quadro de Guadalupe é uma obra inexplicável fora da fé.

15
O mistério dos olhos

Se é um mistério e um milagre o fato de terem sido empregadas no quadro de Guadalupe tintas totalmente desconhecidas, há outro mistério, outro milagre, também espantoso, no que se refere aos olhos da Virgem.

Em 1929, o fotógrafo oficial da Basílica de Guadalupe resolveu bater fotos de algumas partes especiais do quadro da Virgem e, ao fotografar de perto e depois aumentar a foto da cabeça de Nossa Senhora, surpreendeu-se com o que viu nos seus olhos: uma figura humana. Notificadas as autoridades eclesiásticas, elas decidiram pela não divulgação da descoberta. Somente 22 anos depois, em 1951, o assunto veio a público.

Em 1956, conceituados oftalmologistas fizeram estudos minuciosos dos olhos da Virgem e constataram, assombrados, que todos os exames, realizados com instrumentos especializados, revelavam estarem sendo feitos em olhos vivos, pois o que observavam jamais poderia ser visto em pinturas ou em fotografias, nem mesmo nos olhos de uma pessoa que não estivesse viva.

A partir daí, os estudos se aprofundaram, e outros cientistas, inclusive da NASA, mediante o uso de computadores e técnicas utilizadas para ampliação de fotos espaciais, aumentaram milhares de vezes os detalhes das fotos dos olhos da Virgem de Guadalupe. Os resultados são assombrosos, inexplicáveis, absolutamente impossíveis de serem encontrados numa simples "pintura" do século XVI: neles, não há somente uma figura; nos olhos de Nossa Senhora existe um grupo de pessoas!

Estudos posteriores, mais pormenorizados, mostraram que é possível identificar nesse grupo humano vistos nos olhos da virgem até as posições das pessoas e algumas de suas características peculiares. Vê-se ali:

- um índio desdobrando sua *tilma* diante de um franciscano;

- o próprio franciscano, em cujo rosto se pode ver até mesmo uma lágrima;
- um camponês muito jovem, cofiando a barba;
- um índio com o torso nu, sentado, em atitude de oração;
- uma mulher de cabelo crespo; provavelmente, uma criada negra;
- um homem branco (talvez o tradutor);
- uma mulher branca;
- alguns meninos (índios) com a cabeça semirraspada;
- alguns religiosos franciscanos.

Um dos mais importantes cientistas que fizeram esses estudos, o professor José Aste Tonsmann, tem a seguinte hipótese para esse fenômeno: quando Juan Diego abriu a tilma para mostrar as rosas ao Bispo Dom Zumárraga, havia no local um grupo de pessoas – amigos do Bispo, o tradutor (Dom Zumárraga não falava ainda a língua asteca, e Juan Diego não conhecia o espanhol) e também alguns empregados da casa.

Também estava presente, embora de modo invisível, claro, a Virgem Mãe de Deus. No momento em que Juan Diego abriu a tilma, nela se formou o quadro de Guadalupe, que então estampou Nossa Senhora do modo como ali se encontrava. Assim, ela estava vendo todo aquele grupo de pessoas e por isso elas ficaram retratadas nos seus olhos. Mas só agora, com a tecnologia do nosso tempo e com a inteligência que Deus proveu o homem, foi possível descobrir tal fato.

Aquelas pessoas foram as únicas do mundo que, tendo vivido em 1531, puderam ser "fotografadas" pelos olhos da Virgem e só serem descobertas no século XX. Segundo os cientistas, sobre esse fato ainda há muito a ser descoberto e explicado mediante estudos, ainda mais aprofundados, a serem realizados.

Um importante oftalmologista mexicano, Dr. Enrique Grane, ao fazer minuciosos exames com aparelhos oftalmológicos nos olhos da Virgem do quadro de Guadalupe, relata suas impressões: "Peguei o oftalmoscópio e lancei um feixe de luz no interior do olho. Fiquei atônito: aquele olho tinha e tem profundidade, parece um olho vivo! Chamou-me a atenção também a luminosidade que aparecia na pupila: nos últimos estudos que fiz em pinturas, jamais constatei esse fenômeno. Ao se dirigir um feixe de luz aos olhos da Virgem de Guadalupe se vê então como a íris brilha, e como o olho adquire profundidade. É algo que emociona! Num daqueles estudos, estando eu com o oftalmoscópio em plena observação, inconscientemente falei em voz alta, dirigindo-me à imagem, como se fosse um cliente num dos muitos exames que faço no consultório: 'Por favor, olhe um pouco para cima', pedi. Embasbacado com aquela luminosidade, esqueci que se tratava de uma imagem!".

Como podemos ver, nenhum pintor, por mais talentoso que fosse, jamais teria conseguido tal perfeição como a desses olhos.

Em resumo, os cientistas, ainda que não tenham chegado ao final de seus estudos, afirmam com segurança que a "pintura" da imagem de Nossa Senhora sobre a tilma do índio Juan Diego foi feita com técnicas e com materiais totalmente desconhecidos ainda hoje por nós.

As partes posteriormente pintadas sobre o miraculoso quadro original foram acréscimos e retoques, provavelmente feitos com a finalidade de se repararem manchas causadas por uma grande enchente, ocorrida em 1629, na qual o quadro foi transportado de canoa, e para lhe preservar as bordas. Os artistas da época colocaram, no que acrescentaram, motivações indígenas e espanholas: encurtamento das mãos, laçarote na cintura para significar gravidez, arminho nos punhos, broche com cruz, lua, estrelas, anjos, arabescos dourados... Os acréscimos feitos por mãos humanas, embora não valorizem o quadro, também não o desmerecem, e são a contribuição do homem para torná-lo, no conjunto, de uma beleza encantadora.

16
Documentos

Exceto o próprio quadro, exposto na Basílica de Guadalupe, no México, o documento mais antigo sobre as aparições de Nossa Senhora de Guadalupe é o livro *Nican Mopohua*, escrito por um índio da nobreza asteca, sobrinho do Imperador Montezuma, convertido e muito inteligente, que conhecia também latim e grego e que, mais tarde, foi Governador da Cidade do México por 35 anos. Chamava-se Antonio Valeriano. Ele conheceu Juan Diego, de quem ouviu tudo o que aconteceu, resolvendo deixar o relato por escrito. Surgiu, então, catorze anos depois das aparições, o *Nican Mopohua*, escrito na linguagem asteca. Aliás, o título do livro corresponde às primeiras palavras da narração: *Nican Mopohua* quer dizer "Aqui se narra". Somente cem anos depois é que o *Nican Mopohua* foi traduzido para o castelhano, talvez porque a língua asteca, muito poética e cheia de simbolismos, fosse difícil de ser traduzida, capaz de expressar aves cantando no amanhecer, a Senhora do Céu brilhando no meio do orvalho, a humildade de um índio apaixonado pelas coisas de Deus e o milagre de um manto rústico contendo maravilhas celestiais.

Existe ainda outro quadro da Virgem de Guadalupe, copiado do original, provavelmente por volta de 1570, e presenteado pelo Bispo do México ao rei espanhol Filipe II, que o colocou na cabine do navio do Almirante Andrea Doria, durante a batalha naval de Lepanto, travada no mar Mediterrâneo entre cristãos e muçulmanos. Os cristãos formavam a chamada Liga Santa, composta por espanhóis e italianos, e lutavam contra os turcos, que eram muçulmanos. A Batalha de Lepanto acabou com a ameaça muçulmana à Europa cristã daquela época, e a cópia do quadro de Guadalupe foi depois presenteada ao povo da cidade de Santo Stefano d'Aveto, na Itália (ao norte de Gênova), onde é venerada até hoje, na Igreja de Santo Estêvão, e sobre ela há notícias de numerosos milagres e curas.

Um importante documento sobre os fatos de Guadalupe se intitula *Informações de 1666*. Sabe-se que, em 1663, o cônego da Catedral do México pediu a Roma alguns privilégios litúrgicos em honra à Virgem de Guadalupe. O Vaticano autorizou que se colhessem informações junto a juízes e testemunhas dos acontecimentos. Foram então tomados depoimentos de oito índios anciãos, de 80 a 100 anos de idade, de doze sacerdotes, de dois nobres espanhóis e de um bacharel, Luis Becerra Tanco. Foi ainda solicitada a participação de uma equipe de médicos-professores da Real Universidade do México: Luis de Cárdenas Soto, Jerónimo Ortiz e Juan de Melgarejo. Esse documento, datado de 1666, contém o testemunho de pessoas que conheceram contemporâneos de Juan Diego ou pelo menos conviveram com a memória ainda recente dos acontecimentos de Guadalupe, tanto por parte dos índios quanto dos espanhóis. Esse documento confirma o que é narrado neste livro.

17

O atentado

Em 1921 o México vivia um período de convulsão política e um partido anticatólico estava no poder. Uma infeliz perseguição religiosa resultou no martírio de muitos fiéis, que antes de morrer gritavam: "Viva Cristo Rei! Viva a Virgem de Guadalupe!". A ordem dos governantes era a de fechar todos os templos católicos, mas os perseguidores não tinham ainda se atrevido a fechar a Basílica de Guadalupe, que continuava a ser visitada e constituía um dos poucos pontos de referência para os católicos perseguidos pelo governo.

No dia 14 de novembro daquele ano, um pedreiro chamado Luciano Pérez colocou um ramo de flores no altar-mor da Basílica. Escondida entre as flores, estava uma poderosa bomba de dinamite. O plano era destruir o quadro da Virgem de Guadalupe e acabar de vez com a devoção mexicana, fechando definitivamente todas as igrejas católicas.

A bomba explodiu na hora marcada, a poucos metros do quadro. Os estragos foram consideráveis. A explosão praticamente destruiu o altar de mármore, todos os vasos e castiçais, dobrou e atirou longe um pesado crucifixo de bronze que estava sobre o altar. Os vitrais da Basílica foram estilhaçados, assim como as vidraças de todas as casas próximas. O quadro da Virgem, entretanto, que era o objetivo do atentado, nada sofreu! Nem mesmo o vidro se quebrou ou sequer trincou.

Os mexicanos, perante tal milagre, redobraram sua devoção em todo o país e, a partir de então, se iniciou, numa capela lateral, uma exposição contínua do Santíssimo Sacramento, que ainda hoje atrai muitos devotos. Pelo sacrilégio acontecido em 1921, a Capela do Santíssimo se transformou em templo expiatório para desagravar a Jesus na Eucaristia por todas as profanações e pecados cometidos. O episódio, em lugar de amedrontar os católicos mexicanos, aumentou o seu fervor. A Basílica, mais do que nunca, se tornou o que a Virgem dissera a Juan Diego: o lugar onde ela ouve os lamentos das pessoas e lhes cura todas as suas misérias, penas e dores...

Muitos outros milagres se devem à Virgem de Guadalupe. Mas aquele que mais espanta e mais continua a emocionar é o milagre do próprio quadro da Virgem, pintado por mãos não humanas, com tintas desconhecidas.

CONCLUSÃO

Maria socorre seus filhos

Este relato faz questão de ser o mais fiel possível aos acontecimentos de 1531: os diálogos entre Juan Diego e a Virgem são tirados do livro *Nican Mopohua*[1], o documento mais antigo e fidedigno sobre o aparecimento da Virgem de Guadalupe. Trazemos, também, os resultados das pesquisas e dos estudos feitos por cientistas da atualidade no quadro da Virgem de Guadalupe. Desejamos, com todo este relato, que as pessoas se deixem tocar pela ternura, beleza e encanto deste relacionamento único entre a Virgem Mãe de Deus e o humilde, poético e íntegro Juan Diego.

É preciso tirar lições, é preciso buscar e descobrir o significado de um encontro tão singelo e, ao mesmo tempo, tão importante, a ponto de Deus desejar fixá-lo entre os homens, para assombro de multidões. A Santa Virgem Mãe de Deus, um índio pobre e desacreditado, o pedido para se construir um templo, um retrato num manto frágil... o que tudo isso pode significar?

Vivia-se um momento difícil na América: a nação asteca estava mortalmente ferida, com os índios dispersos e profundamente humilhados na sua dignidade, pela força e pelo jugo espanhol. Era um povo sem nação, sem esperança, sem templos, sem pontos de referência. Os missionários espanhóis, por sua vez, vivenciavam a quase impossível tarefa de levar aos índios um Deus que não era sanguinário e vinha trazer paz ao mundo. Como dizer que o verdadeiro Deus é amor e que Cristo morreu para que sejamos todos irmãos se os conquistadores cristãos vieram com armas, poder, astúcia, violência e morte? Como pregar o desapego às coisas materiais e falar dos tesouros espirituais se os cristãos conquistadores se apoderaram do ouro e da prata asteca e abarrotaram com eles os navios que retornavam à Europa?

---

1. Cf. *Nican Mopohua. A Virgem de Guadalupe*, São Paulo, Loyola, 1989.

Através da História, sabemos que, em momentos cruciais, a Mãe de Deus tem manifestado aos homens sua luz e sua orientação. Aconteceu assim no início da História da América: Maria queria a união dos povos, o respeito à dignidade das pessoas, a vivência da Justiça, da Liberdade, da Paz e do Amor, que são valores do Reino de Deus. Maria queria seus filhos, todos os filhos, reunidos em torno da Eucaristia. Escolheu, então, um índio humilde, que já a amava: Juan Diego, que era simples como uma criança. Ele recebeu a mensagem e a entendeu, como todos nós também deveríamos fazê-lo: como filhos que se sentem muito amados pela mãe.

Em muito se estenderia esta apresentação se nos propuséssemos analisar as palavras da mensagem da Virgem de Guadalupe. É impossível ler tais palavras sem sentir o coração tocado por comovente ternura materna.

Maria pede a construção do templo para reunir todas as gentes, de todas as raças, sem discriminação. Ela também diz que é mãe de todas as pessoas, que tem para lhes dar compaixão, ajuda, defesa, misericórdia. Ela diz ainda que, como mãe, quer que as pessoas a amem, que a busquem, que a solicitem nas necessidades, que confiem nela. E afirma que atenderá ao pranto e à tristeza das pessoas, que dará remédio a seus males.

Quando Juan Diego lhe fala da doença do tio, a Virgem lhe diz coisas que todos nós queremos ouvir, às quais, na realidade, a Mãe de Deus diz para cada um de nós em particular: que não devemos nos angustiar nem nos perturbar com os males nem com as doenças; que ela é a sombra que nos abriga e é a nossa proteção; que ela é a nossa fonte de vida e que estamos aconchegados nos seus braços, protegidos pelo seu manto, pertinho do seu peito e do seu coração... Pode haver mensagem mais bela, carinhosa e animadora?

Devemos entender, pois, na mensagem de Nossa Senhora na colina de Tepeyac, que ela se declara nossa Mãe, que quer abrigar, proteger e dar graças a todos os seus filhos, tanto nos assuntos espirituais como nas necessidades grandes ou corriqueiras do nosso dia a dia. É assim que devemos entender tudo o que está aqui narrado.

O que aconteceu, já sabemos: Juan Diego e o Bispo Dom Zumárraga percorreram, cada qual a seu modo, um caminho de fé e de busca, amparados e dirigidos pela Virgem de Guadalupe, que, por fim, eliminou todas as dúvidas. Ela deixou neste solo americano um forte sinal de que Deus quer um cristianismo fraterno e sem discriminações.

Passados quase quinhentos anos, vemos que a América ainda não conhece esse sinal, ou ainda não o entendeu: há milhões de marginalizados, a quem não é dado o direito de uma vida digna. Há milhões de oprimidos, de injustiçados, de famintos. Há milhões de crianças sem nenhuma perspectiva.

A mensagem da Virgem de Guadalupe é atualíssima. Entendendo isso, os Bispos reunidos na Conferência de Puebla (México), em 1978, confirmaram a importância da Virgem de Guadalupe como modelo de atuação da Igreja, como libertadora dos povos oprimidos e marginalizados, como denunciadora das injustiças e defensora dos direitos humanos.

Possamos entender essa mensagem, para que a Virgem Morena da América Latina nos leve cada vez mais pelos caminhos da justiça, da fraternidade e do amor.

Bibliografia

BEBRENS, Helen. *El Tesoro de America. La Virgen Maria de Guadalupe*. México: Edição da autora, 1963.

CALLAHAN, Philip S.; SMITH, Jody B. *La tilma de Juan Diego, técnica o milagro?*. México: Alhambra Mexicana, 1981.

ESCALADA, Xavier. *Santa Maria Tequatlasupe. Pequeños estudios en torno al gran hecho mexicano*. México: Imprenta Murguia, 1968.

FEANS, Manuel Pérez. *Nuestra Señora de las Americas*. Los Angeles, Califórnia: De Guadalupe, 1976.

GOZZI, Paulo. *Nossa Senhora de Guadalupe*. São Paulo: Paulinas, 1989.

NICAN MOPOHUA. Tradução de José A. Ceschin e Marcos Marcionilo. São Paulo: Loyola, 1989.

CAPÍTULO III

Nossa Senhora Aparecida, Padroeira do Brasil

"Queridos amigos,
[aqui em Aparecida] viemos bater à porta da casa de Maria.
Ela nos abriu a porta, nos fez entrar e nos aponta o seu Filho.
Agora ela nos pede:
'Fazei tudo o que ele vos disser' (Jo 2,5).
Sim, Mãe, nós nos comprometemos a fazer o que Jesus nos disser!
E o faremos com esperança,
confiantes nas surpresas de Deus e cheios de alegria.
Assim seja."
(Papa Francisco – Aparecida, 24 jul. 2013)

APRESENTAÇÃO

A Mãe dos brasileiros

"Em procissão, em romaria, romeiro ruma para a casa de Maria. Em procissão, feliz da vida, romeiro vai buscar a paz de Aparecida." Pe. Zezinho, SCJ, meu confrade, estava particularmente inspirado quando compôs a canção *Lá no altar de Aparecida*. Em poucas palavras, ele conseguiu reproduzir os sentimentos dos romeiros que "de carro, de trem, a pé, de perto, de longe" chegam ali ao Santuário "pra rezar, pra pedir, agradecer ou celebrar". Deixemos que o romeiro continue cantando: "Vim ver a imagem que no rio foi achada e sei também, sei muito bem que ela não é Nossa Senhora. Não vim falar com a imagem, não senhor, eu vim falar é com Maria, que é a mãe do Salvador!".

A história de cada romeiro do Santuário de Aparecida é única. Mas, na experiência de fé e nos sentimentos experimentados, todos se encontram: "Aparecida é um convite pra rezar, por isso eu venho todo ano e para o ano eu vou voltar". Essa é uma situação vivida por quase todos os peregrinos: ao voltar para casa, começam a se perguntar quando conseguirão retornar para aquele Santuário e, quase ao mesmo tempo, tomam a decisão de voltar logo que for possível.

É belo e comovedor constatar que a devoção à Virgem Maria está intimamente ligada a Jesus Cristo, o Filho de Deus vivo. Teologicamente, isso se explica: somente à luz do mistério de Cristo e da Igreja é que se compreende a vida e a missão de Maria. Afinal, não foi em vista de seu próprio esforço e mérito que ela conseguiu as virtudes, as graças e os títulos que hoje ostenta, gloriosa. Também não fomos nós, seus filhos e filhas, que a escolhemos para tão sublime missão. O muito que temos feito é estar atentos à ação do Senhor, para perceber os dons com que agraciou aquela que foi escolhida para ser a Mãe de seu Filho. Isso foi dito de maneira original pelo papa São João Paulo II na Encíclica *Redemptoris Mater*: "Importa reconhecer que, antes do que quaisquer outros, o próprio Deus, o Pai eterno, confiou-se à Virgem de Nazaré, dando-lhe o próprio Filho no mistério da Encarnação" (RM 39).

Nunca se repetirá suficientemente: Maria Santíssima é obra de Deus. Foi o Senhor que fez nela maravilhas, em vista da missão para a qual a criara. Deu-lhe sua ternura, sua bondade e sua pureza e, olhando para as riquezas do coração dessa sua serva, a chamou de "cheia de graça" (Lc 1,28). Por isso, "santo, santo, santo é o Senhor, nosso Deus!" (Ap 4,8).

"Nossa Senhora Aparecida, Padroeira do Brasil", que você é convidado a ler em seguida, é uma das tantas homenagens que nasceram no coração de romeiros e romeiras agradecidos. Diria Pe. Zezinho: "E cada qual tem uma história pra contar, e o coração de cada qual tem um motivo pra rezar". A professora Mafalda explica as razões da história que conta: "Quando o povo sofre ou tem problemas, ou quando se alegra em família, é bom ter a Mãezinha carinhosa por perto, principalmente se essa figura querida é também a mãe dedicada e sofredora de Jesus". "E romaria a gente faz porque acredita que a viagem vale a pena e faz a vida mais bendita!"

Dom Murilo S. R. Krieger, SCJ

INTRODUÇÃO

Um sinal da presença de Deus

Quando eu me preparava para escrever este livro, numa conversa com Dom Eusébio Scheid, que foi cardeal Arcebispo do Rio de Janeiro, e que era grande devoto de Nossa Senhora Aparecida, surgiu a seguinte interrogação: "Em pleno século XXI, a devoção a Nossa Senhora Aparecida ainda tem sentido? Será que a devoção mariana continua a mesma ou se sofisticou, buscando novos caminhos?". Mesmo tendo eu minha opinião formada, tentando complementar a resposta, fui algumas vezes ao Santuário de Aparecida: participei das Liturgias, conversei com muitos e os mais variados romeiros e confesso que muito me emocionei. Sim, a devoção a Nossa Senhora Aparecida está cada vez mais forte e, se mudou, foi para melhor. Ela se confunde com o povo brasileiro, não escolhe classe social nem profissão: ela mora no fundo do coração das pessoas.

Nossa Senhora Aparecida é o sinal vivo da presença de Deus na maioria dos lares da nossa pátria. Seja rico ou pobre, seja inculto ou erudito, o coração do nosso irmão brasileiro é cheio de fé, de necessidades e pedidos, de lágrimas e gratidão. O romeiro de Aparecida, quando vai "pagar promessa", nem sempre recebe exatamente o que pediu, mas sabe que, ao pedir a graça, abriu um canal de comunicação com a Mãe de Deus. Se não recebeu o esperado, certamente aconteceram outras bênçãos, "porque Nossa Senhora sabe o que é melhor". Por isso, ir ao Santuário emociona, faz bem, lava a alma, proporciona paz...

Que estas páginas possam aumentar a fé dos que as lerem. Que elas aumentem o amor a Nossa Senhora. Que Nossa Senhora Aparecida continue sendo, para todos nós, aquela mãe simples e querida, com quem a gente pode se abrir e falar. Que ela seja sempre, para o povo brasileiro, o conforto, a inspiração, a resposta de Deus.

Mafalda Böing

1
O rio foi a origem de tudo

Os rios podem ser largos ou estreitos, longos ou curtos, fundos ou rasos, remansosos ou cheios de corredeiras. Eles podem correr solitários por florestas fechadas e escuras onde se escondem as aves e os animais selvagens. Mas existem rios que deslizam por entre colinas cobertas de campo onde o gado pasta e os homens plantam extensas lavouras douradas que balançam ao sopro do vento.

Também há rios que, no passado, atraíram famílias pioneiras, que construíram casas às suas margens e deles começaram a tirar o peixe para seu alimento e a água para matar a sede e suprir suas necessidades. Mais tarde foram chegando os parentes e os conhecidos: construíram-se mais casas, alguém abriu uma "venda", levantou-se a igreja, a escola, o hospital, a delegacia. Assim surgiram as aldeias, que se tornaram vilas e, depois, cidades. Todas elas cresceram, umas mais, outras menos. Algumas se espalharam tanto que hoje até se encostaram umas nas outras e nem são mais só cidades, são megalópoles.

Há na região sudeste do Brasil, em um vale entre a Serra do Mar e a da Mantiqueira, um rio que passou por várias fases: de início corria dentro da mata, remansoso, mas com algumas belas cachoeiras. Nas suas margens, os índios Puris, Tamoios e Guaianases construíam seus cemitérios. Depois chegaram os homens brancos, e a mata foi quase toda derrubada. Construíram-se fazendas, casas, plantaram-se lavouras, abriram-se picadas, carreiros e estradas. Este rio se chama *Paraíba*, que na língua Tupi significa "rio imprestável". O seu vale abriga hoje uma das regiões mais prósperas e ricas do Brasil.

Mas voltemos um pouco no tempo visitemos o rio Paraíba do Sul lá pelo ano de 1700.

Nessa época já havia desmatamento e surgiam pequenas vilas que dariam origem às grandes cidades de hoje. Uma delas, Guaratinguetá, estava situada à margem do rio e seu crescimento se intensificou devido à estrada que por ali passava e que, em uma direção, levava a São Paulo e ao litoral e, em outra, era caminho para Goiás e Minas Gerais, onde se buscava metais e pedras preciosas. O povoado, criado em 1640, contava com mais de quatrocentos habitantes no início do século XVIII.

A maioria da população de Guaratinguetá, predominantemente pobre, morava em casas de pau a pique, cobertas de palha. Pobre também, no início, era a igreja, acanhada e feita de madeira. Mas toda essa região seria palco da rica fase da cana-de-açúcar e, depois, da prosperidade trazida pelo café.

Essa riqueza, porém, era apenas para os donos das terras e fazendas. Os moradores comuns eram pobres, empregados dos fazendeiros e grandes proprietários, havendo alguns pescadores. E, como sempre, havia aqueles considerados "autônomos"; pegavam um serviço aqui e acolá, numa tarefa medíocre de subsistência pobre sem futuro.

Com a descoberta do ouro nas Minas Gerais, no final do século XVII, a estrada principal, que acompanhava mais ou menos o traçado do rio Paraíba do Sul, tornou-se um caminho natural e prático para os viajantes e os aventureiros que buscavam o interior. Com isso, as vilas ribeirinhas prosperaram e se desenvolveram rapidamente, pois eram muitos os viajantes e as caravanas que rumavam para Minas Gerais e Goiás, e também eram numerosos os que vinham do interior buscando o litoral.

As estalagens de beira de estrada, onde os viajantes paravam para comer, dormir e alimentar seus animais foram a origem de várias cidades do Vale do Paraíba, como foi o caso da já citada Guaratinguetá, em cuja vizinhança surgiria mais tarde a cidade de Aparecida, sobre a qual vamos falar mais adiante.

2
O conde de Assumar tornou-se um enviado

Através dos tempos, Deus tem enviado profetas e outros escolhidos para realizar obras no meio do povo. Às vezes, até são escolhidas pessoas que desconhecem seu papel de profetas, de enviados, mas, mesmo assim, Deus as utiliza para preparar caminhos ou realizar algo que desperte a atenção e até mude atitudes do povo. Foi o que aconteceu a Dom Pedro Miguel de Almeida Portugal e Vasconcelos, um português que, em 1718, receberia o título de conde de Assumar, outorgado por Dom João V.

Dom Pedro chegou ao Brasil em julho de 1717, para ser governador da Capitania de São Paulo e Minas de Ouro. Devido a conflitos e violência na região do ouro, o novo governador resolveu se fixar em Minas Gerais, visando solucionar mais facilmente os problemas e fiscalizar a coleta dos impostos.

Era fins de setembro de 1717 e, após tomar posse em São Paulo como novo governador, Dom Pedro pôs-se a caminho das Minas Gerais acompanhado de grande comitiva. A rota passava pelo Vale do Paraíba, costeando o rio, pela única estrada que levava à região das minas.

Em todo o caminho, emissários do governador iam à frente, avisando com antecedência a data da passagem do ilustre visitante. Eram então programadas festas, banquetes, e se enfeitavam as ruas e janelas. Cada vilarejo, cada cidade, aproveitava a ocasião para sair da rotina, encontrando motivos para danças, comidas e festas.

Não foi diferente na Vila de Santo Antônio de Guaratinguetá. Para os seus moradores, era importante que nada faltasse à mesa de tão ilustre comitiva. Não foi coisa fácil, pois a estadia se esticou por mais de dez dias para esperar a bagagem de Dom Pedro, que vinha atrás, em lombo de burro, e enfrentava dificuldades por causa das muitas chuvas que então ocorreram.

As autoridades locais determinaram que não faltasse peixe à mesa dos visitantes e a tarefa de conseguir o pescado foi delegada aos pescadores da região. Naquela parte do rio Paraíba do Sul havia dois lugares considerados bons "pontos de pesca": o chamado Porto José Corrêa Leite, em terras de abastado fazendeiro do mesmo nome, e o Porto Itaguaçu.

Três dos pescadores convocados, João Alves, Domingos Martins Garcia e Felipe Pedroso começaram lançando as redes no Porto José Corrêa Leite, mas nada pescaram. Foi uma longa noite de trabalho, sem apanharem um peixe sequer. Ao clarear o dia, desanimados, decidiram fazer nova tentativa no porto Itaguaçu. João Alves aprumou sua canoa e lançou a rede na água silenciosa. Ao puxá-la devagarzinho, sentiu que, pela primeira vez desde o cair da noite, a rede não estava vazia! Animado, curioso, aliviado, recolheu a rede do fundo do rio. Perplexo com o que viu, gritou para os companheiros que pescavam ali perto. Eles vieram e viram o que João "pescara": a rede trouxera, do fundo do rio, uma imagem de barro, quebrada e escurecida pela lama, mas sem a cabeça!

Aqueles homens simples conferiram o pedaço de imagem e concordaram: era uma Nossa Senhora da Conceição, por quem todo aquele povo simples tinha muita devoção. João Alves sentiu imediatamente um grande carinho pelo "pedaço da santa" e decidiu não devolvê-lo ao rio: embrulhou-o num pedaço de pano e guardou-o com cuidado no fundo da canoa. Resolveu então lançar novamente a rede, numa busca realmente improvável: achar a cabeça da santa.

Lançada a rede, aguardou silencioso, depois a recolheu, sob os olhares atentos e esperançosos dos companheiros de pesca. Pois a rede, de malhas grossas, veio trazendo a cabeça pequenina da santa, sem que ela escapasse, como poderia, pelo largo trançado dos fios da rede. Juntadas, as duas partes, ajustavam-se perfeitamente e os três pescadores, apreciando aquele sorriso suave da santa, a covinha no queixo, os pés sobre a meia-lua, tiraram devotamente os chapéus de palha.

João embrulhou juntas as duas partes da imagem e as colocou no fundo da canoa. Os pescadores, confiantes e animados, com o coração alegre, sentiram que agora a pesca seria "milagrosa". E realmente foi: tiveram de parar a pescaria, pois as canoas transbordavam com os melhores peixes que o rio costumava dar!

Mais tarde, Felipe Pedroso colou com cera de abelha mandaçaia a cabeça e o corpo da imagem, que ficou perfeita. Logo de início, como a imagem de Nossa Senhora da Conceição "aparecera" na rede, tirada das águas barrentas, começaram a chamá-la de *Nossa Senhora da Conceição Aparecida*.

A imagem foi levada para a casa de João Alves, onde morava também sua mãe, Silvana da Rocha. Por motivos que não se conhece, a imagem passou depois para a casa de Felipe Pedroso, onde ficou durante quinze anos. Felipe entregou-a mais tarde ao seu filho Atanásio Pedroso, também pescador.

A "pesca" da imagem ficou assim relatada no Livro de Tombo da paróquia de Guaratinguetá, escrita pelo pároco, Pe. João de Morais e Aguiar, em 1757:

> Entre muitos [pescadores] foram a pescar Domingos Martins Garcia, João Alves e Felipe Pedroso, em suas canoas; e principiando a lançar suas redes no porto de José Corrêa Leite, continuaram até o porto Itaguaçu, distância bastante, sem tirar peixe algum, e lançando neste porto João Alves a sua rede de rasto, tirou o corpo da Senhora, sem cabeça; lançando mais abaixo outra vez a rede, tirou a cabeça da mesma senhora, não se sabendo nunca quem ali a lançara.

Eis como, sem sequer desconfiar, o conde de Assumar foi o enviado de Deus para suscitar importantes acontecimentos que culminaram com a mais extraordinária visita que o Brasil podia receber.

Depois que a imagem foi encontrada, as redes foram lançadas novamente ao rio e voltaram carregadas de peixes, tantos que ameaçavam afundar as canoas. Era a pesca milagrosa do rio Paraíba do Sul, parecida com aquela do mar da Galileia no tempo de Jesus. Só que, agora, essa milagrosa pescaria era consequência de um outro milagre: a Virgem Mãe de Deus saíra do lodo do rio para se aninhar na rede de pescadores, como que buscando se aninhar, dali para a frente, no coração dos brasileiros.

A viagem do conde de Assumar, na sua visita a Guaratinguetá, descrita e gravada nos documentos históricos, foi apenas o instrumento que Deus usou para que a Virgem Imaculada fizesse sua visita para ficar no solo do Brasil e no cotidiano do seu povo e também participar da sua História.

3
Nossa Senhora morena

A imagem aparecida na rede dos pescadores no rio Paraíba do Sul mede 36 centímetros (39 incluindo o pedestal) e pesa dois quilos e meio. Segundo os entendidos, foi esculpida pelo monge beneditino frei Agostinho da Piedade ou por seu discípulo, frei Agostinho de Jesus, que viveram no Brasil na primeira metade do século XVII. Feita de barro paulista, ao ser cozida deveria ter cor marrom claro. Mas também foram encontradas, na imagem, vestígios de tinta azul e vermelha, as cores oficiais da Senhora da Conceição. Por causa do tempo que passou imersa no lodo do rio e porque, mais tarde, ficou exposta à fumaça de candeeiros e velas, a imagem adquiriu sua cor atual: castanho escuro. Ela é, hoje, a escultura de uma mulher negra.

A imagem foi esculpida de modo singelo: traz um leve sorriso nos lábios, uma covinha no queixo e tem os cabelos presos por pequenas flores. Na realidade, não se parece muito com as outras imagens da Imaculada Conceição daquela época (o que se deve à criatividade e inspiração do seu autor). Tem um diadema na testa, com três pérolas, como a indicar uma distinção especial. Além disso, a figura é de uma mulher grávida de alguns meses, que tem as mãos postas à altura do peito. Acompanhando o decote, esculpiu-se uma espécie de babado. Sob seus pés, há uma meia-lua e a cabeça de um anjo, ladeada por duas asas.

Em 8 de dezembro de 1868, a imagem recebeu da herdeira do trono brasileiro, a Princesa Isabel, um manto riquíssimo de veludo azul escuro enfeitado com 21 brilhantes, representando a capital e as vinte províncias do Império. A princesa fora com seu marido, o Conde d'Eu, pedir em Aparecida a graça de engravidar e ter herdeiros.

Mais tarde, em 1884, a Princesa Isabel voltou a Aparecida para agradecer a graça recebida. Acompanhada do marido e de seus três filhos, os príncipes D. Pedro, D. Luís e D. Antônio, levou para honrar Nossa Senhora uma coroa de ouro cravejada de brilhantes, com 24 diamantes maiores e 16 menores. Em 1904, a imagem, com a aprovação do papa Pio X, foi coroada; na coroação foi usada a coroa doada pela Princesa Isabel.

4
Os primeiros milagres

A pesca milagrosa

Pode-se dizer, e o povo sempre considerou assim, que o primeiro milagre atribuído a Nossa Senhora Aparecida foi o da *pesca milagrosa*, pois depois de pescarem o corpo da imagem e em seguida sua cabeça, ao lançarem pela terceira vez as redes os pescadores pegaram tantos peixes que nem cabiam em suas canoas.

Para pessoas sem fé, o acontecimento seria, quando muito, pitoresco. Não para aqueles pescadores, com sua fé simples e com sua confiança em Deus: para eles, aquela quantidade de peixes era um presente do céu, que assim fazia acompanhar a chegada da Virgem, trazendo esperanças e sonhos. Já não mais se sentiam sozinhos: Deus estava com eles, a Mãe de Deus seria sua protetora: sim, haveria abundância de graças!

O milagre das velas

Os pescadores haviam colado a cabeça no corpo da imagem e improvisaram um humilde oratório na casa de João Alves. Quando, mais tarde, a imagem foi transferida para a casa de Felipe Pedroso, nas noites de sábado o povo ali costumava reunir-se para rezar o Terço e fazer outras devoções a Nossa Senhora. Em certa ocasião, repentinamente, as velas se apagaram. Os fiéis, assustados, estavam quase em pânico. Então Silvana da Rocha, mãe de João Alves, levantou-se para acendê-las de novo, mas, antes que pudesse fazer qualquer coisa, as velas se reacenderam sozinhas, milagrosamente. Tal acontecimento causou forte impressão e a notícia do prodígio logo se espalhou, atraindo mais devotos e aumentando a devoção a Nossa Senhora Aparecida.

O milagre do escravizado

Naquele tempo havia escravidão no Brasil. Os africanos eram trazidos para nosso país em desumanas viagens de navios chamados "negreiros" e aqui os traficantes vendiam aqueles filhos de Deus como se fossem animais; quem os comprava tinha sobre eles um poder tirano e total. Não vamos discorrer aqui sobre assunto tão triste e vergonhoso, mas um dos milagres atribuídos a Nossa Senhora da Conceição Aparecida se relaciona com essa situação histórica.

Assim narrou o acontecido o Pe. Claro Francisco de Vasconcelos, em 1838:

> Havia na região um escravizado chamado Zacarias, que fugira do seu dono e dos maus-tratos que recebia. Recapturado, estava sendo conduzido, acorrentado, de volta à fazenda de onde fugira. Ao passarem pela vila de Aparecida, o escravizado pediu ao feitor que lhe permitisse subir ao Santuário para rezar. Estando diante da pequenina imagem, negra como ele, eis que, sem mais nem menos, as correntes que prendiam suas mãos e seu pescoço caíram por terra, como se os grilhões fossem abertos por mãos invisíveis. O espanto e a comoção tomaram conta de todos. Brotaram hinos e orações de gratidão a Nossa Senhora. Comovido e espantado, o fazendeiro dono do escravo depositou sobre o altar o preço que ele valia, tornando-o homem livre. E, reconhecendo que o ex-escravizado era valioso para a Virgem Aparecida, levou-o para casa para protegê-lo e estimá-lo como uma criatura de Deus. Esse escravizado tornou-se grande apóstolo da devoção a Nossa Senhora Aparecida.

A menina cega

Corria o ano de 1874. Morava em Jaboticabal, no interior de São Paulo, uma menina, cega de nascença, filha de Dona Gertrudes Vaz. Malaquias, irmão de Gertrudes, fora várias vezes a Aparecida e, quando chegava de volta à sua casa, contava à sobrinha o que tinha visto, a fama dos milagres, as curas que a Virgem fazia. A menina, então, começou a sonhar também com uma viagem a Aparecida. Tanto pediu que, um dia, Dona Gertrudes se pôs a caminho com a filha. Muito pobres e sem meios para pagar qualquer tipo de conforto, elas saíram a pé e pediam esmola para se manterem, dormindo onde conseguiam abrigo por caridade.

Passadas algumas semanas, aproximando-se de Aparecida, eis que a menina, cega desde que nascera, surpreendeu a mãe apontando: "Olha, mãe! Aquilo não será a igreja de Nossa Senhora Aparecida?". A mãe, confusa e emocionada, interrogou: "Minha filha! Você está enxergando?". "Sim, mamãe! Vejo tudo claro, veio uma luz que me mostra tudo!". A partir de então a menina passou a ver perfeitamente.

O cavaleiro e seu cavalo

Havia um mato-grossense que costumava debochar dos seus conterrâneos quando se organizavam em romaria para visitar Nossa Senhora Aparecida. Um dia, numa viagem de negócios, esse fazendeiro jurou que, ao passar por Aparecida, entraria a cavalo na igreja da Santa. Então, em certa manhã de 1866, um numeroso grupo de romeiros presenciou um fato espantoso: o referido cavaleiro, ateu e debochado, veio galopando em direção à escadaria que levava à porta principal da igreja, pretendendo entrar nela. De repente, o animal empacou. O chicote zuniu, as esporas feriram a barriga do cavalo, que se empinou com as patas dianteiras no ar, depois caiu com as ferraduras zunindo nas pedras e soltando fagulhas, mas não saiu do lugar. Os romeiros, assustados, sentiram que algo misterioso bloqueava o caminho do cavalo e gritaram por Nossa Senhora. O cavaleiro apeou, examinou seu animal, tentou empurrá-lo e movimentar as patas traseiras – mas não conseguiu! Elas pareciam coladas no chão, como se o animal pesasse toneladas, como se um grande poder impedisse o cavalo de sair do lugar.

Então o homem tirou o chapéu, caiu de joelhos, pediu perdão em voz alta e, acompanhado pelos presentes, entrou arrependido, já como um novo devoto no Santuário, para encontrar o amor e a ternura da Mãe Aparecida, que o esperava. Passado aquele momento, o cavalo "descolou" do chão normalmente.

5
De oratório a Basílica

Ao levar a imagem para a sua humilde casa, João Alves a colocou num tosco oratório, onde nunca faltaram flores, velas e orações. Ninguém mandou que a família, parentes e vizinhos se reunissem quase diariamente para orar em frente ao Oratório. Essa era a devoção inata daquela gente, uma espiritualidade quase infantil, que fazia aquelas famílias se abandonarem nas mãos de Deus pelas mãos de Nossa Senhora.

Acorriam cada vez mais pessoas à reza do Terço no Morro dos Coqueiros por causa da imagem de Nossa Senhora. A sala ficava cheia e muitos que não conseguiam entrar na casa apinhada acompanhavam as orações da rua, encostados nas cercas.

A oração do Terço, com suas tantas ave-marias, é conhecida em todos os lugares onde há mães católicas. As ave-marias são entoadas de muitas maneiras – murmuradas, em voz alta, corridas, pausadas, com ou sem sotaque, faltando letras, faltando às vezes palavras —, mas são sempre o eco de algum coração agradecido, amoroso, pedinte. As mães nem precisam ensinar os filhos a rezar: as crianças ouvem a oração e acabam gravando e repetindo, cada qual à sua moda, e jamais a esquecem. Como escreveu Dom Murilo S. R. Krieger:

> A ave-maria é uma das primeiras orações que a criança aprende. Provavelmente seja a oração que mais rezamos ao longo de nossa vida. E quantos morrem, tendo-a nos lábios! Alguém já a comparou a uma mina de ouro. Numa mina, quanto mais fundo se cava, mais ouro costuma aparecer. Algo semelhante acontece com a ave-maria: quanto mais a rezamos e meditamos, mais e maiores riquezas descobrimos (KRIEGER, 2017, 116).

Foi com esse tipo de devoção, brotada da simplicidade da alma e que reunia adultos, jovens e crianças, que Nossa Senhora Aparecida começou a conviver com o povo brasileiro.

Talvez para facilitar o acesso das pessoas, ou por outro motivo desconhecido, a imagem foi depois transferida para a casa de Felipe Pedroso, onde ficou durante muitos anos. Felipe entregou-a a seu filho Atanásio, em cuja casa aconteceram vários milagres, e as notícias sobre eles se espalharam cada vez mais.

Também padre José Alves Vilela, vigário de Guaratinguetá, ouviu falar das novidades. Resolveu, então, verificar pessoalmente o que acontecia na casa do pescador e voltou convencido de que era Deus que agia no coração dos devotos, através daquela imagem negra.

A primeira capela

Junto com Atanásio, e aproveitando a contribuição de muitos devotos, padre Vilela resolveu construir uma capela para Nossa Senhora Aparecida. Ela foi erguida no Porto Itaguaçu, bem à beira da estrada. Mas logo a capela se tornou pequena para acolher tantos devotos! Também começavam a aparecer os ex-votos que o povo ali deixava: mortalhas, velas, muletas etc.

Padre Vilela, contente e também preocupado, sentiu que a devoção a Nossa Senhora Aparecida, fenômeno até então restrito unicamente ao povo, tão simples e rico de fé, tinha de ser reconhecida pela Igreja do Brasil. A partir daí, sentiu a necessidade de construir um templo para Nossa Senhora, que deveria estar de acordo com as Constituições do episcopado brasileiro. Por isso, tratou de buscar recursos financeiros e legais para a empreitada.

A capela-Igreja

Em 1743 já constavam em documentação oficial as escrituras dos terrenos doados a Nossa Senhora pelos devotos Margarida Nunes Rangel,

Lourenço de Sá e Fabiana Fernandes Teles, com o objetivo específico da construção da nova igreja. Chamada, então, de "Capela do Morro dos Coqueiros", devido a sua localização, foi solenemente inaugurada em 26 de julho de 1745, dia da festa de Santa Ana. Era de taipa, tinha altares entalhados em madeira e a imagem de Nossa Senhora ficava no altar-mor. Além da nave central, dos corredores e do presbitério, tinha uma sacristia, uma sala dos milagres e uma sala para reuniões.

Durante 138 anos foi essa a capela que abrigou a imagem e os devotos de Nossa Senhora Aparecida. No início, a palavra "capela" designava não só o templo, como também o povoado que logo se constituiu e se espalhou ao redor. Os romeiros diziam, referindo-se ao lugar: "Vamos à Capela".

Pode-se afirmar com certeza que a inauguração da Capela do Morro dos Coqueiros constitui o marco inicial da cidade de Aparecida. Eis o que escreveu o padre Vilela, em 26 de julho de 1745:

> José Alves Vilela, clérigo e presbítero do hábito de São Pedro, vigário paroquial na Igreja de Santo Antônio de Guaratinguetá e da Vara de toda a sua comarca, de Taubaté, juiz dos casamentos [...] do conselho de Sua Majestade, que Deus guarde, [...] certifico que a Capela de Nossa Senhora da Conceição Aparecida está situada em lugar decente escolhido por mim, em virtude de uma Provisão de Ereção de sua Excia. Revma., com dote de terras no mesmo lugar por doação de três escrituras, das quais tomei posse como aceitante da parte da mesma Senhora, o que tudo consta dos trelados, que de *verbo ad verbum* vão em um livro para título da mesma Capela.

Melhoramentos necessários

Essa capela passou por muitas reformas e ampliações. Recebeu uma segunda torre e então foi refeita toda a sua cobertura. Em 1845 decidiu-se alterar a fachada. A modificação ficou pronta em 1864. Em 1877 foi construída a estação de Aparecida, com a chegada dos trilhos da Estrada de Ferro Central do Brasil. A partir daí, cresceu muito o afluxo de romeiros.

Em 1895, cerca de 150 mil romeiros visitaram Aparecida. Havia, pois, necessidade de se melhorar o espaço físico da igreja. Já tendo começado essas melhorias em 1878, frei Joaquim do Monte Carmelo assumiu a sua execução, demolindo as naves laterais; começou a construção de outra nave central por cima e pelos lados da antiga, o que resultou em nova e ampla igreja.

Jamais se pode aquilatar suficientemente a importância de frei Joaquim do Monte Carmelo na construção da Basílica. Ele teve de enfrentar o descrédito, a inveja e, ainda, alguns católicos mal-acostumados, desde os primeiros tempos, que queriam obter lucro com as romarias e que também não queriam abrir mão das vantagens pessoais, dos cargos e de comerciar com a religião.

A solene inauguração da nova igreja aconteceu em 1888, com a presença do bispo de São Paulo, Dom Lino Deodato Rodrigues de Carvalho, de importantes autoridades e multidão de fiéis. Essa igreja ainda está lá, no Morro dos Coqueiros, e continua muito visitada e com intenso movimento de Missas. Durante várias décadas, foi conhecida com o nome de "Basílica Velha"; hoje é chamada de "Basílica Histórica".

Basílica e coroação de Nossa Senhora

Em 1908, o papa Pio X concedeu ao Santuário de Aparecida o título de Basílica Menor. Convém lembrar que toda basílica – palavra que significa "sala real" – situada fora de Roma chama-se "Basílica Menor". O título de "Basílica Maior" é reservado para a Catedral de Roma, a Igreja de São João do Latrão, para a Igreja de São Pedro, para Santa Maria Maior e para a Basílica de São Paulo Fora dos Muros.

Em 1903, os bispos da Província Eclesiástica Meridional do Brasil pediram ao Papa que a imagem de Nossa Senhora da Conceição Aparecida fosse coroada, durante o cinquentenário da proclamação do Dogma da Imaculada Conceição, a transcorrer daí a um ano. Tendo isso sido aprovado, no dia 8 de setembro de 1904, na presença de ilustres prelados, do Núncio Apostólico, de importantes e numerosas autoridades civis e militares, grande número de sacerdotes, religiosos e religiosas e de incontável multidão de fiéis, foi rezada uma Missa Solene e, depois, feita a Consagração do Brasil a Nossa Senhora Aparecida. Em seguida, Dom José de Camargo Barros, bispo de São Paulo, benzeu a riquíssima coroa de ouro cravejada de brilhantes, aquela oferecida em 1884 pela princesa Isabel, cantou-se o *Regina Coeli* e a coroa foi colocada por Dom José na imagem de Nossa Senhora Aparecida, enquanto ele rezava: "Como por nossas mãos sois coroada aqui na terra, assim por vós e pelo vosso Filho Jesus Cristo sejamos coroados de glória no céu".

Repicaram os sinos e o povo festejou o acontecimento com fogos de artifício e muita alegria.

Padroeira do Brasil

Em 1929, por ocasião de um Congresso Mariano, os bispos brasileiros enviaram ao papa Pio XI o pedido para que Nossa Senhora Aparecida fosse proclamada Padroeira do Brasil. Em 16 de julho de 1930, Pio XI deu a resposta:

> Na plenitude de Nosso poder apostólico, pelo teor das presentes Letras, constituímos e declaramos a Beatíssima Virgem Maria concebida sem mácula, sob o título de Aparecida, Padroeira Principal de todo o Brasil diante de Deus, acrescentando os privilégios litúrgicos e as outras honras que pelo costume competem aos padroeiros dos lugares principais.
>
> Concedendo isto para promover o bem espiritual dos fiéis no Brasil e para aumentar cada vez mais a sua devoção à Imaculada Mãe de Deus, decretamos que as presentes Letras são e permanecerão sempre firmes e eficazes, e surtirão seus plenos e inteiros efeitos.

A consagração do Brasil a Nossa Senhora Aparecida

Por desejo e iniciativa do cardeal Dom Sebastião Leme, arcebispo do Rio de Janeiro, foi programada uma grandiosa cerimônia de homenagens, na então capital do país, com a presença da imagem de Nossa Senhora Aparecida. Ela foi conduzida pelo arcebispo de São Paulo, Dom Duarte Leopoldo e Silva, por via-férrea, num belo vagão-santuário montado especialmente para a Padroeira. Em todas as estações do percurso houve grande aglomeração de fiéis que, com devoção, louvavam e cantavam para a Virgem. Calcula-se que cerca de um milhão de pessoas aguardavam no Rio de Janeiro a chegada de Nossa Senhora Aparecida.

Era o dia 31 de maio de 1931 quando, em meio a grande comoção popular, o cardeal Leme leu a fórmula da consagração do Brasil a Nossa Senhora da Conceição Aparecida, na presença de todo o Episcopado, das mais altas autoridades civis e militares, e do Corpo Diplomático:

Ó Maria Imaculada, Senhora da Conceição Aparecida, aqui tendes prostrado diante da vossa milagrosa Imagem o Brasil, que vem de novo consagrar-se à vossa maternal proteção.
Escolhendo-vos por especial padroeira e advogada da nossa pátria, nós queremos que ela seja inteiramente vossa. Vossa a sua natureza sem par, vossas as suas riquezas, vossos os campos e as montanhas, os vales e rios, vossa a sociedade, vossos os lares e seus habitantes, com os seus corações e tudo o que possuem; vosso, enfim, é todo o Brasil. Sim, ó Senhora Aparecida, o Brasil é vosso. Por vossa intercessão, temos recebido todos os bens das mãos de Deus, e todos os bens esperamos receber ainda e sempre por vossa intercessão. Abençoai, pois, o Brasil, que vos ama. Abençoai o Brasil que vos agradece, abençoai o Brasil que é vosso. Abençoai, ó Rainha de amor e misericórdia, abençoai, defendei, salvai o vosso Brasil. Protegei a santa Igreja, preservai a nossa fé, defendei o Santo Padre, assisti os nossos bispos, santificai o nosso clero, esclarecei o nosso governo, guiai a nossa gente no caminho do céu e da felicidade, ó Senhora Aparecida! Lembrai-vos

de que somos e queremos ser vossos vassalos e súditos fiéis. Mas lembrai-vos também de que somos e queremos ser vossos filhos. Mostrai, pois, ante o céu e a terra, que sois a Padroeira do Brasil e a mãe querida de todo o povo brasileiro.

Sim, ó Rainha do Brasil, ó Mãe de todos os brasileiros, venha sempre a nós o vosso reino de amor, e por vossa mediação venha à nossa Pátria o reino de Jesus Cristo, vosso Filho e Senhor Nosso. Amém.

A partir de então Nossa Senhora Aparecida passou a ser, oficialmente, Padroeira do Brasil.

A Basílica nova

A devoção mariana e as romarias a Aparecida continuaram crescendo sempre mais. Então, os bispos brasileiros resolveram construir um templo que pudesse abrigar as multidões que se dirigiam a Aparecida.

O arquiteto Benedito Calixto de Jesus Neto foi o responsável pelo projeto, auxiliado pelo engenheiro José Carlos de Figueiredo Ferraz.

Em 1946 foi assentada, pelo cardeal Motta, a pedra fundamental da nova Basílica. Em 1959, estando a igreja ainda em construção, as liturgias de domingo foram transferidas para lá. Seu altar-mor foi consagrado solenemente pelo papa João Paulo II, em 1980. Naquela ocasião, o Papa concedeu ao novo templo o mesmo título de Basílica Menor, que havia sido dado, em 1908, ao antigo santuário do Morro dos Coqueiros, a "Basílica Histórica".

A Basílica nova tem a forma de uma cruz grega e capacidade para abrigar 45 mil peregrinos. Seus números impressionam:

Extensão: 173 m
Largura: 168 m
Naves: 40 m de altura
Cúpula: 70 m de altura
Torre: 100 m de altura e 17 andares

Área coberta: 18.000 m²
Quantidade de tijolos: 25 milhões
Volume de concreto: 40.000 m³
Área construída: 23.000 m²
Estacionamento: 272.000 m².
O subsolo, de 10.700 m², é destinado a serviços para os romeiros.
Capacidade do estacionamento: 4 mil ônibus e 6 mil carros.

A passarela que liga a Basílica Velha à Nova tem 380 m de comprimento e 6 m de largura e é sustentada por 11 pilastras.

Desde o início, a construção da Basílica Nova foi feita graça às doações generosas dos devotos da Virgem Aparecida. Vale, aqui, lembrar as palavras de Dom Antônio Ferreira de Macedo, bispo Auxiliar e grande "operário" na construção da Basílica: "Esta igreja está sendo construída com críticas de padres, palpites de ricos e esmolas dos pobres". Ainda hoje são os humildes e anônimos devotos da Virgem que, com sua colaboração, permitem a complementação das obras que se fazem necessárias.

A pedra fundamental foi lançada em 1946. Em 1955 foi iniciada a construção da Nave Norte, que ficou concluída em 1963. A Torre Brasília, iniciada em 1960, foi concluída em 1962. A Cúpula, iniciada em 1964, foi concluída em 1972. A Nave Sul, começada em 1971, foi concluída em 1974. A Nave Leste, com início em 1974, foi terminada em 1977. E a Nave Oeste, iniciada em 1975, foi concluída em 1977. As capelas Sudeste e Noroeste foram construídas entre 1978 e 1980.

A estrutura metálica da Torre Brasília e a construção da Passarela da Fé (que liga a Basílica nova à antiga) foram patrocinadas pelo Governo Federal, sendo presidentes, respectivamente, Juscelino Kubitschek de Oliveira e Emílio Garrastazu Médici.

No início deste século foram realizados trabalhos na parte interna da Basílica, tendo à sua frente o artista sacro brasileiro Cláudio Pastro. Atualmente, estão sendo revestidas as paredes externas, sob a responsabilidade de outro artista.

6
A profanação da imagem

A imagem de Nossa Senhora Aparecida ficava, no início, sobre o altar-mor da capela construída no Morro dos Coqueiros. Depois, foi construído um nicho para ela, na parede ao lado do altar, protegido com um vidro, e diante dele os fiéis passavam em filas extensas para ver mais de perto a Padroeira e para fazer pedidos e agradecimentos.

Em 16 de maio de 1978 ocorreu o inimaginável: a profanação da imagem, em plena Missa. As testemunhas e os jornais afirmam que, entre 16 e 17 horas, uma tempestade de pó varreu a cidade de Aparecida, forçando até o comércio a fechar as portas. Fazia uns cinquenta anos que não se via tal fúria de vento na cidade.

Às 20 horas começou a última Missa do dia na Basílica Histórica (a Basílica Nova ainda estava em construção) e já não havia mais ninguém na fila para passar diante da Imagem. O sacristão e duas religiosas notaram um rapaz agachado em frente ao nicho, como se estivesse em oração. De repente, aproveitando-se de que as atenções se voltavam todas para o altar, o rapaz deu um pulo, quebrou o vidro protetor do nicho com um soco e agarrou a imagem, que bateu com a cabeça e coroa no vidro quebrado, caindo no altar. No mesmo instante (eram 20h10), a luz elétrica se apagou em todo o Vale do Paraíba. As pessoas presentes gritaram: "Herege! Herege!". Mas o jovem agarrou o corpo da imagem e tentou fugir. Os guardas da Basílica o derrubaram e, na sua queda, quebrou-se a imagem em inúmeros pedaços.

Levaram o sacrílego à Santa Casa, onde lhe foi feito um curativo na mão, e depois foi conduzido à Delegacia de Polícia. Ele foi identificado como Rogério Marcos de Oliveira, de dezenove anos, um jovem mentalmente perturbado, residente em São José dos Campos.

Na ocasião, o arcebispo de Aparecida, Dom Geraldo Maria de Morais Penido, que estava ausente, abalado com a notícia, comentou:

Mal conseguimos imaginar a tristeza e o luto que nos tomaram a alma quando, avisado do que aconteceu, retornamos às pressas a Aparecida, viajando de automóvel durante toda aquela noite de 16 de maio. Vínhamos tão amargurados na viagem que carregávamos a penosa impressão dorida de que estivéssemos a sorver o cálice da notícia da morte de nossa saudosa e santa mãe da terra que o Pai já levou para si faz quase doze anos. Sabíamos que amávamos Nossa Senhora. Que lhe tínhamos ternura filial. Mas não se nos figurava ainda de quanto sofrimento e dor fosse capaz nosso coração diante de um fato que ferisse o Coração da boa Mãe.

A repercussão do atentado sacrílego comoveu todo o país e surgiram, espontaneamente, inúmeros atos de desagravo, com Missas, novenas e procissões muito concorridas. O mesmo aconteceu em Aparecida, onde também todos comentavam os fenômenos que cercaram a quebra da imagem: a tempestade de vento e poeira que cobriu todo o Vale do Paraíba e as luzes que se apagaram repentinamente (posteriormente, a empresa fornecedora de energia elétrica noticiou que não tinha havido nenhum defeito na rede; nada havia que pudesse explicar a momentânea falta da eletricidade).

Nos dois domingos que se seguiram ao atentado, 200 mil pessoas afluíram ao Santuário, vindas de todo o país, numa expressão de desagravo e amor a Nossa Senhora. Em 28 de maio, a Basílica Nova em construção ficou lotada para um especial ato de desagravo. Durante a Missa foi lida uma nota escrita pelo arcebispo, Dom Geraldo Maria de Morais Penido, que assim se dirigia à Padroeira:

Vossa Imagem ficou mutilada, mas ninguém arranca do coração do povo brasileiro o amor a vós. Testemunhando este amor, desejamos protestar contra os atos sacrílegos e cruéis que pretenderam ou ainda pretendem profanar a beleza singular com que Vosso Divino Filho vos preparou para serdes a sua e nossa Mãe. Permiti, Mãe Santíssima, que, diante da Vossa Imagem mutilada, procuremos entender o "grande sinal" de conversão que, neste vosso mês de maio nos foi dado a todos.

Vemos simbolizados nos pedaços de Vossa Imagem os pedaços em que se tem feito vossa figura de Mãe e Protetora em nosso coração. Quebra-se vossa Imagem para significar que ela já estava, talvez, quebrada em nossos corações!

Ah, Senhora, prometemos recompor vossa Imagem em nossa alma, assim como se vai recompor vossa querida Imagem de Aparecida. Desgraça é só o pecado, verdadeiro atentado à doutrina e à moral do Redentor!

Restauração prodigiosa

Por indicação do professor Deoclécio Redig de Campos, brasileiro e diretor do Museu do Vaticano, foi encarregada dos trabalhos de recuperação da imagem a restauradora e escultora também brasileira Maria Helena Chartuni, que, sob orientação do renomado professor Pietro Maria Bardi, fez a restauração da imagem. A tarefa minuciosa foi feita com muita competência e, certamente, com as bênçãos de Nossa Senhora Aparecida, pois o trabalho ficou perfeito: depois de um mês de trabalho, a Imagem estava completamente restaurada!

Maria Helena Chartuni declarou, depois de completada a restauração: "Confessamos, humildemente, que também fomos guiados por uma aura de espiritualidade tão grande que nos leva, neste instante, a agradecer a Deus por tão grande dádiva".

É assim mesmo: Deus costuma agir com carinho por intermédio de quem usa seus talentos para engrandecer e louvar sua querida Mãe! De volta à Basílica, Nossa Senhora Aparecida foi recebida com festas memoráveis.

O cardeal Dom Carlos Carmelo de Vasconcelos Motta, com os arcebispos Dom Geraldo Maria de Morais Penido e Dom Antônio Ferreira de Macedo, procedeu à introdução da imagem na Basílica e a multidão de fiéis era incontável. Após a Missa de Ação de Graças, Dom Geraldo abençoou a multidão novamente com a famosa imagem.

7
Uma história cheia de bênçãos

A pesca milagrosa da imagem quebrada de Nossa Senhora Aparecida, em 1717, não foi um episódio isolado, nem parou no tempo. Aliás, a partir dali a história de Nossa Senhora Aparecida se confunde com a história do Brasil.

Tirando o fato de que alguns políticos têm buscado obter vantagens com viagens, devoções e noticiários em relação ao Santuário de Aparecida, o povo não mistura as coisas. Para ele, Nossa Senhora Aparecida, que apareceu negra no tempo dos escravizados negros, e que viveu sempre no meio dos pobres, é e sempre será simplesmente a mãe dos necessitados e dos desamparados. Todos sabem que a imagem é apenas uma representação. Mas o atentado causou grande comoção popular porque, sendo imagem da Virgem, é como um retrato, uma relíquia, uma lembrança muito querida.

A Virgem de Aparecida é alguém da família, muito amada. A história de Nossa Senhora Aparecida no Brasil acompanhou a história da geografia urbana do povo brasileiro. Sua devoção logo se espalhou por todo o país, teve incremento e floresceu em grande parte com o trabalho das Missões Redentoristas. Os redentoristas vieram para o Brasil com o intuito de cuidar do Santuário de Aparecida e de atender os peregrinos. Era natural que eles introduzissem ou incrementassem a devoção a Nossa Senhora Aparecida em todo o país.

Depois do Concílio Vaticano II (1962-1965), houve interpretações erradas sobre a devoção a Nossa Senhora. Há os que diziam que havia exageros e que era necessária uma purificação no campo devocional e, mesmo, litúrgico. O povo brasileiro, contudo, continuou com suas romarias, dando espaço para a imagem de Nossa Senhora Aparecida nos lares e multiplicando a oração do Terço. O povo entende que, quando sofre ou tem problemas, ou quando se alegra em família, é bom ter a Mãezinha carinhosa por perto, principalmente se essa figura querida é também a mãe dedicada e sofredora de Jesus.

8
Os redentoristas

Em 1732 foi fundada na Itália, pelo padre italiano (hoje santo) Afonso de Ligório, a Congregação do Santíssimo Redentor, destinada a evangelizar o povo pobre e carente de catequese. Essa congregação missionária teria grande importância e influência no crescimento espiritual de grande parte do povo brasileiro, principalmente das pessoas humildes e simples, devotas de Nossa Senhora Aparecida. A fundação da Congregação Redentorista e a "pesca" da imagem de Nossa Senhora Aparecida, em 1717, mesmo acontecendo uma na Itália e outra aqui no Brasil, acabaram se entrelaçando fortemente.

Parecia até que Santo Afonso, lá em terras longínquas, vislumbrava no Brasil, na mesma época, um povo simples e devoto de Nossa Senhora, que acorria em multidões ao pequeno oratório onde, à luz de frouxas velas, a Mãe negra de Jesus aguardava que alguém viesse socorrer e orientar a espiritualidade inata daquela gente. As novenas e as rezas eram dirigidas por devotos sem nenhum conhecimento de liturgia. Não havia pregação, nem sacramentos e, muitas vezes, a fé se misturava com superstição ou mero sentimentalismo.

Foi somente por volta de 1740 que o padre José Alves Vilela, vigário da vizinha Guaratinguetá, procurou organizar o culto. A partir daí começou a procura por um terreno, com a finalidade de se construir uma capela maior – que, aliás, foi inaugurada já em 1745.

Em 1748 foi realizada a primeira Santa Missão em Aparecida, convocada por Dom Bernardo Rodrigues Nogueira e pregada por missionários jesuítas. No *Relatório feito pelos Missionários* lemos que "na Capela da Virgem da Conceição, chamada de 'Aparecida', por ter ali aparecido uma imagem nas redes dos pescadores, era grande a afluência e a fé dos devotos e que o fruto da Missão naquele povoado foi muito mais abundante por especial intercessão da Mãe de Deus". Somente em novembro de 1893 foi criada a Paróquia de Aparecida. Na mesma época, o templo foi elevado a "Santuário Episcopal".

Em 1894, o bispo de São Paulo, Dom Lino, enviou a Roma seu bispo coadjutor, Dom Joaquim Arcoverde de Albuquerque Cavalcanti, com a missão de encontrar uma congregação religiosa que quisesse vir assumir o Santuário de Nossa Senhora Aparecida. Era medida urgente e necessária pois, durante quase um século, a administração financeira do Santuário esteve nas mãos de prefeitos e juízes que, por vezes, usavam seus cargos para fins político-partidários ou em proveito próprio.

Além disso, o mais grave: as cerimônias de culto se limitavam frequentemente às sinceras manifestações dos devotos, pois faltavam sacerdotes que evangelizassem os peregrinos! Não havia pregação nem catequese e os poucos padres se limitavam a "dizer a Missa". Mais tarde, o redentorista padre Valentim von Riedl diria sobre Aparecida: "Antes da nossa chegada, não havia culto organizado, não havia Missa diariamente, e de confissões nem se fala".

Com as bênçãos de Nossa Senhora da Conceição Aparecida, em julho de 1894 os redentoristas aceitaram trabalhar no Santuário. O primeiro grupo de missionários alemães que aqui chegou era composto por seis padres e sete irmãos (isto é, religiosos não ordenados), que vinham para atuar nas províncias de Goiás e São Paulo e, nesta, particularmente em Aparecida. Todos tinham no coração o lema apostólico proposto por Santo Afonso de Ligório: "Anunciar ao povo pobre e abandonado a abundante redenção de Cristo".

Chegados, pois, em outubro de 1894 a Aparecida, os missionários iniciaram um belo e heroico trabalho, que atravessaria décadas a serviço de Nossa Senhora, buscando levar Deus a todos os corações abertos para recebê-lo. Na realidade, o que eles passaram a realizar nunca havia existido em Aparecida: organização na vida da Igreja e disponibilidade por parte dos missionários para as necessidades do povo.

O Santuário passou a ter horário fixo para as funções religiosas: Missas nos dias úteis, domingos e festas, oração diária do Terço à tarde, tríduos e novenas com Bênção do Santíssimo. Também passou a haver horário fixo e diário para o atendimento de confissões. Havia até mesmo horário para acolher os peregrinos e paroquianos.

Outra iniciativa foi implantar no Santuário a Comunhão das primeiras sextas-feiras do mês em louvor ao Sagrado Coração de Jesus, além da Missa do Santíssimo às quintas-feiras e a Missa em honra de Nossa Senhora aos sábados. Os redentoristas trataram também de aprofundar, organizar e ajustar a catequese de modo geral.

Quando se fala da ação dos religiosos redentoristas em Aparecida, não se pode deixar de citar iniciativas sumamente importantes como o lançamento, em novembro de 1900, do jornal *Santuário de Aparecida*. Estava ali a semente da Editora Santuário, que se tornaria de grande e moderno significado no panorama nacional.

Em 1925, os redentoristas lançaram o *Ecos marianos*, um tipo de almanaque com a finalidade de divulgar a devoção a Nossa Senhora Aparecida e orientar o povo em coisas práticas. Tinha, por exemplo, indicações do tempo ideal para plantar verduras e legumes, as fases da lua, o Santo de cada dia, as festas litúrgicas, notícias, passatempos, testemunhos, artigos para adultos, jovens e crianças etc. Em suma, uma leitura sadia, edificante e formativa. Durante muitos anos, o *Ecos marianos* foi a leitura corrente entre os católicos, com grande aceitação nas famílias da zona rural e mesmo da urbana.

Importante foi também a inauguração, em 1951, da Rádio Aparecida, que mais tarde passou a ter alcance nacional. Desde o início, entendiam os redentoristas que uma estação de rádio facilitaria o seu apostolado, pois os romeiros poderiam acompanhar, quando voltassem para casa, os atos religiosos do Santuário, mantendo viva a devoção à Virgem de Aparecida e incrementando o anúncio da mensagem de Cristo.

Com o nascimento da Rádio Aparecida, nasceu também uma programação básica que perdura com sucesso até os dias de hoje, particularmente a *Hora da Consagração a Nossa Senhora* e o *Clube dos Sócios*. Esses programas, conduzidos durante muitos anos pelo padre Vitor Coelho de Almeida e pelo padre Daniel Marti, continuam tendo absoluto sucesso entre os ouvintes.

É interessante conhecer as conclusões da União de Radiodifusão Católica (UNDA) no Brasil, em uma assembleia realizada em 1989: "Levando-se em conta a realidade desumana da maioria brasileira, mergulhada na miséria, analfabetismo, insalubridade e falta de perspectivas, bem como as distâncias e limitação de pessoas, o rádio sobressai como um canal de evangelização por excelência".

Marco notável foi, igualmente, na era da televisão, a retransmissão, pela Rede Vida, da Missa diária diretamente do Santuário e de outras programações. Ainda é preciso citar os primeiros passos da TV Aparecida, que hoje é um importante instrumento para a divulgação da Palavra de Deus e da devoção a Nossa Senhora.

Estudando a evolução da devoção mariana no Brasil, particularmente o culto a Nossa Senhora Aparecida, quase que se pode repetir o que disse o padre redentorista Lourenço Gahr, em 1895: "Sem essa devoção, o povo teria caído em total indiferença religiosa".

9
Romeiros e romarias

Pode-se dizer que os primeiros romeiros de Aparecida visitaram Nossa Senhora quando a imagem ainda se encontrava no oratório do pescador Felipe Pedroso. As notícias dos primeiros milagres foram levadas para lugares distantes pelos viajantes, mascates e bandeirantes.

O número de romeiros cresceu sempre. No início, eles vinham a cavalo ou em carruagens. Desde 1745 o Santuário tinha "casas de hospedagem para romeiros": casas com grandes salas e uma cozinha. Existia o chamado "pasto da santa", lugar de abrigo para animais: cavalos e mulas que transportavam pessoas e bagagens. Em 1877 foi inaugurada a Estação Ferroviária de Aparecida, facilitando a visita de peregrinos.

Em 1900, a média de peregrinos que chegavam diariamente de trem era de quatrocentos, chegando a mil em determinados dias. A partir de 1900, a Central do Brasil passou a fornecer centenas de trens especiais para romarias programadas, que transportavam, em numerosos vagões, um grande número de romeiros. Para muitas dessas romarias o trem não era suficiente, e também eram fretados vários ônibus.

Atualmente, os trens só transportam carga, mas a melhoria das estradas e a modernização dos ônibus faz com que os romeiros cheguem ao Santuário em grande número, oriundos de todos os lugares do Brasil, principalmente nos fins de semana e feriados.

As romarias de automóvel tiveram início na década de 1920 e consta nos registros que a primeira chegou de Jundiaí em 1923, com quinze carros e setenta pessoas, que levaram dois dias de viagem para chegar a Aparecida.

Atualmente, os peregrinos usam os mais variados meios de transporte. No vasto pátio de estacionamento junto à Basílica, é impressionante o número de motos, ônibus e automóveis, especialmente aos sábados e domingos. Mas ainda continuam a acontecer, em grande número, as romarias a pé, especialmente em outubro, por ocasião da festa da Padroeira. Por ano, mais de 12 milhões de pessoas visitam esse Santuário.

Quem são os romeiros?

Em 1897, o padre Valentim von Riedl, num artigo para uma revista católica alemã escrevia:

> Nossos romeiros são brancos, pretos, pardos. São senhores e damas ricamente trajadas e pobres malvestidos. São ministros de Estado, funcionários, oficiais militares uniformizados que, ajoelhados, junto com algum maltrapilho e com a vela acesa na mão, fazem suas orações e cumprem suas promessas como peregrinos. É comovente verem-se senhores e senhoras distintas assistir, de joelhos, até três missas em cumprimento de promessa. E, mais comovente ainda, quando essas pessoas se arrastam de joelhos até o trono da Virgem, ou varrem a igreja, levando o lixo para fora na borda de seus longos vestidos de seda. Não há dúvida de que a devoção de muitos é apenas externa, mas tudo serve para a Mãe de Deus, pois parte de uma reta intenção. A Rainha e Senhora vê os corações que a amam e se converte em Mãe de Misericórdia para os pobres abandonados espiritualmente, concedendo-lhes favores nas necessidades e chamando-os de modo admirável a vir ao caminho da salvação.

Assim via o missionário redentorista os romeiros do passado. Mas hoje, quem são os romeiros? Não arrastam mais o lixo do chão da Basílica com barras de vestidos luxuosos, pois a moda mudou e o chão da Basílica, aliás, é impecável e não há lixo a ser arrastado. Mas continuam, lado a lado, os contrastes: ricos e pobres, desesperados e agradecidos, poderosos e desvalidos, santos e pecadores, interesseiros e verdadeiros devotos – mas todos, e nisso eles são todos iguais –, lado a lado, de joelhos e carregando, com as velas, os Terços e pequenas imagens, as esperanças e os agradecimentos que igualam os filhos da Virgem Aparecida.

Dos mais variados e longínquos rincões do Brasil as pessoas chegam: para pagar promessas, trazer fotos e relatos, apresentar minicasas de madeira, minibarcos e minicarros, réplicas de partes do corpo feitas em cera ou plástico, instrumentos musicais, roupas etc. Enfim, os mais variados objetos, todos falando de graças alcançadas. É preciso visitar sem pressa a Sala das Promessas, entrando no coração e na mentalidade das pessoas que para ali trouxeram seus dramas e dores, juntamente com sua gratidão pela graça de Deus, recebida através de Nossa Senhora Aparecida. As Missas no Santuário são o momento e o lugar escolhido por muitos casais para comemorar aniversários de casamento, Bodas de Prata, Bodas de Ouro, batizados e outras festas familiares.

Os romeiros participam das Missas, visitam o nicho da imagem e ali oram fervorosamente, pagam promessas, acendem velas de todos os tamanhos, visitam a Capela do Santíssimo, a Sala das Promessas, enfim, espalham-se por todo o vasto espaço disponível. Eles fazem de Aparecida uma permanente festa, um feriado, uma reunião de família e de movimentos de igreja, um lugar onde sobressai a alegria e a esperança. Em Aparecida, o romeiro se sente bem e, quando parte, tem lágrimas nos olhos e leva saudades no coração.

10

Os Papas peregrinos em Aparecida

Papa São João Paulo II

Na memorável primeira visita do papa São João Paulo II ao Brasil, no ano de 1980, o ilustre peregrino fez, em 4 de julho, na Basílica de Nossa Senhora Aparecida, um pronunciamento emocionante:

> Aqui pulsa, há mais de dois séculos, o coração católico do Brasil. Meta de incessantes peregrinações vindas de todo o país, Aparecida é, como já disse alguém, a "capital espiritual do Brasil". [...]
> O que buscavam os antigos romeiros em Aparecida? O que buscam os peregrinos de hoje? Aquilo mesmo que buscavam no dia, mais ou menos remoto, do batismo: a fé e os meios de alimentá-la; buscam os sacramentos da Igreja, sobretudo a reconciliação com Deus e o alimento eucarístico. E voltam revigorados e agradecidos à Senhora, Mãe de Deus e nossa. [...]
> O edifício material, que abriga a presença real, eucarística do Senhor, e onde se reúne a família dos filhos de Deus a oferecer com Cristo os "sacrifícios espirituais" feitos de alegrias e sofrimentos, de esperanças e lutas, é símbolo também de um outro edifício espiritual, em cuja construção somos convidados a entrar como pedras vivas. [...] Esta é, de fato, a casa das nossas orações: mas nós próprios somos casa de Deus, [...] somos construídos como casa de Deus neste mundo e seremos dedicados solenemente no fim dos tempos. O edifício, ou melhor, a construção, faz-se com fadiga; a dedicação realiza-se com alegria. [...]
> E vós, devotos de Nossa Senhora e romeiros de Aparecida [...] conservai zelosamente este terno e confiante amor à Virgem, que vos caracteriza.

Não o deixeis nunca arrefecer. E não seja um amor abstrato, mas encarnado. Sede fiéis àqueles exercícios de piedade mariana tradicionais na Igreja: a oração do *Angelus*, o Mês de Maria e, de maneira toda especial, o Rosário. Quem dera renascesse o belo costume – outrora tão difundido, hoje ainda presente em algumas famílias brasileiras – da reza do Terço em família. [...]

A devoção a Maria é fonte de vida cristã profunda, é fonte de compromisso com Deus e com os irmãos. Permanecei na escola de Maria, escutai a sua voz, segui os seus exemplos.

Papa Bento XVI

Nos dias 12 e 13 de maio de 2007, o papa Bento XVI esteve como peregrino no Santuário de Aparecida. Em dois momentos diferentes, ele destacou a importância da devoção à Nossa Senhora da Conceição Aparecida.

Dia 12 de maio de 2007, à noite, no Santuário:

[...] Como os Apóstolos, juntamente com Maria, "subiram para a sala de cima e ali unidos pelo mesmo sentimento, entregavam-se assiduamente à oração" (At 1,13-14), assim também hoje nos reunimos aqui no Santuário de Nossa Senhora da Conceição Aparecida, que é para nós nesta hora *a sala de cima*, onde Maria, Mãe do Senhor, se encontra no meio de nós. Hoje é ela que orienta a nossa meditação; ela nos ensina a rezar. É ela que nos mostra o modo como abrir nossas mentes e os nossos corações ao poder do Espírito Santo, que vem para ser transmitido ao mundo inteiro. [...]

Acabamos de recitar o Rosário. Através dos seus ciclos meditativos, o Divino Consolador quer nos introduzir no conhecimento de um Cristo que brota da fonte límpida do texto evangélico. Por sua vez, a Igreja do terceiro milênio se propõe dar aos cristãos a capacidade de "conhecerem – com palavras de São Paulo – o mistério de Deus, isto é Cristo, no qual estão escondidos todos os tesouros da sabedoria e da ciência" (Cl 2,2-3). Maria Santíssima, a Virgem Pura e sem Mancha é para nós escola de fé destinada a conduzir-nos e a fortalecer-nos no caminho que leva ao encontro com o Criador do Céu e da Terra. O Papa veio a Aparecida com viva alegria para vos dizer primeiramente: "Permanecei na escola de Maria". Inspirai-vos nos seus ensinamentos, procurai acolher e guardar dentro do coração as luzes que ela, por mandato divino, vos envia lá do alto.

Como é bom estarmos aqui reunidos em nome de Cristo, na fé, na fraternidade, na alegria, na paz, "na oração com Maria, a Mãe de Jesus" (At 1,14). Como é bom [...] estarmos aqui no Santuário Nacional de Nossa Senhora da Conceição Aparecida, que é Morada de Deus, Casa de Maria e Casa de Irmãos e que nesses dias se transforma também em Sede da V Conferência Episcopal Latino-Americana e Caribenha. Como é bom estarmos aqui nesta Basílica Mariana para onde, neste tempo, convergem os olhares e as esperanças do mundo cristão, de modo especial da América Latina e do Caribe! [...]

É com grande esperança que me dirijo a todos vós, que se encontram dentro desta majestosa Basílica, ou que participaram do lado de fora, do Santo Rosário, para convidá-los a se tornarem profundamente missionários e para levar a Boa Nova do Evangelho por todos os pontos cardeais da América Latina e do mundo.

Vamos pedir à Mãe de Deus, Nossa Senhora da Conceição Aparecida, que zele pela vida de todos os cristãos. Ela, que é a Estrela da Evangelização, guie nossos passos no caminho do Reino celestial:

Mãe nossa, protegei a família brasileira e latino-americana! Amparai, sob o vosso manto protetor, os filhos dessa Pátria querida que nos acolhe, Vós que sois a Advogada junto ao vosso Filho Jesus, dai ao Povo brasileiro paz constante e prosperidade completa. Concedei aos nossos irmãos de toda a geografia latino-americana um verdadeiro ardor missionário irradiador de fé e de esperança. [...] Amém.

Dia 13 de maio de 2007, na Esplanada do Santuário, por ocasião da celebração eucarística de abertura da V Conferência Geral do Episcopado da América Latina e do Caribe, Bento XVI testemunhou:

[...] Considero um dom especial da Providência que esta Santa Missa seja celebrada *neste tempo e neste lugar*. O *tempo* é o litúrgico do sexto Domingo de Páscoa: está próxima a festa de Pentecostes, e a Igreja é convidada a intensificar a invocação ao Espírito Santo. O *lugar* é o Santuário nacional de Nossa Senhora Aparecida, coração mariano do Brasil: Maria nos acolhe neste *Cenáculo* e, como Mãe e Mestra, nos ajuda a elevar a Deus uma prece unânime e confiante. [...]

Papa Francisco

No dia 24 de julho de 2013, tendo vindo ao Brasil para a XXVIII Jornada Mundial da Juventude, no Rio de Janeiro, o papa Francisco fez questão de visitar o Santuário de Aparecida. Na celebração eucarística que presidiu, ele fez uma tocante homilia:

Quanta alegria me dá vir à casa da Mãe de cada brasileiro, o Santuário de Nossa Senhora Aparecida. No dia seguinte à minha eleição como Bispo de Roma fui visitar a Basílica de Santa Maria Maior, para confiar a Nossa Senhora o meu ministério. Hoje, eu quis vir aqui para suplicar a Maria, nossa Mãe, o bom êxito da Jornada Mundial da Juventude e colocar aos seus pés a vida do povo latino-americano.
Queria dizer-lhes, primeiramente, uma coisa. Neste Santuário, seis anos atrás, quando aqui se realizou a V Conferência Geral do Episcopado da América Latina e do Caribe, pude dar-me conta pessoalmente de um fato belíssimo: ver como os Bispos – que trabalharam sobre o tema do encontro com Cristo, discipulado e missão – eram animados, acompanhados e, em certo sentido, inspirados pelos milhares de peregrinos que vinham diariamente confiar a sua vida a Nossa Senhora: aquela Conferência foi um grande momento de vida de Igreja. E, de fato, pode-se dizer que o *Documento de Aparecida* nasceu justamente deste encontro entre os trabalhos dos Pastores e a fé simples dos romeiros, sob a proteção maternal de Maria. A Igreja, quando busca Cristo, bate sempre à casa da Mãe e pede: "Mostrai-nos Jesus". É de Maria que se aprende o verdadeiro discipulado. E, por isso, a Igreja sai em missão sempre na esteira de Maria.
Assim, refletindo sobre a Jornada Mundial da Juventude que me trouxe até o Brasil, também eu venho hoje bater à porta da casa de Maria, que amou e educou Jesus, para que ajude a todos nós, os Pastores do

Povo de Deus, aos pais e aos educadores, a transmitir aos nossos jovens os valores que farão deles construtores de um País e de um mundo mais justo, solidário e fraterno. Para tal, gostaria de chamar a atenção para três simples posturas, três simples posturas: Conservar a esperança; deixar-se surpreender por Deus; viver na alegria.

1. *Conservar a esperança.* A segunda leitura da Missa apresenta uma cena dramática: uma mulher – figura de Maria e da Igreja – sendo perseguida por um Dragão – o diabo – que quer lhe devorar o filho. A cena, porém, não é de morte, mas de vida, porque Deus intervém e coloca o filho a salvo (cf. Ap 12,13a.15-16a). Quantas dificuldades na vida de cada um, no nosso povo, nas nossas comunidades, mas, por maiores que possam parecer, Deus nunca deixa que sejamos submergidos. [...]
2. A segunda postura: *Deixar-se surpreender por Deus.* Quem é homem e mulher de esperança – a grande esperança que a fé nos dá – sabe que, mesmo em meio às dificuldades, Deus atua e nos surpreende. A história deste Santuário serve de exemplo: três pescadores, depois de um dia sem conseguir apanhar peixes, nas águas do Rio Parnaíba, encontram algo inesperado: uma imagem de Nossa Senhora da Conceição. Quem poderia imaginar que o lugar de uma pesca infrutífera, tornar-se-ia o lugar onde todos os brasileiros podem se sentir filhos de uma mesma Mãe? Deus sempre surpreende, como o vinho novo, no Evangelho que ouvimos. Deus sempre nos reserva o melhor. [...]
3. A terceira postura: *Viver na alegria.* Queridos amigos, se caminhamos na esperança, deixando-nos surpreender pelo vinho novo que Jesus nos oferece, há alegria no nosso coração e não podemos deixar de ser testemunhas dessa alegria. O cristão é alegre, nunca está triste. Deus nos acompanha. Temos uma Mãe que sempre intercede pela vida dos seus filhos, por nós, como a rainha Ester na primeira leitura (cf. Est 5,3). [...]

Queridos amigos, viemos bater à porta da casa de Maria. Ela abriu-nos, fez-nos entrar e nos aponta o seu Filho. Agora ela nos pede: "Fazei tudo o que ele vos disser" (Jo 2,5). Sim, Mãe, nos comprometemos a fazer o que Jesus nos disser! E o faremos com esperança, confiantes nas surpresas de Deus e cheios de alegria. Assim seja.

11

A devoção mariana

O povo brasileiro tem sido devoto de Nossa Senhora praticamente desde 1500, pois os primeiros portugueses que aqui chegaram trouxeram essa devoção e imagens marianas. Pedro Álvares Cabral, por exemplo, trouxe a imagem de Nossa Senhora da Esperança. Essa imagem, que hoje se encontra na igreja de Sant'Iago, em Belmonte, Portugal, foi colocada no altar para a Missa do descobrimento, celebrada pelo frei Henrique de Coimbra.

Algumas das primeiras capelas aqui construídas foram dedicadas a Nossa Senhora e muitas das primeiras meninas aqui nascidas no início do povoamento receberam no batismo o nome Maria, por causa da mãe de Jesus. Quando, mais tarde, vieram os imigrantes europeus, os que eram católicos também trouxeram sua devoção mariana, sob os mais variados títulos, suas imagens e gravuras, suas novenas e ladainhas.

Hoje, no Brasil, em qualquer cidade que se vá, em qualquer rincão, encontram-se igrejas, capelas e oratórios dedicados a Nossa Senhora Aparecida. Em lojas, em restaurantes, em oficinas e outros lugares é comum encontrar-se uma pequena imagem de Nossa Senhora, introduzida ali para que abençoe o lugar e as pessoas. Grande número de caminhoneiros leva uma pequena imagem de Nossa Senhora Aparecida na sua cabine. Nem sempre significa devoção profunda mas, sem dúvida, mostra que ali alguém se sente filho de Nossa Senhora.

Com as mudanças ocorridas nos últimos tempos, trocaram-se os costumes e horários, multiplicaram-se as diversões e entretenimentos e nem é preciso sair de casa para se saber e acompanhar tudo o que acontece no mundo. O próprio Concílio Vaticano II trouxe uma nova ótica para a motivação litúrgica, também a forma de expressar a devoção mariana se modificou bastante.

Entretanto, a oração do Terço continua uma devoção básica, mesmo entre os casais jovens e até nos grupos de juventude e de adolescentes. De modo geral, também as novenas e as peregrinações aos Santuários Marianos têm aumentado. A audiência e o sucesso dos programas marianos nas redes de rádio e televisão são um consolador sintoma de que, de modo geral, o povo brasileiro se sente filho de Nossa Senhora. O povo venera a Virgem Maria, tem carinho por ela e, quando precisa de socorro, sabe que pode confiar em Nossa Senhora. Aliás, esta é a verdadeira devoção mariana: simples e sem muitas explicações intelectualizadas ou teológicas. A devoção sincera, confiante, nasce no coração de filhos carentes.

Nossa Senhora Aparecida congrega todas as outras denominações marianas, pois é bem brasileira, na cor e no jeito; não veio de fora, a devoção a ela nasceu aqui mesmo. Aliás, toda a história de Nossa Senhora Aparecida mostra que a manifestação da virgem aqui se deu de forma diferente. Na maioria dos lugares do mundo onde Nossa Senhora apareceu, ela logo se demonstrou de origem divina: a Mãe veio do céu, disse a que veio e para lá voltou depois de fazer ouvir suas mensagens, deixando os videntes e o povo tristes e saudosos.

No Brasil não aconteceu nada disso. Aqui, a imagem foi encontrada quebrada, em rede de pesca, e os próprios pescadores pobres que a trouxeram do rio logo a reconheceram e declararam: "É Nossa Senhora da Imaculada Conceição".

Qual foi a "mensagem" que Nossa Senhora trouxe? A única necessária: a de que ela vinha para ficar no meio do povo. E ficou. Foi o povo que lhe deu abrigo em oratório familiar, que lhe fez companhia diariamente, que não fez perguntas (nenhuma), que não suscitou questionamentos nem atraiu autoridades eclesiásticas nem médicas (não havia videntes a serem avaliados).

O sacerdote local, padre Vilela, veio atraído como todos os outros curiosos, pela narração de milagres e pelo ajuntamento de gente a orar e cantar em frente do tosco oratório numa choupana de família pobre. Aquele padre simples, acostumado com o povo e com suas devoções, não necessitou de teólogos nem de outras autoridades eclesiásticas para entender muito bem que a Mãe dos seus paroquianos viera para ficar no meio deles. Por isso, e porque também era devoto de Maria, tratou de fazer o que lhe competia: melhorar o altar, aumentar a capela, envolver a Virgem com uma liturgia adequada, principalmente com a Eucaristia. Afinal, qualquer devoto sabe, um padre muito mais ainda, que a Mãe só vem por causa do Filho e que, onde Maria está, Jesus quer estar também.

Foi assim que começou, no Brasil, a devoção a Nossa Senhora Aparecida. Não veio de cima para baixo, não surgiu como uma declaração impactante do céu: a devoção à Virgem de Aparecida surgiu de baixo, do silêncio do coração de um povo sofrido e simples, que soube ler a "escrita" do céu, mesmo quando desenhada em barro quebrado no fundo de um rio.

12
Datas significativas na história de Aparecida

4 de setembro de 1717: Posse de Dom Pedro Miguel de Almeida Portugal e Vasconcelos (futuro conde de Assumar) como novo Governador da Capitania de São Paulo e Minas Gerais.

17 de outubro de 1717: Chegada de Dom Pedro e comitiva à Vila de Santo Antônio de Guaratinguetá, em sua viagem para Minas Gerais.
A imagem de Nossa Senhora da Conceição Aparecida é encontrada por três pescadores no rio Paraíba do Sul.

1735: Construção da capela, para a imagem de Nossa Senhora, no Porto Itaguaçu.

1743: Primeiro documento histórico sobre a Imagem, escrito pelo padre José Alves Vilela.

1745: Bênção da primeira Capela de Nossa Senhora Aparecida construída no Morro dos Coqueiros.

1749: Santas Missões, pregadas pelos padres jesuítas, na Capela.

1757: Narrativa do encontro da Imagem, pelo padre João de Morais e Aguiar, e que se encontra no primeiro Livro do Tombo da paróquia de Santo Antônio de Guaratinguetá.

1868: Primeira visita da Princesa Isabel e do Conde D'Eu a Aparecida.

1884: Segunda visita da Princesa Isabel e do Conde D'Eu, com seus três filhos.
1887: Inauguração da estação da Estrada de Ferro Central do Brasil em Aparecida.
1888: Inauguração e bênção da Basílica Histórica.
1894: Chegada dos Missionários Redentoristas a Aparecida.
1900: Fundação do jornal *Santuário de Aparecida*.
1904: Solene coroação da Imagem de Nossa Senhora Aparecida.
1908: Concedido ao Santuário o título de Basílica Menor.
1930: Concedido pelo papa Pio XI o título de Padroeira do Brasil a Nossa Senhora Aparecida.
1931: Transporte triunfal da Imagem ao Rio de Janeiro, para ser aclamada Padroeira do Brasil.
1946: Lançamento da pedra fundamental do novo Santuário.
1951: Inauguração da Rádio Aparecida.
1953: Definida a data da Festa da Padroeira: 12 de outubro.
1955: Início oficial das obras da nova Basílica.
1958: Criação da Arquidiocese de Aparecida.
1959: Início das cerimônias religiosas, aos domingos, na nova Basílica.
1967: Entrega da Rosa de Ouro, presente do papa Paulo VI a Nossa Senhora pelos 250 anos do encontro da Imagem.
1971: Inauguração da Passarela, ligando a Basílica Histórica à nova Basílica.
Maio de 1978: Quebra, na Basílica Histórica, da Imagem de Nossa Senhora Aparecida, por um jovem mentalmente perturbado.

Agosto de 1978:	Retorno da Imagem a Aparecida, depois de restaurada por Maria Helena Chartuni.
4 de julho de 1980:	Visita do papa João Paulo II e consagração do novo santuário nacional.
3 de outubro de 1982:	Saída da Imagem de Nossa Senhora Aparecida da Basílica Histórica para ficar definitivamente na Basílica nova.
Julho de 1985:	Realização do XI Congresso Eucarístico Nacional, em Aparecida.
1998:	Inauguração do Centro de Apoio ao romeiro.
2000:	Início das obras internas da Basílica, pelo artista plástico Cláudio Pastro.
13 de maio de 2007:	Visita do papa Bento XVI ao Santuário de Aparecida.
24 de julho de 2013:	Visita do papa Francisco ao Santuário de Aparecida.
2019:	Início das obras de revestimento externo da Basílica.

APÊNDICE

Consagração a Nossa Senhora Aparecida

Ó Maria Santíssima, que em vossa Imagem de Aparecida espalhais inúmeros benefícios sobre todo o Brasil, eu, [nome], embora indigno de pertencer ao número dos vossos servos, mas cheio do desejo de participar dos benefícios de vossa misericórdia, prostrado aos vossos pés, consagro-vos meu entendimento, para que sempre pense no amor que mereceis; consagro-vos a minha língua, para que sempre vos louve e propague a vossa devoção; consagro-vos o meu coração, para que, depois de Deus, vos ame sobre todas as coisas.

Recebei-nos, ó Rainha incomparável, no ditoso número de vossos servos; acolhei-nos debaixo de vossa proteção; socorrei-nos em todas as nossas necessidades espirituais e temporais e, sobretudo, na hora da nossa morte. Abençoai-nos, ó Mãe celestial, e com vossa poderosa intercessão fortalecei-nos em nossa fraqueza, a fim de que, servindo-vos fielmente nesta vida, possamos louvar-vos, amar-vos e dar-vos graças no céu, por toda a eternidade. Assim seja.

CANTOS A NOSSA SENHORA APARECIDA

Viva a Mãe de Deus (V. Azevedo)

Viva a Mãe de Deus e nossa, sem pecado concebida!
Viva a Virgem Imaculada, a Senhora Aparecida.
Aqui estão vossos devotos, cheios de fé incendida,
De conforto e de esperança, ó Senhora Aparecida.

Virgem santa, Virgem bela, Mãe amável, Mãe querida,
Amparai-nos, socorrei-nos, ó Senhora Aparecida.
Protegei a santa Igreja, ó Mãe terna e compadecida,
Protegei a nossa Pátria, ó Senhora Aparecida!
Amparai a todo clero, em sua terrena lida,
Para o bem dos pecadores, ó Senhora Aparecida.
Velai por nossas famílias, pela infância desvalida,
Pelo povo brasileiro, ó Senhora Aparecida!

Dai-nos a bênção

Dai-nos a bênção, ó Mãe querida,
Nossa Senhora Aparecida
Sob esse manto do azul do céu, guardai-nos sempre no amor de Deus.
Eu me consagro ao vosso amor, ó Mãe querida do Salvador.

Graças vos damos

Graças vos damos, Senhora, Virgem por Deus escolhida,
Para Mãe do Redentor, ó Senhora Aparecida.
Louvemos sempre a Maria, Mãe de Deus, autor da vida,
Louvemos com alegria a Senhora Aparecida.
Como a rosa entre os espinhos, de graças enriquecida,
Sempre foi pura e sem mancha, a Senhora Aparecida.
Se quisermos ser felizes, nesta e na outra vida,
Sejamos sempre devotos da Senhora Aparecida.
E na hora derradeira, ao sairmos desta vida,
Rogai a Deus por nós, Virgem Mãe Aparecida.
É nossa Corredentora! É por Deus favorecida.
É por nós sempre louvada, a Senhora Aparecida.
Seja, pois, sempre bendita a Virgem esclarecida;
Mil louvores sejam dados à Senhora Aparecida.

Senhora Aparecida, guiai a nossa sorte

Senhora Aparecida, guiai a nossa sorte,
Ó doce Mãe querida, na vida e na morte. (bis)
Senhora Aparecida, Virgem Mãe imaculada,
Nos combates desta vida, sede nossa advogada!
Senhora Aparecida, terna esposa de José,
Em nossa alma arrependida, infundi amor e fé.
Senhora Aparecida, doce Mãe do Redentor,
Valei-nos, compadecida, na tristeza e na dor.
Senhora Aparecida, todo o povo vos bendiz,
Sem pecado concebida, pois Jesus por Mãe vos quis.
Senhora Aparecida, vós, que os enfermos curais,
Por todos engrandecida, bendita sempre sejais!

Virgem Mãe Aparecida (Pe. João B. Lehmann)

Virgem Mãe Aparecida, estendei o vosso olhar
Sobre o chão de nossa vida, sobre nós e nosso lar.
Virgem Mãe Aparecida, nossa vida e nossa luz,
Dai-nos sempre nesta vida paz e amor no bom Jesus.
Estendei os vossos braços que trazeis no peito em cruz,
Para nos guiar os passos para o reino de Jesus.
Peregrinos, longes terras, caminhamos através
De altos montes, de altas serras, para vos beijar os pés
Desta vida nos extremos trazei paz, trazei perdão
A nós, Mãe, que vos trazemos com amor no coração.

Eia, povo devoto, a caminho

Eia, povo devoto, a caminho, sob a vista bondosa de Deus.
Vamos todos levar nosso preito à bendita Rainha dos céus!

Salve, ó Virgem, Mãe piedosa.
Salve, estrela formosa do mar.
Santa Mãe Aparecida
Sobre nós lançai vosso olhar. (bis)
Lindas flores lancemos, contentes, sobre a fronte da Mãe de Jesus
Para que ela nos mostre o caminho que à paragem celeste conduz.
Nossas almas desfiram, ferventes, sobre a terra e as águas do mar
Lindos hinos de amor, procurando a Rainha dos céus exaltar.
Nossa vida será mais tranquila, toda cheia de flores e luz,
Se nós formos buscar doce abrigo sob o manto da Mãe de Jesus.

Ao trono acorrendo

Ao trono acorrendo da Virgem Maria, exulta o Brasil de amor e alegria.
Ave, ave, ave, Maria! Nossa Senhora Aparecida!
Dois séculos faz à terra ela vinha, dos nossos afetos ser doce Rainha.
O rio Paraíba recebe o favor de imenso tesouro: a Mãe do Senhor.
Nas curvas de um M, no rio brasileiro, Maria aparece à luz do Cruzeiro.
Maria na rede de três pescadores, vem ser prisioneira de nossos amores.
E a santa Senhora em um tosco altarzinho é logo cercada de prece e carinho.
Na reza do terço, prodígio sem par! Por si acenderam as velas do altar.

Santa Mãe Maria

Santa Mãe Maria, nesta travessia, cubra-nos teu manto cor de anil.
Guarda nossa vida, Mãe Aparecida, Santa Padroeira do Brasil.
Ave, Maria! Ave, Maria!
Com amor divino guarda os peregrinos nesta caminhada para o além.
Dá-lhes companhia, pois também um dia foste peregrina de Belém.
Mulher peregrina, força feminina, a mais importante que existiu
Com justiça queres que nossas mulheres sejam construtoras do Brasil.

Com seus passos lentos, enfrentando os ventos, quando sopram noutra direção.
Toda a Mãe Igreja pede que tu sejas companheira de Libertação.

Ó Virgem Aparecida (Pe. Isaac Lorena)

Ó Virgem Aparecida, vim trazer-te meu coração.
Ele é tudo o que tenho na vida.
Nele está meu amor e gratidão. (bis)
Nele verás, Mãe querida, muito espinho de pranto e de dor.
Põe, ó Virgem, em cada ferida, uma gota de teu grande amor.

Salve, em vossa imagem

Salve, em vossa imagem, ó grande Rainha,
Mãe do Redentor, Mãe de Deus e minha.
Salve, Maria! Nossa Senhora Aparecida! Salve!
Mãe Aparecida, tens do escravizado a cor, para nos lembrar do Libertador.
Mãe Aparecida, salva a nossa terra, e no manto azul meu Brasil encerra.

Nessa curva do rio, tão mansa (Pe. Lucio Floro)
(Hino do XI Congresso Eucarístico Nacional – Aparecida)

Nessa curva do rio, tão mansa, onde o pobre seu pão foi buscar,
O Brasil encontrou a Esperança: esta Mãe que por nós vem rezar!
O mistério supremo do amor, com Maria viemos cantar!
A nossa alma engrandece o Senhor!
Deus que salva hoje é pão neste altar!
Nosso altar tem um jeito de mesa, e aqui somos um só coração.
Que esta festa nos dê a certeza: não teremos mais mesa sem pão!
Quando o vinho faltou, foi Maria que em Caná fez a prece eficaz.
Nosso povo aqui veio e confia: quer seu pão e ter voz e ter paz.

Há soberbos num trono com tudo... e há pobres sem nada no chão...
Deus é Pai, ela é Mãe! Não me iludo: não és rico, nem pobre, és irmão!

No altar de Aparecida (Pe. Zezinho)

Em procissão, em romaria,
Romeiro ruma para a casa de Maria.
Em procissão, feliz da vida,
Romeiro vai buscar a paz de Aparecida
E cada qual tem uma história pra contar,
E o coração de cada qual tem um motivo pra rezar.
Vem pra pedir, agradecer ou celebrar.
Ai, quem tem fé no infinito sabe aonde quer chegar.
Eu vim de carro, eu vim de trem, eu vim a pé.
Eu vim de perto, eu vim de longe, eu vim sereno, eu vim com fé,
Que nem se eu fosse até o lar de Nazaré,
Pra conversar com Jesus Cristo, e com Maria e com José.
Vim ver a imagem que no rio foi achada
E sei também, sei muito bem que ela não é Nossa Senhora.
Não vim falar com a imagem, não senhor,
Eu vim falar foi com Maria, que é a Mãe do Salvador!
Tenho certeza que não faço idolatria,
Aquela imagem pequenina nunca foi nem é Maria!
É só sinal pr'eu me lembrar da mãe de Deus,
Que me conduz a Jesus Cristo, que me ensina a ser mais eu!
Eu vim juntar a minha pobre oração
À oração da minha igreja e de milhares, meus irmãos.
Aparecida é um convite pra rezar, por isso eu venho todo ano
E para o ano eu vou voltar.
Eu tô chegando, eu tô feliz, feliz da vida,
Eu vou rezar com minha gente lá no altar de Aparecida.
E romaria a gente faz porque acredita que a viagem vale a pena
E faz a vida mais bendita!

Bibliografia

ANGELOZZI, Gilberto Aparecido. *Aparecida, a Senhora dos esquecidos*. Petrópolis: Vozes, 1997.

BARBOSA, M. A. *Evangelizando pelas romarias*. São Paulo: Paulinas, 1985.

BRUSTOLONI, Júlio L. *A mensagem da Senhora Aparecida*. Aparecida: Santuário, 1994.

CORDEIRO, José; ALTEMEYER JR., Fernando. *Aparecida, caminhos da fé*. São Paulo: Loyola, 1998.

JOÃO PAULO II. *Todos os pronunciamentos do papa no Brasil*. São Paulo: Loyola, 1980.

KRIEGER, Dom Murilo S. R. *Com Maria, a Mãe de Jesus*. Aparecida: Santuário, 2017.

RAMOS, Luciano. *A Padroeira, origem do culto à Senhora Aparecida*. São Paulo: Paulinas, 1992.

RIBEIRO, Zilda Augusta. *História de Nossa Senhora da Conceição Aparecida e de seus escolhidos*. Aparecida: Santuário, 1998.

CAPÍTULO IV

Nossa Senhora das Graças, a Medalha Milagrosa

"Maria,
Totus tuus.
Venho como peregrino,
depois de todos os que já vieram a esta Capela [...].
Venho como todo o povo cristão
que em grande número está aqui todos os dias
para vos expressar sua alegria, sua confiança e sua súplica. [...]
Cristo pede hoje a sua Igreja uma grande obra de renovação espiritual.
E eu, humilde sucessor de Pedro, venho confiar-vos isso."
(São João Paulo II – Capela de Nossa Senhora das Graças,
Rue du Bac, 31 mai. 1980)

APRESENTAÇÃO

Carinho materno

Este estudo sobre Nossa Senhora das Graças – *A Medalha Milagrosa* – possibilita-nos perguntar: podem ocorrer aparições? Diante delas, qual deve ser a atitude dos católicos? O que a Igreja diz a esse respeito?

Embora a revelação de Deus no Antigo Testamento tenha se dado especialmente por meio de palavras, mesmo assim encontramos ali descrições de teofanias (isto é, manifestações extraordinárias de Deus), de fatos extraordinários e de aparições de anjos. No Novo Testamento, deparamo-nos com visões (por exemplo: de Estêvão, Ananias, Cornélio, Pedro etc.), com aparições de anjos e, especialmente, de Cristo Ressuscitado.

A fé bíblica é essencialmente escuta ("Ouve, Israel", Dt 6,4) e acolhida da palavra de Deus e de seu projeto de amor. Desde que "o Verbo se fez carne e habitou entre nós" (Jo 14,9), passamos a ter em nosso meio o próprio Deus. Em Jesus, Deus nos mostrou sua face. Por isso, Filipe ouviu a observação: "Quem me vê, vê o Pai" (Jo 14,9). Nossa fé não tem, portanto, necessidade de aparições – ao contrário: "Felizes os que não viram e creram" (Jo 20,29).

Mas, por graça e poder de Deus ("A Deus nada é impossível", Lc 1,37), continuamos a ter aparições, que não acrescentam nenhum dado novo à Revelação pública, oficial, que terminou com a morte dos apóstolos. Uma aparição particular apenas recorda ou atualiza, explica ou manifesta com nova intensidade o que já foi revelado; porém, permanece sempre a liberdade de se acreditar nelas ou não.

Mesmo em aparições aceitas pela Igreja – e aceitas após um longo caminho de discernimento – dois cuidados devem ser tomados: 1) não se deve dar a uma revelação particular um valor maior do que tem: ela deve ser examinada levando-se em conta o quadro mais amplo oferecido pela revelação pública; 2) não se deve isolar alguns elementos da aparição (por exemplo: ameaça de catástrofes), mas enquadrá-los no conjunto da mensagem.

No discernimento de aparições, a Igreja levanta uma série de perguntas: os videntes são pessoas psiquicamente equilibradas? O conteúdo das mensagens corresponde ao que encontramos na Revelação pública? Os frutos são bons? Há milagres? No campo da fé, o essencial é a conversão, o apoio na oração, o amor à cruz e ao próximo, a confiança em Deus etc.

Passados quase duzentos anos das aparições de Nossa Senhora a Catarina Labouré, em Paris, cresce o grupo daqueles que estão convencidos de que a mensagem da Rue du Bac tem a marca do carinho materno de Maria. Por isso, multidões continuam a lhe pedir, confiantes: *Ó Maria concebida sem pecado, rogai por nós que recorremos a vós!*

Dom Murilo S. R. Krieger, SCJ

INTRODUÇÃO

Maria e seus braços abertos

Nossa Senhora das Graças, conhecida também como Nossa Senhora da Medalha Milagrosa, é bastante conhecida pelos brasileiros. Há vários Santuários, inúmeras paróquias, colégios e até empresas com o seu nome. E há um sem número de Marias das Graças, de todas as raças, de todas as idades, de todas as classes sociais, que às vezes são carinhosa e simplesmente apelidadas "Graça". É uma devoção que correu velozmente pelo mundo, devido aos prodígios da Medalha Milagrosa. Aliás, a Medalha e a novena que a acompanha são muito divulgadas e populares. A imagem de Nossa Senhora das Graças, com os braços abertos derramando bênçãos, é conhecida e presente em todos os lugares.

Sei que a verdadeira devoção mariana deve brotar simplesmente do amor, e não das graças pedidas e recebidas. Pode parecer que, ao fazer novenas e pedidos a Nossa Senhora, o devoto seja interesseiro, isto é, só busca a Mãe de Jesus quando está em dificuldades. Até pode haver quem seja "devoto de ocasião". Mas, mesmo aí, é um filho em busca da Mãe. E quem busca a Mãe, acaba também encontrando o Filho. Por isso, todo devoto mariano, seja qual for a intensidade da sua fé, não deixa de ser um bem-aventurado, pois está pelo menos no caminho certo e na melhor companhia...

Jesus é nosso Salvador, é nosso melhor amigo: ele veio para nos salvar e, conhecendo nossas dificuldades, usa de todos os meios possíveis para nos ajudar. Um poderoso auxílio utilizado por ele é Maria, sua querida Mãe, que também nos ama e quer nossa salvação. Embora não sejamos dignos, Mãe e Filho se unem para nos presentear com bênçãos e graças! Não percamos tanto carinho, não desperdicemos tantas oportunidades!

Para entender melhor o que vou narrar sobre Nossa Senhora das Graças, reproduzo um trecho de um sermão de São Bernardo de Claraval, falecido em 1153, que era grande devoto e estudioso de Nossa Senhora:

Ó tu, que na instabilidade deste mundo [...] és sacudido pelas tormentas e tempestades, [...] não desvies o olhar do fulgor dessa estrela [Maria], se não quiseres ser arrastado pelos furacões! [...] Nos perigos, nas angústias e nas incertezas, pensa em Maria, invoca Maria. Ela esteja sempre na tua boca e no teu coração; e, para obter a ajuda de sua oração, não esqueças de seguir seu exemplo. Seguindo-a, não te desvias; invocando-a, não desesperas; pensando nela, não erras. Com seu apoio não cais, sob sua proteção não temes, se ela te guia não te cansas, se te é propícia chegas ao fim.

São Bernardo era culto, ilustrado e estudioso dos assuntos relativos a Maria. Mas não é preciso ter grandes qualidades intelectuais para se amar e servir Nossa Senhora. É notório que as manifestações marianas e as mensagens de Nossa Senhora ao mundo nos chegam quase sempre por intermédio de pessoas simples, humildes, sinceras e desapegadas. No que vou narrar, também aconteceu assim.

Mafalda Böing

1
A vidente: suas origens

Na França, quem diz "Borgonha" diz "vinhedos". A Côte-d'Or, na região da Borgonha, é um conjunto de colinas pedregosas, de onde se tira um dos melhores vinhos do mundo. Há séculos essa região se caracteriza por colinas cobertas de vinhedos. Em tempos mais antigos, as vinhas estavam nas mãos dos frades de diversas abadias, mas depois as terras foram divididas e inúmeras propriedades de vinhateiros prósperos, de fazendas e granjas, passaram a cobrir as colinas e têm nomes que lembram aldeias, cidades e até belas catedrais. A Borgonha é tradicionalmente uma terra de oração e, matizada por célebres abadias, deu origem a santos e missionários.

Lá, numa pequena aldeia chamada Fain-lès-Moutiers, nasceu Catarina Labouré. A granja de seu pai era flanqueada por um grande pombal e um alto muro com uma entrada em abóbada, que dava acesso ao pátio da propriedade. A casa principal, com sua pitoresca cozinha de duas chaminés e queijaria, tinha vários cômodos rústicos, num dos quais nasceu Catarina, em 2 de maio de 1806, quando fazia muito frio e os campos estavam cobertos de neve.

2
Catarina em família

Pedro Labouré era um próspero camponês, tendo em sua granja uma dezena de trabalhadores. Em suas terras ele tinha bosques, vinhedos e uma moradia sólida e confortável para a época. Muito estimado na região, em 1793 casou-se com uma jovem professora dos arredores, Madeleine Louise Gontard. Os filhos foram chegando "em escadinha" e, quando Catarina nasceu, já havia oito crianças: uma filha, Maria Luiza, e sete rapazes. Depois de Catarina, nasceram ainda Tonina e Augusto.

Naquele lar sempre reinou o amor e o auxílio mútuo e nele Deus tinha o primeiro lugar. A cada noite, todos rezavam reunidos, e as crianças aprendiam suas orações bem antes de saberem ler. Catarina estudou muito pouco: a escola era longe, não era obrigatória e havia muito serviço na casa precisando de sua ajuda. Ela era uma menina comum e alegre, que gostava de se entreter com as revoadas de pombos que vinham rodeá-la, voavam ao redor de sua cabeça e pousavam em seus ombros; isso a divertia muito.

Sua mãe, Madeleine Louise, esgotada pelos trabalhos rudes e pelas seguidas maternidades, teve a saúde deteriorada e morreu jovem, com apenas 42 anos, deixando órfãos onze filhos!

Perdendo a mãe, Catarina, que só tinha nove anos, refugiou-se no amor a Nossa Senhora, pois Madeleine Louise lhe havia inculcado, junto com o catecismo básico, uma profunda devoção mariana. Quando terminava as tarefas da casa, ela costumava ir à igreja da aldeia, onde se ajoelhava na laje fria, diante da imagem de Nossa Senhora com o Menino Jesus que, nessa região de excelentes vinhos, tinha nas mãos um cacho de uvas.

Quando Catarina fez doze anos, sua irmã Maria Luiza falou ao pai que desejava ser religiosa na Congregação de São Vicente de Paulo. Pedro Labouré hesitou, não querendo consentir. Mas Catarina, que aos doze anos era crescida, robusta e forte, e conhecia todos os trabalhos da casa, resolveu a situação: "Tonina e eu podemos muito bem dar conta de tudo!".

Realmente, assim aconteceu: Maria Luiza seguiu livremente sua vocação e Catarina ficou à frente dos trabalhos da casa. Ela e Tonina faziam toda a limpeza, preparavam a comida, faziam faxina, lavavam e engomavam a roupa, ocupavam-se dos galinheiros, dos estábulos e do jardim. No verão, Catarina levava o almoço ao pai, que trabalhava nos campos com seus empregados. Mas a claridade de cada amanhecer via a adolescente caminhar pela planície até a igreja da aldeia, para participar da Missa.

3
Um chamado maior

Em 1818, Catarina fez sua Primeira Comunhão. Sobre este encontro com Jesus sabemos apenas o que disse Tonina mais tarde: "Ela não estava mais na terra...". Depois da Missa, Catarina confidenciou à irmã: "Mais tarde, eu também quero ser religiosa!".

Além do seu trabalho, ela buscava duras penitências e jejuava dois dias na semana. Tonina, preocupada com a saúde da irmã, falou ao pai, que se limitou a dar alguns conselhos à Catarina. Esta, sentindo-se liberada, quando tinha folga no trabalho, se refugiava na pequena igreja de Faino.

Na aldeia, todos a estimavam. Sendo ela o que se considerava "um bom partido", não faltaram vários pretendentes, mas a todos ela disse "não". O coração de Catarina e toda a sua vida já pertenciam a Jesus.

Quando tinha dezoito anos, Catarina teve um sonho estranho: nele, ela rezava na igreja, enquanto no altar um padre idoso celebrava a Missa. Ao final, ele a chamou, mas ela, assustada, afastou-se. O sonho continuou a se desenrolar: agora, ela estava à cabeceira de um doente. E o velho padre lá estava também.

"Minha filha, disse-lhe ele, é preciso cuidar dos doentes. Não o fazes agora, mas um dia ficarás feliz em vir até mim. Deus tem seus desígnios para ti, não esqueças". O apelo não ficou sem ressonância. A vida de doação estava traçada: dom total aos sofredores.

Em 1828, quando Catarina estava com 22 anos, considerando que Tonina, com vinte, poderia substituí-la na granja, resolveu falar com o pai sobre sua vocação. Desejava entrar para as Filhas da Caridade, que trabalhavam no Hospital de Moutiers-Saint-Jean. Pedro respondeu taxativamente: "Não vais!". O pai já dera a filha Maria Luiza a serviço de Deus – não daria também Catarina.

Para demover a filha da sua vocação, o pai decidiu enviá-la a Paris, para morar e trabalhar com o irmão Carlos, dono de um restaurante popular. Não era o que ela desejava, mas, obediente, Catarina partiu para a capital e jamais reveria o campanário nem as colinas de Fain-lès-Moutiers.

4
Caminho tortuoso

No restaurante do irmão, Catarina servia as mesas. A linguagem grosseira e os galanteios maliciosos dos rudes fregueses faziam-na sofrer muito. O tormento durou um ano, quando então Carlos, notando a tristeza da irmã, conversou com os outros irmãos, que também moravam e trabalhavam em Paris, e, em conjunto, eles decidiram mudar a situação: Catarina foi morar na casa do irmão mais velho, Humberto, que era oficial da guarda do rei. A esposa dele dirigia um pensionato para moças vindas da burguesia da Borgonha e Catarina foi para lá. Sua cunhada era uma ótima pessoa e tornou-se muito amiga de Catarina; conseguiu-lhe uma professora particular para lhe ensinar a ler e escrever e arranjou-lhe um quarto particular, porque as outras internas debochavam dela.

Catarina aprendeu rapidamente a ler e, quanto a escrever, tinha algumas dificuldades. Mesmo assim, resolveu ocupar o tempo livre com visitas a doentes e idosos e descobriu na vizinhança um asilo mantido pelas Irmãs da Caridade.

Como ainda sentia vivo no coração o desejo de se tornar religiosa, foi se apresentar à Superiora das Filhas da Caridade. Entrando na casa pela primeira vez, teve um choque: na parede estava o retrato do mesmo padre idoso que, em sonhos, vira na igreja da aldeia natal e a convocara a cuidar de doentes.

Surpresa, perguntou à freira quem era aquele senhor, e descobriu ser São Vicente de Paulo, fundador da Congregação. Compreendeu, então, que Deus a destinava para aquela família religiosa.

Sua irmã Maria Luiza, que ingressara num convento distante, ficou sabendo de tudo e lhe enviou uma carta de apoio e incentivo. A cunhada, por sua vez, tratou de conseguir junto ao sogro o consentimento tão desejado por Catarina, o de ser vicentina.

O consentimento esperado chegou e, com ele, a jovem entrou como postulante na mesma casa onde vira o retrato de São Vicente de Paulo, em Châtillon-sur-Seine, na Casa das Filhas da Caridade. Uma prima afeiçoada a ela, Jeanne Gontard, fez questão de lhe oferecer o enxoval e o dote que, como era costume, Catarina deveria levar.

Nessa casa, Catarina fez um estágio de três meses e, finalmente, em 21 de abril de 1830, foi mandada para a Casa-Mãe em Paris, situada na Rue du Bac, 140, onde iniciou seu tempo de noviciado.

Vestindo ainda sua roupa tradicional borgonhesa, com ampla saia e avental de algodão, com o xale de franjas e a pequena touca branca escondendo os cabelos, deu seu passo definitivo e se apresentou no Convento com o coração repleto de emoção e amor: "Senhor, eis-me aqui!".

5
Uma simples noviça

Catarina, já vestida com o traje de noviça, começou com fervor a nova etapa de sua vida como Filha da Caridade.

Quatro dias depois de sua entrada no Convento, aconteceu a transferência da urna contendo as relíquias de São Vicente de Paulo, da Catedral de Notre Dame de Paris, onde estivera exposto desde 10 de abril, para a capela dos Lazaristas, na Rue de Sèvres, perto da Rue du Bac.

No domingo, 25 de abril, uma Missa solene foi celebrada na Catedral, diante das relíquias do grande Apóstolo da Caridade. Depois, a urna mortuária foi levada por trinta padres da Missão e seguida por uma devota multidão: padres, autoridades civis e religiosas, pobres e o povo de Paris. Foi uma verdadeira procissão triunfal em honra de São Vicente. Centenas de Filhas da Caridade acompanhavam o cortejo e, entre elas, estava Catarina, com o coração repleto de emoção e alegria. "Feliz, parecia que eu não cabia mais na terra!", escreveria ela mais tarde.

As comemorações se prolongaram por nove dias, na capela dos padres da Missão onde o relicário estava exposto. As Irmãs iam rezar diariamente diante das santas relíquias. Mais tarde, Catarina relatou:

> Eu tinha tanta pena de deixar a capela. [...] Eu encontrava São Vicente, ou ao menos seu coração, e ele me aparecia cada vez que eu vinha. E tinha o consolo de vê-lo sob a pequena urna, na capela das Irmãs. [...] Ele me apareceu três vezes, em três dias seguidos: de branco, que anunciava a paz, a calma, a inocência e a união; depois, de vermelho-fogo, que deve iluminar a caridade nos corações; e depois, de vermelho-escuro, o que traz tristeza ao coração, e o que entendi é que essa tristeza podia se relacionar com a mudança de governo.

Irmã Catarina relatou esses fatos extraordinários ao seu confessor, padre Aladel, jovem lazarista. Ele a escutou com ceticismo, deu-lhe uma penitência e aconselhou-a a continuar humildemente seu noviciado e não voltar ao assunto.

Três meses mais tarde, o rei Carlos X foi deposto e a França, liberta dos horrores da Revolução.

Apagada, ela parecia igual a todas as outras Irmãs; entretanto, escreveria mais tarde, por ordem do seu próprio confessor: "Fui favorecida pela grande graça de ver Nosso Senhor no Santo Sacramento. Eu o vi em todo o tempo do meu noviciado, só não o vi nos dias em que duvidei".

São Vicente havia dito: "A humildade das boas filhas do interior deixam-nas sem ambição. Elas se contentam com o que Deus lhes dá, não desejam nem riqueza, nem mais do que elas têm. [...] Uma das principais virtudes que as Irmãs da Caridade devem imitar das boas jovens camponesas é a santa obediência".

Irmã Catarina, uma das oitenta noviças das Filhas da Caridade, era silenciosa e cumpria bem suas obrigações. Parecia apenas uma camponesa rústica e até ignorante. Ficou anotado a seu respeito, no registro da Comunidade, que ela era "robusta, de estatura média. Sabe ler e escrever o suficiente para seu uso. O caráter parece bom. Espírito e inteligência pouco brilhantes. É piedosa e esforça-se na virtude".

De fato, sua piedade e interioridade cresciam. E seu recolhimento e concentração nas orações da Capela eram notados por todas as Irmãs.

6
Primeira aparição

Noite de 18 para 19 de julho de 1830.
Na véspera da festa de São Vicente, 19 de julho (depois mudada para 27 de setembro, data da morte do santo), a mestra das noviças, na "Instrução da Tarde", falou especialmente sobre a devoção aos santos e à Santa Virgem. Mais tarde, Catarina fez o seguinte relato ao confessor, padre Aladel:

Há longo tempo eu desejava ver a Santa Virgem. Naquela noite adormeci pensando que São Vicente me obteria tal graça.
Pelas onze horas e meia escutei chamarem meu nome. Olhei para a direção de onde vinha a voz e afastei a cortina que isolava minha cama: vi uma criança de uns quatro a cinco anos, vestida de branco, que me disse: "Vem à capela, a Santa Virgem te espera". Hesitei, com medo que me vissem. Mas a criança disse: "Fica tranquila, são onze e meia, todos dormem, vem, que eu te espero".
Arrumei-me rapidamente e segui a criança. As lâmpadas estavam todas acesas. Quando cheguei à capela, a criança mal tocou a ponta dos dedos na porta e ela se abriu. Os castiçais acesos brilhavam como na missa da meia noite. Entretanto, eu não via a Santa Virgem. Então me ajoelhei. Depois de um minuto, a criança disse: "Eis aqui a Santa Virgem, eis aqui!".
Ouvi como um ruído, como um roçar de um vestido de seda. Uma dama belíssima sentou-se na cadeira do padre diretor. A criança me repetiu com voz forte: "Eis a Santa Virgem".
Então me atirei para perto dela, a seus pés sobre os degraus do altar, e coloquei minhas mãos sobre seus joelhos. Fiquei ali não sei quanto tempo, o mais doce tempo da minha vida. É-me impossível explicar. A Santa Virgem me ensinou como eu devia me conduzir nos meus

sofrimentos. Ela me mostrou com a mão esquerda o altar e me disse para vir me abrigar ali e ali derramar meu coração para receber todas as consolações que necessitasse. Depois ela ainda me disse: "Minha filha, quero te encarregar de uma missão: Vais ter muitos sofrimentos, mas se os superares e pensares que é para a glória de Deus, mesmo contestada e incompreendida, terás a graça. Nada receies, conta tudo o que se passa contigo com simplicidade e confiança, relata-o ao teu Diretor Espiritual. Verás certas coisas, e serás inspirada em tuas orações". A Santa Virgem ainda disse: "Minha filha, os tempos são maus. Desgraças vão se precipitar sobre a França; o trono será derrubado, o mundo inteiro será atingido por desgraças de todo tipo. Virá um momento de grande perigo em que tudo parecerá perdido. Mas estarei contigo. Haverá vítimas em outras comunidades religiosas (a Santa Virgem tinha lágrimas nos olhos). Também haverá vítimas entre o clero, e o Arcebispo morrerá. A cruz será pisoteada, atirada por terra, abrir-se-á novamente o lado de Nosso Senhor, as ruas se cobrirão de sangue. O mundo inteiro se entristecerá".

"Quando acontecerá isto?", perguntei. "Em quarenta anos", respondeu-me uma voz interior.

Catarina foi, pois, enriquecida com o dom da profecia.

Todas essas predições se realizaram, infelizmente. Uma semana depois da aparição estalou a Revolução Liberal. Os revolucionários ocuparam as ruas de Paris e se sucederam saques, violências, assassinatos. Carlos X foi destronado e substituído por um "rei-cidadão", Luís Filipe I. E em 1871, quarenta anos depois, aconteceu o fuzilamento do arcebispo Dom Darboy e de muitos outros sacerdotes, na guerra franco-prussiana.

Nossa Senhora pediu uma Pia União das Filhas de Maria para a salvação e santificação das jovens. Disse ainda: "Venham aos pés deste altar. Aqui, graças serão espalhadas sobre todas as pessoas que as pedirem com confiança e fervor. Elas serão derramadas sobre grandes e pequenos".

Catarina disse depois: "Não senti o tempo passar. Depois, a Virgem desapareceu como uma luz que se apaga". Acompanhada pelo anjo, a noviça voltou para o dormitório, sem que tivessem notado sua ausência.

Ao se deitar, ouviu o relógio bater 2 horas. Mas não pôde mais dormir. Quando, mais tarde, contou o ocorrido ao padre Aladel, ele repreendeu-a por suas "fantasias" e proibiu-a de pensar mais na "absurda visão".

Catarina continuou simples e humilde e, além do seu confessor, a ninguém mais falou da graça imensa que recebera.

7

Segunda aparição

27 de novembro de 1830.

A Virgem dissera a Catarina que havia, para ela, uma missão a cumprir. Foi em 27 de novembro que a missão lhe foi revelada. Eis como Catarina relatou o que aconteceu:

> Era o sábado antes do primeiro domingo do Advento. No silêncio das cinco e meia da tarde, na capela, justo na Meditação, pareceu-me ouvir um ruído do lado do púlpito. Olhando para lá, percebi a Santa Virgem. Ela estava de pé, vestida com roupa de seda branco-aurora. Tinha altura mediana e sua figura era tão bela que me seria impossível descrever sua beleza. Seus pés repousavam sobre um globo. Suas mãos elevadas à altura do peito seguravam com leveza um outro globo (que senti ser a imagem do universo) e com os olhos voltados para o céu parecia toda iluminada.
>
> Enquanto ela oferecia o globo ao Senhor, vi seus dedos repletos de anéis de belíssimas pedras preciosas. Os raios que jorravam delas se refletiam em todos os lados, espalhando tal claridade que não se via mais nem seus pés, nem seu vestido. As pedras eram mais ou menos grandes, e os raios de luz eram proporcionalmente mais ou menos radiosos. Eu não conseguiria contar o que experimentava, nem contar tudo o que percebi em tão pouco tempo.
>
> Neste momento em que eu estava a contemplá-la, a Santa Virgem abaixou seus olhos para mim e uma voz me disse no fundo do meu coração: "Este globo que vês representa o mundo inteiro e particularmente a França, e cada pessoa em particular". A Santa Virgem acrescentou: "Estes raios de luz são o símbolo das graças que derramo sobre as pessoas que me pedem" (deixando-me entender então como ela é

generosa com as pessoas que rezam para ela, quanto de graças concede àqueles que as pedem, e que alegria experimenta ao concedê-las). Algumas das pedras preciosas não tinham nenhum brilho. Então a Santa Virgem disse: "As pedras que não brilham representam as graças que tenho para dar, mas as pessoas esquecem de me pedir".

Formou-se então em torno da Santa Virgem uma moldura em forma oval sobre a qual se lia em letras de ouro estas palavras: "Ó Maria concebida sem pecado, rogai por nós que recorremos a vós". Depois uma voz se fez entender: "Faz cunhar uma medalha com este modelo. As pessoas que a usarem receberão grandes graças: as graças serão abundantes para as pessoas que tiverem confiança".

Um instante depois a moldura pareceu girar sobre si mesma e vi o reverso da medalha: a letra M, entrelaçada a uma cruz. Depois dois corações, um rodeado por uma coroa de espinhos e o outro traspassado por um punhal. Ao redor de tudo, doze estrelas. Pareceu-me ouvir uma voz que me dizia: "O M e os dois corações dizem tanto! Maria e Jesus, dois sofrimentos unidos pela nossa redenção".

Então, tudo desapareceu como qualquer coisa que se desmanchasse. Fiquei repleta de nem sei o que, de sentimentos bons, de alegria e de consolação.

8
Uma santa vida oculta

A Santa Virgem mandou e Catarina obedeceu: foi falar com o confessor, padre Aladel. Ele, cético em relação a mais esse relato, tentou convencer a noviça de que tudo não passava de muita imaginação. Porém Catarina voltou a ver e a ouvir as mesmas coisas e o mesmo pedido, e insistiu com o padre Aladel: "A Santa Virgem não está contente!".

O confessor proibiu-a de falar novamente nas "visões" e ordenou-lhe que se limitasse a ser apenas uma boa noviça. Com humildade, Catarina obedeceu, sabendo que tinha feito a parte dela; a Virgem se encarregaria do resto.

Alguns dias mais tarde, novamente Nossa Senhora insistiu para que se mandasse cunhar a Medalha. Catarina voltou ao padre Aladel, mas ele, segundo posterior depoimento, despediu-a, chamando-a de "teimosa e louca visionária". Ela, calada e humilde, entregou tudo nas mãos da Santa Virgem e ficou a rezar e a esperar, confiante em que Nossa Senhora daria um jeito. A Virgem ainda voltaria algumas vezes, confirmando sua missão a Catarina.

Em dezembro de 1831, ela lhe apareceu pela última vez: "De hoje em diante, minha filha, não me verás mais, porém ouvirás minha voz na oração".

Terminado o tempo do noviciado, Catarina passou a ser conhecida como Irmã Labouré e recebeu o hábito das Irmãs de São Vicente – ou Filhas da Caridade – com a branca touca de grandes abas parecendo asas. Foi então enviada ao asilo de velhos de Reuilly, em Enghien, onde passou a trabalhar com grande solicitude.

Nesse asilo, Irmã Labouré passou o resto de sua vida. O seu forte não era a ortografia e, mesmo tendo mais para a meditação que para a ação, ela trabalhou a vida toda em atividades grosseiras e humildes. Mais:

aceitou humildemente os insultos e reclamações dos seus "velhos", de quem ela cuidou com devoção e serenidade durante mais de quarenta anos, "limpando os urinóis noturnos dos doentes e cuidando de tudo o que eles precisassem".

Ela assumiu também a tarefa cansativa e humilhante do galinheiro, além da ordenha das vacas que davam o leite necessário para a casa. Ela era a Irmã ideal, segundo São Vicente de Paulo, que desejava que suas "filhas" se parecessem com os bons camponeses do seu tempo.

9

Missão a cumprir

Certo dia, indo à Casa-Mãe, Irmã Labouré passou pela capela da Rue du Bac, de tão queridas recordações. Estava ali a rezar quando ouviu interiormente a voz da Santa Virgem, queixando-se do descaso e demora em cunharem a medalha que ela pedira. Com determinação e coragem, Irmã Labouré voltou então a procurar o padre Aladel e tornou a transmitir o recado de Nossa Senhora.

O capelão, que observava há mais de um ano a religiosa e a via sempre humilde, obediente, silenciosa e discreta, tinha já sofrido uma transformação interior. Ele se perguntava como é que uma freira ignorante e rústica poderia ter inventado com tanta precisão a notável harmonia e todos os detalhes da Medalha e como teria sido capaz de compor tão perfeita e expressiva jaculatória.

Movido pelo sentimento de dúvida, e pensando que talvez fosse mesmo Nossa Senhora a dama que falava com Irmã Labouré, decidiu contar tudo ao arcebispo de Paris, Dom Quelén.

O arcebispo interessou-se muito pelo assunto, até porque os tempos estavam muito difíceis e havia necessidade de reavivar a fé do povo. Não levou muito a sério o aspecto das aparições, mas gostou da ideia da Medalha e mandou cunhá-la tal como foi indicada, já que isso não contrariava os ensinamentos da Igreja e era uma oportunidade de incentivar o culto à Mãe de Deus.

Em maio de 1832, finalmente, foi gravada a medalha e o padre Aladel, tendo em mãos as duas primeiras, entregou uma ao Arcebispo de Paris e a outra à Irmã Labouré, que a recebeu com fervor e recomendou: "Agora é preciso propagá-la!".

Mas não foi preciso fazer propaganda: a medalha propagou-se por si mesma! Surpreendentemente, em quatro anos foram distribuídas 10 milhões de medalhas! Foram cunhadas na França, na Bélgica, na Suíça, na Itália e na Inglaterra.

A Medalha chamara-se originalmente "da Imaculada Conceição", porém o povo logo a batizou de "Medalha Milagrosa", pois os prodígios se multiplicavam. Eram graças obtidas de Nossa Senhora, conforme ela prometera a Catarina. A Medalha tornou-se conhecida em todo o mundo católico e, de toda parte, chegavam notícias das bênçãos trazidas pela Medalha, como curas extraordinárias e conversões admiráveis.

Os fatos não mentem, são realidade, e o padre Aladel passou a ter certeza da origem sobrenatural da Medalha e reconheceu, então, ser verdade tudo o que dissera Irmã Labouré. Procurou-a, pois, para que ela comparecesse diante das autoridades eclesiásticas, principalmente porque o Arcebispo queria conhecê-la. Mas a Irmã foi firme e tranquila: "A Virgem quer que eu fique inteiramente desconhecida". Dom Quelén não desistiu e propôs falar com a vidente, sem perguntar seu nome e sem vê-la, ficando atrás de uma cortina. Mas a resposta foi firme: "Não posso, Nossa Senhora pede o meu silêncio".

Inútil insistir. O Capelão ordenou, então, à Irmã Labouré que fizesse por escrito o relato das aparições e das palavras da Virgem Santíssima. Ela o fez, e as páginas escritas por ela foram guardadas em sigilo.

Enquanto a Medalha se difundia cada vez mais, crescia a curiosidade: "Quem seria a privilegiada de Nossa Senhora?". Mas Irmã Labouré continuou no seu silêncio inalterável. Nenhuma de suas companheiras religiosas desconfiou que fosse ela a mensageira da Santa Virgem, pois Catarina jamais traiu seu segredo.

Como o padre Aladel tivesse falecido em 1865, Irmã Labouré afligiu-se porque ainda não tinham se realizado dois dos pedidos de Nossa Senhora. Então, em 1876, já idosa, sentindo próximo o seu fim, ela resolveu falar com sua Superiora, Irmã Dufès, que convivia com ela há dezesseis anos, sem suspeitar que Catarina fosse a vidente. No parlatório do convento, ela recordou as maravilhas das aparições: "Ouvi como um roçar de vestido de seda, e vi a bela senhora em sua maior beleza".

Irmã Dufès, comovida, ajoelhou-se diante da humilde religiosa e lhe confiou seus próprios pedidos "para o céu". Mas Catarina respondeu: "Eu tenho sido sempre tão tola, que nem sei como eu poderia me comunicar com o paraíso".

Catarina então lhe revelou o que acontecera e transmitiu os dois pedidos da Virgem: um altar na capela da Rue du Bac, no qual Nossa Senhora seria representada como na Medalha Milagrosa, com as mãos estendidas irradiando graças sobre o mundo, e uma imagem na qual a Virgem segura um pequeno globo de ouro à altura do peito, os olhos erguidos para o céu, em atitude de súplica. Os dois pedidos correspondiam exatamente às aparições que Irmã Catarina Labouré contemplou em 1830. Mas somente sob o pontificado de Leão XIII (1878 a 1903) foi concedida autorização de Roma para a execução desses pedidos.

Passou-se o tempo e, devido à sua idade, Irmã Labouré deixou os trabalhos pesados, ficando encarregada da Portaria, onde, sempre calma e bem-humorada, acolhia os visitantes.

Catarina ficou também calma e tranquila durante a trágica época da Comuna, quando facilitou a fuga de soldados feridos e defendeu sua Superiora, que fora atacada por revolucionários aos quais, com audácia, deu medalhas. Eles ficaram assombrados com sua atitude e sua doce e firme autoridade. Foi um maravilhoso acontecimento, escrito nos anais da Casa com simplicidade e nobreza.

Quando a paz foi restabelecida, Catarina retomou os trabalhos manuais, a recitação do Rosário e, principalmente, voltou a ser a porteira amável e silenciosa de sempre, com os lábios fechados sobre seu segredo e o coração voltado para o essencial.

Irmã Labouré falava pouco, vivendo num constante estado de recolhimento. Ela escreveu: "Quando vou à capela, coloco-me diante do bom Deus e lhe digo: Senhor, eis-me aqui, dai-me o que quereis". "Se ele me dá qualquer coisa, fico contente e agradeço. Se não me dá nada, agradeço também, porque nada mereço. Depois, digo-lhe tudo o que me vem à cabeça e lhe conto minhas penas, minhas alegrias e, sobretudo, eu *escuto!*".

Ela não teve a alegria de ver cumpridos os dois desejos da Virgem, mas morreu tranquila: tudo tinha sido encaminhado às autoridades da Igreja; ela fora fiel à sua missão.

10
Partida para o céu

Era o ano de 1876. Irmã Catarina sentia que estava cada vez mais fraca. Foi-lhe perguntado se não tinha medo de morrer. Ela respondeu: "Por que teria medo? Não vou encontrar Nosso Senhor, a Santa Virgem e São Vicente?".

Em 31 de dezembro de 1876, depois de ter recebido os últimos sacramentos, Irmã Catarina pareceu adormecer... e não mais acordou. Disse depois Irmã Dufès: "Mal pudemos perceber que ela havia cessado de viver. Jamais vi morte tão calma e tão doce".

Em 3 de janeiro de 1877, acompanhado por 250 Filhas da Caridade e jovens operárias do bairro, seu corpo foi enterrado na capela do próprio asilo, segundo a profecia da própria vidente: "Eu ficarei em Reuilly, vocês vão ver!".

O cardeal Verdier, cinquenta e seis anos depois, ordenou a exumação do corpo de Catarina, tendo em vista a beatificação. Essa exumação aconteceu na presença de dois médicos, da Superiora Geral e de muitas testemunhas. Feita a exumação, dia 21 de março de 1933, a surpresa: Catarina parecia dormir, como quando fora enterrada. Tinha as carnes intatas, os membros flexíveis, os olhos sempre azuis, as mãos juntas como em oração. Dr. Didier, cavaleiro da Legião de Honra, descreveu o perfeito estado do corpo vencedor da morte e atestou: "Os olhos ainda estão nas órbitas, as pálpebras docemente entreabertas, e podemos constatar que o globo ocular, se bem que abatido e seco, está inteiro e até mesmo a cor azul acinzentada da íris persiste ainda".

O corpo intato foi colocado em uma urna mortuária transparente, sob o altar da Virgem com o globo, na capela da Rue du Bac, onde milhares de visitantes vêm venerá-lo quando visitam a Santa Virgem que apareceu nesses lugares.

Pio XI, na beatificação, em 28 de maio de 1933, chamou Irmã Catarina de "a santa do dever de estado e do silêncio".

Em 27 de julho de 1947, em solene cerimônia de canonização, o Santo Padre Pio XII colocou-a no cânon dos santos.

11

A capela da Rue du Bac, em Paris

A capela da Casa-Mãe das Irmãs da Caridade, em Paris, na Rue du Bac, mesmo não possuindo valiosas peças de arte nem vitrais históricos, é de uma beleza encantadora. É impossível visitá-la sem se emocionar e, ao sair dali, a gente leva paz no coração. Todo o conjunto é de uma beleza suave, nada choca aos olhos e cada detalhe a mais que se observa parece ser eivado de ternura.

O presbitério, tendo no alto um arco, onde se encaixa o altar-mor, é decorado com um afresco enorme, mostrando a primeira aparição de Nossa Senhora a Catarina: muitos anjos, harpas, lírios, Nossa Senhora sentada na cadeira e a noviça ajoelhada aos seus pés, com os cotovelos em seus joelhos, numa terna intimidade de mãe e filha.

No arco que orla a abóbada se lê: "Vinde aos pés deste altar; aqui as graças serão derramadas sobre todos".

Atrás do altar-mor, vê-se um outro arco, com a jaculatória da Medalha: "Ó Maria concebida sem pecado, rogai por nós que recorremos a vós!".

Ao fundo da capela, acima do altar-mor, encontra-se a imagem de Nossa Senhora, com doze estrelas em círculo ao redor de sua cabeça e raios dourados saindo de suas mãos, como a se derramarem sobre a terra, tal como a vemos na medalha. É belíssima, suave e serena, e inspira muita paz.

À direita, atrás da balaustrada de ferro, ergue-se o altar da Virgem com o globo, no próprio lugar da aparição de 27 de novembro de 1830. A imagem de mármore encanta os olhos, emociona, parece viva, ressaltada sobre um fundo de mosaico semeado com lírios.

Em frente desse maravilhoso conjunto, sob um altar simples e nu, está a urna mortuária (transparente) de Catarina, onde ela parece apenas adormecida, com as mãos postas como em oração. À esquerda, com idêntica decoração de mosaico ao fundo, está a imagem de São José com o Menino Jesus no colo. Em baixo, à direita, perto da mesa da comunhão, encontra-se a cadeira forrada de veludo azul, onde a Virgem sentou-se para conversar com Catarina.

As naves laterais contêm dois altares: o da direita conserva, sobre o sacrário e em frente a uma imagem de São Vicente de Paulo ladeado de anjos, a urna que conserva o coração do grande Santo que tanto amou os pobres de Paris.

O altar da nave esquerda, em frente a um belo painel sobre o Espírito Santo, guarda a também transparente urna mortuária de Santa Luísa de Marillac, cofundadora das Filhas da Caridade.

Em 31 de maio de 1980, o Santo Padre João Paulo II visitou a linda capela da Rue du Bac. O que ele falou às Filhas da Caridade serve também para cada um de nós:

Seguir a Cristo é muito diferente da simples admiração de um modelo, mesmo que se possua bom conhecimento das Escrituras e de teologia. *Seguir a Cristo é uma coisa essencial.* É querer imitá-lo, a ponto de se deixar configurar a ele, assimilar por ele, de maneira a nos tornarmos para Cristo uma humanidade de acréscimo.

Quem sofre no seu coração, em sua alma e em seu corpo, venha à capela da Rue du Bac depositar sobre a "cadeira da Virgem" sua súplica, junto de tantos outros! Ou faça o mesmo no seu próprio coração. A Mãe quer que a gente lhe conte e lhe peça tudo!

12
A Medalha Milagrosa

Afonso Ratisbonne era um judeu francês, importante advogado e conhecido banqueiro em Paris. Tinha vasto círculo de amigos e era considerado distinto, charmoso, mundano, mas de alma generosa. Amava as artes e a beleza. Nascera em Estrasburgo, em maio de 1814. Ficando órfão bem cedo, foi adotado por um tio que lhe deu tudo o que pudesse querer: estudos, boas amizades, viagens, conforto, cultura e até mesmo luxo.

Ratisbonne odiava os católicos, porque seu irmão Teodoro havia se convertido ao catolicismo e fora até ordenado sacerdote (por sinal, Teodoro nessa ocasião usava a Medalha Milagrosa, rezando pela conversão dos judeus). Afonso tencionava se casar com uma sobrinha, Flora, dez anos mais jovem que ele (filha de seu irmão mais velho).

Em janeiro de 1842, numa viagem de turismo a Nápoles e Malta, sem saber como, tomou o trem errado e foi parar em Roma. Já que estava na capital italiana, decidiu visitar um amigo da família, o barão de Bussières, protestante convertido ao catolicismo, que se ofereceu para lhe mostrar a cidade. Num momento em que Ratisbonne falava muito mal dos católicos, o barão tentou convertê-lo. "Você perde seu latim, nasci judeu e morrerei judeu", disse-lhe Ratisbonne.

O barão, então, o desafiou: "Já que você está tão seguro de si, faço-lhe um desafio: usar diariamente algo que vou lhe dar". "Aceito. Que coisa?". "Esta medalha", disse o barão, mostrando-lhe a Medalha que há dez anos se espalhava pela Europa, realizando prodígios e milagres. Ratisbonne, indignado, recusou-se. Mas o barão foi firme: "Segundo suas ideias, usá-la ou não usá-la é-lhe inteiramente indiferente. Pois, para mim, se você a usasse me traria imensa satisfação".

Ratisbonne se pôs a rir, comentando que não era teimoso, até achava o episódio e o desafio divertidos. O barão ousou ainda mais: "Não basta usar a medalha, é preciso recitar diariamente esta oração que lhe passo às mãos: o 'Lembrai-vos', composto por São Bernardo". "Aceito", disse Ratisbonne. "Uso a medalha e faço a oração; se ela não me fizer bem, mal também não fará". O amigo então pendurou a medalha no pescoço do visitante e rezou com ele.

Mais tarde, o barão pediu orações a várias pessoas, entre elas o conde de La Ferronays, que lhe disse: "Se colocaste nele a Medalha Milagrosa e o fizeste rezar o 'Lembrai-vos', podes ter a certeza de que se converterá!".

O conde de La Ferronays morreu dois dias depois, repentinamente. Soube-se depois que durante esses dois dias ele foi à Basílica de Santa Maria Maior rezar cem vezes o "Lembrai-vos", pela conversão de Ratisbonne.

Era janeiro de 1842, o Afonso Ratisbonne foi conhecer o gueto judeu em Roma, que o encheu de horror e aumentou seu ódio pelo cristianismo. Depois, sentou-se num café da Piazza di Spagna e se pôs a zombar e fazer piadas sobre os cristãos. Ele mesmo relatou depois:

> Se alguém me tivesse dito: "Na manhã deste dia te levantaste judeu e irás para a cama como cristão", eu o teria considerado louco. E se ao meio-dia um novo interlocutor debochasse de mim e me dissesse: "Afonso, em menos de uma hora adorarás Jesus Cristo como teu Deus e teu Salvador, e te prostrarás numa igreja pobre, e baterás no peito aos pés de um padre num convento jesuíta, e passarás o carnaval preparando-te para o Batismo, prestes a te mudares para a fé católica, e tu renunciarás ao mundo, às suas pompas e aos seus prazeres, à tua fortuna, aos teus planos, ao teu futuro; e renunciarás ainda à tua noiva, à afeição da família, à estima dos teus amigos, à afeição dos judeus, e não aspirarás mais que seguir Jesus Cristo e levar sua cruz até à morte!" – eu não acreditaria!
> Digo que se qualquer profeta me tivesse feito semelhante predição, eu o chamaria de louco. Entretanto é essa loucura que hoje faz minha sabedoria e minha felicidade.

Pois bem, contávamos que Ratisbonne estava num café a debochar dos cristãos. Saindo dali, ele encontrou seu amigo, o barão de Bussières, que estava preparando os funerais do conde de La Ferronays. Convidado, foi com o barão à igreja de Santo André, onde era preciso organizar algumas coisas para o sepultamento do amigo.

Enquanto o barão foi à sacristia, Ratisbonne ficou na igreja, que era pobre, pequena e deserta, desprovida de obras de arte notáveis. Quando o barão voltou, encontrou o amigo ajoelhado e em lágrimas, tão absorto que custou a ouvi-lo. Conseguiu a custo levá-lo para o seu coche e perguntou-lhe para onde queria ir. "Para onde você quiser. Depois do que vi, eu obedeço. Mas só lhe falarei sobre o que aconteceu na presença de um sacerdote católico, porque o que vi não posso contar a não ser de joelhos".

Um pouco mais tarde, Ratisbonne tirou sua medalha diante do padre Villefort, e bradou: "Eu a vi! Eu a vi!". Mais calmo, ele pôde falar: "Mal entrei na igreja, fui tomado por uma perturbação inexplicável. Parecia que tudo desaparecera da minha vista. Toda a luz se concentrava numa capela lateral (a de São Miguel), e no meio daquele esplendor vi sobre o altar, radiante e cheia de majestade e doçura, a Virgem Santíssima tal como está gravada na Medalha. Uma força irresistível me puxou para ela. Então a Virgem me fez um sinal com a mão, para que eu me ajoelhasse. Ela nada falou, mas eu entendi tudo". Ratisbonne diria ainda: "Eu saía de um túmulo, de um abismo de trevas e me sentia vivo, bem vivo!".

Em 31 de janeiro de 1842, diante do Cardeal Patrizzi, Ratisbonne foi solenemente batizado. Vestido com longa túnica de seda branca, o catecúmeno esperava no fundo da igreja, atrás de uma cerca que o separava dos lugares santos. Após a cerimônia de exorcismo foi-lhe perguntado: "O que desejas?". Ele respondeu: "O Batismo". Então a cerca se abriu e, no meio de uma imensa multidão, que respeitosamente se abria para que ele passasse, o neófito foi conduzido ao altar, para receber o Batismo. O bispo Dom Dupanloup, célebre orador, usou a palavra e, durante a Missa que se seguiu, Ratisbonne fez sua Primeira Comunhão, com uma emoção indescritível, rompendo em lágrimas. Sua conversão retumbante repercutiu grandemente. Foi aberto imediatamente um inquérito romano.

Em 3 de junho, foi publicado um decreto pontifical, assegurando "que o fato é verdadeiro e insigne milagre operado por Deus e pela intercessão da Virgem Maria, produzindo a conversão instantânea e perfeita de Afonso Ratisbonne".

Aquele que odiava furiosamente os padres e, sobretudo, os jesuítas, entrou na Companhia de Jesus e se juntou a seu irmão Teodoro, que tinha fundado a Congregação dos Padres e das Irmãs de Nossa Senhora de Sião, voltada à conversão de Israel. Foi jesuíta por dez anos, depois saiu, com a devida autorização, e entrou na Congregação dos Padres de Nossa Senhora de Sião. Somente nos dez primeiros anos após sua própria conversão, Ratisbonne conseguiu converter duzentos judeus e 32 protestantes. Foi depois para Jerusalém, onde comprou as ruínas do Pretório de Pilatos, construindo ali um convento e uma igreja. Também fundou um asilo em Ain-Karém, onde morreu santamente em 1884, aos setenta anos. Sua vida foi edificante. Suas últimas palavras foram: "Todos os meus desejos se realizaram".

13
A capela do milagre

Na antiga igreja de Santo André, em Roma, hoje tudo mostra o milagre da conversão de Afonso Ratisbonne: a capela onde Nossa Senhora lhe apareceu em 1842 tem, atualmente, as paredes recobertas por placas de mármore (ex-votos) em agradecimento por graças alcançadas. Os milagres continuam, sobretudo as conversões. No fundo da capela há um belo quadro, pintado conforme a descrição que Ratisbonne fez: Nossa Senhora, muito bela, com as mãos abertas, das quais saem raios luminosos que simbolizam as graças que ela derrama sobre a terra.

À entrada da igreja, em um grande arco se lê: "Aqui apareceu Nossa Senhora do milagre". Inúmeras velas ardem ali continuamente, simbolizando o ardor das preces a Nossa Senhora. Todas as tardes há a oração do Terço, acompanhada sempre por numerosos fiéis.

No registro dos visitantes, entre infindável número de desconhecidos fervorosos e necessitados, pode-se ler nomes famosos e significativos, alguns de pessoas que, tendo já cumprido sua caminhada terrestre, galgaram até mesmo os altares de canonização: São João Bosco, Santa Teresinha do Menino Jesus, São Vicente Pallotti, São Luís Orione e outros. Junto à Capela do Milagre há uma placa de mármore, com a seguinte inscrição: "Aqui o padre Maximiliano Kolbe celebrou sua Primeira Missa, a 29 de abril de 1919, e aqui vinha sempre buscar acréscimo de fervor à sua piedade mariana". Padre Kolbe, como sabemos, morreu no campo de concentração de Auschwitz, oferecendo sua vida por outro prisioneiro, pai de família, cujo lugar ele tomou, e foi canonizado por João Paulo II, em 1982.

Numa das pilastras da capela foram gravadas as seguintes palavras: "A 20 de janeiro de 1842, Afonso Ratisbonne veio aqui como endurecido israelita. A Virgem lhe apareceu – tal como a vês representada. Ele caiu por terra judeu e ergueu-se cristão. Estrangeiro, leva contigo esta preciosa lembrança da Misericórdia de Deus e do poder da Virgem Santíssima".

14
A resposta de Deus

Muitas curas e conversões têm acontecido em função da Medalha Milagrosa e da sua Novena, bastante difundida entre os católicos. Muitas graças inexplicáveis (aliás, as graças não se explicam) continuam sendo derramadas sobre os que as pedem com fé e fervor.

Quero citar aqui uma graça que aconteceu na minha própria família. No ano de 2002, minha nora Letícia Ramos Böing engravidou pela terceira vez. Ela e meu filho Paulo já tinham dois meninos, Pedro e Thiago, com oito e seis anos, respectivamente. A família torcia para que viesse então uma menina.

Logo no início da gestação, ao fazer um ultrassom, o médico aconselhou-a a abortar já no início da gravidez pois, pelo exame, a criança nasceria com sérios problemas físicos e mentais. O casal jamais faria um aborto e, apesar de abalado com a notícia, decidiu receber com mais amor ainda a criança, viesse como viesse. Até o nome foi escolhido: se fosse menina, seria Clara, se menino, Davi.

Como somos vizinhos, sugeri fazermos em família a Novena da Medalha Milagrosa. Diariamente, depois do almoço, vinha o casal com os meninos aqui em casa e rezávamos em frente à imagem de Nossa Senhora das Graças.

No quinto dia da Novena, acordei de madrugada e não pude mais dormir. Resolvi então fazer as leituras litúrgicas do dia. Antes, rezei pedindo a Nossa Senhora pela nova criança da família e roguei a Deus, que tudo pode, que a formasse perfeita e contrariasse o prognóstico médico. Abri então a Bíblia e logo na Primeira Leitura estava a resposta de Deus, por intermédio do Profeta Amós (9,11). Ele me prometeu: "Naquele dia, levantarei a cabana arruinada de Davi, repararei as suas brechas, levantarei as suas ruínas, e a reconstruirei como nos dias antigos".

Depois dessa leitura, nem pude mais dormir e, antes que meu filho saísse para o trabalho, corri à casa dele e disse aos dois que, embora quisessem uma menina depois dos dois meninos, era o Davi quem iria chegar – e li para eles o que eu acabara de ler na profecia de Amós.

A emoção foi grande. Não me surpreendi quando, meses depois, os exames mostraram que viria um menino. Nem quando, em 7 de janeiro de 2003, Davi nasceu perfeito e sadio, conforme Deus prometera na leitura que fiz do livro de Amós. Era a resposta a nossas orações, durante a Novena a Nossa Senhora das Graças.

15

Maria, o melhor instrumento de Deus

Nos dois milênios da Igreja, o povo fiel aprendeu, acreditou e sentiu que Maria é Mãe amorosa e que tem como ocupação constante proteger e velar pelos homens, seus filhos.

Sabemos que o único mediador entre Deus e o homem é Jesus Cristo. Por isso, quando vamos a Maria pedir graças, estamos reconhecemos nela uma mediação dependente da de Cristo. O papel maternal de Maria não diminui a mediação única de seu Filho, da qual depende totalmente, e é dela que lhe vem toda a eficácia. A mediação de Maria junto a Deus é uma mediação em Cristo, que inspira toda a devoção da Igreja à Virgem Santíssima. Essa mediação, que é pura graça e um privilégio livremente outorgado por Deus, não acrescenta nada à de Jesus Cristo e a ele é subordinada.

Mesmo sendo puro privilégio, há razões para essa mediação. A principal é que Maria é Mãe de Deus, porque o Filho é ele mesmo Deus. Outra razão é que, além de Mãe de Deus, é também Mãe dos homens, em favor dos quais intercede.

Na Carta Encíclica *Redemptoris Mater*, do papa São João Paulo II, lemos: "Maria põe-se de permeio entre seu Filho e os homens, na realidade das suas privações, das suas indigências e dos seus sofrimentos. Põe-se de permeio, isto é, faz de mediadora, não como uma estranha, mas na sua posição de mãe, consciente de que como tal pode – ou antes, tem o direito de levar ao Filho as necessidades dos homens".

Escreveu São Bernardo: "Deus não quis que tivéssemos nada que não passasse pelas mãos de Maria". Segundo o papa Leão XIII: "Toda a graça concedida ao mundo segue esta tríplice gradação: de Deus a Jesus Cristo, de Jesus Cristo à Santíssima Virgem, da Santíssima Virgem aos homens".

Os Santos Padres e Doutores da Igreja foram unânimes a respeito do papel de Maria na distribuição de graças aos homens. Também é o que têm afirmado os Soberanos Pontífices e os bispos, confirmando a crença comum de que os fiéis recorrem a Maria Santíssima para alcançar de Deus tudo o que desejam.

A mediação de Maria difere da mediação dos santos porque é mediação de Mãe que conserva certos direitos maternais para com seu divino Filho, e excede incomparavelmente em santidade e merecimentos todas as criaturas juntas; ao passo que a mediação dos santos é a de servos de Deus, imensamente inferior a Maria em santidade e merecimentos.

A mediação de Maria e dos santos se harmonizam maravilhosamente: por um lado, Maria recomenda a Deus os pedidos dos santos e, por outro, os santos colocam seus pedidos nas mãos de Maria, para que ela os apresente a Deus. Se apenas a mediação de Jesus Cristo é intrínseca e absolutamente necessária, Deus dispôs livre e amorosamente que a mediação de Maria fosse associada à de Jesus Cristo.

Santo Alberto Magno escreveu: "A Santíssima Virgem está cheia de todas as graças, sem faltar uma só, e todas as graças que Deus concede, da primeira até a última, passam pelas suas mãos de Mãe".

Voltamos a citar Leão XIII: "Podemos afirmar com toda a verdade e propriedade que do imenso tesouro de graças trazido ao mundo pelo Salvador, nada absolutamente nos é concedido senão por meio de Maria, segundo a vontade expressa de Deus".

Para nós, que amamos Maria, faz bem lembrar que nossa Mãe intercede amorosa e continuamente pelos homens, não só em favor de seus devotos, mas também pelos pecadores mais empedernidos, pois ela quer levar a todos a salvação de seu Filho Jesus Cristo.

Nosso coração se enternece com a afirmação de santos e de papas, que dizem: mesmo sem ser invocada, Maria intercede por nós e fica esperando que lhe peçamos graças. Por isso, é importante que as pessoas conheçam o que se deu naquela capela da Rue du Bac, quando Nossa Senhora, quase em um queixume, mostrou a Catarina Labouré os anéis sem brilho que tinha em seus dedos de Mãe amorosa: anéis que significavam falta de confiança, queixas não feitas, lágrimas não choradas, graças não pedidas. Mas, para alegria nossa, a maioria dos anéis tinha um brilho que quase cegava, porque eram as graças pedidas e concedidas, pedidos impossíveis, casos desesperadores ou apenas anseios da natureza humana, que é impotente para lidar com os problemas do dia a dia.

Fica, para todos os devotos, mais uma certeza: a Mãe quer que a gente lhe peça, seja o que for. Evidentemente, quando nos dirigirmos a ela, devemos falar do modo mais simples e mais sincero: "Querida Mãe, se tens esta graça para me dar, e se ela não contrariar o Plano de Deus, eu te peço que...".

Tenhamos a certeza de que, de alguma forma, mais cedo ou mais tarde, alguma resposta ela vai nos dar. Quase sempre, sua resposta será melhor do que o que pedimos. E, certamente, melhor do que merecemos.

Orações

Lembrai-vos
(Composta por São Bernardo – 1090-1153)

Lembrai-vos, ó puríssima Virgem Maria, que nunca se ouviu dizer que algum daqueles que têm recorrido à vossa proteção, implorado vosso socorro e invocado vosso auxílio, fosse por vós desamparado. Animado, pois, com igual confiança, a vós, ó Virgem entre todas singular, como à minha mãe recorro, de vós me valho, e gemendo sob o peso de meus pecados, me prostro a vossos pés. Não desprezeis as minhas súplicas, ó Mãe do Filho de Deus humanado, mas dignai-vos de as ouvir propícia e de me alcançar o que vos rogo. Amém.

Oração a Nossa Senhora da Medalha Milagrosa
(Feita por São João Paulo II, quando visitou a capela da Rue du Bac, a 31 de maio de 1980)

Tu és bendita entre todas as mulheres!
Bendita és tu, que creste!
O Poderoso fez por ti maravilhas!
A maravilha da tua maternidade divina!
E, tendo-a em vista,
a maravilha de tua Imaculada Conceição!
A maravilha do teu "Sim"!
Tu foste associada intimamente

a toda a obra de nossa Redenção,
associada à Cruz de nosso Salvador;
teu coração foi transpassado, ao lado do seu Coração.
E agora, na glória de teu Filho,
não cessas de interceder por nós,
pobres pecadores.
Tu velas sobre a Igreja, de quem és a Mãe.
Tu velas sobre cada um dos teus filhos.
Tu obténs de Deus, para nós, todas estas graças,
simbolizadas nos raios de luz
que irradiam de tuas mãos abertas.
A única condição é que nós ousemos pedi-las,
que nos aproximemos de ti
com a confiança
e a simplicidade de uma criança.
E é assim que nos guias sem cessar
para teu filho Jesus.
Amém.

Novena da Virgem Imaculada da Medalha Milagrosa

Sinal-da-cruz. Ato de Contrição. Ó Maria concebida (*3 vezes*)

1º Dia: Primeira Aparição

Contemplamos a Virgem Imaculada, em sua primeira aparição a Santa Catarina Labouré. A piedosa noviça, guiada por seu Anjo da Guarda, é apresentada à Imaculada Senhora. Consideremos sua inefável alegria. Seremos também felizes como Santa Catarina, se trabalharmos com ardor nossa santificação. Gozaremos as delícias do Paraíso, se nos privarmos dos gozos terrenos.

Três ave-marias, acrescentando em cada uma: "Ó Maria concebida sem pecado, rogai por nós que recorremos a vós".

– Oração final.

2º Dia: Lágrimas de Maria

Contemplemos Maria, chorando sobre as calamidades que viriam sobre o mundo, pensando que o Coração de seu filho seria ultrajado, a Cruz escarnecida e seus filhos prediletos perseguidos. Confiemos na Virgem compassiva e também participaremos do fruto de suas lágrimas.

Três ave-marias, acrescentando em cada uma: "Ó Maria concebida...".
– Oração final.

3º Dia: Proteção de Maria

Contemplemos nossa Imaculada Mãe, dizendo em suas aparições a Santa Catarina: "Eu mesma estarei convosco: não vos perco de vista e vos concederei abundantes graças". Sede para mim, Virgem Imaculada, o escudo e a defesa em todas as necessidades.

Três ave-marias, acrescentando em cada uma: "Ó Maria concebida...".
– Oração final.

4º Dia: Segunda Aparição

Estando Santa Catarina Labouré em oração, a 27 de novembro de 1830, apareceu-lhe a Virgem Maria, formosíssima, esmagando a cabeça da serpente infernal. Nessa aparição se vê seu desejo imenso de nos proteger sempre contra o inimigo de nossa salvação. Invoquemos a Imaculada Mãe com confiança e amor!

Três ave-marias, acrescentando em cada uma: "Ó Maria concebida...".
– Oração final.

5º Dia: As Mãos de Maria

Contemplemos, hoje, Maria desprendendo de suas mãos raios luminosos. Esses raios, disse ela, "são a figura das graças que derramo sobre todos aqueles que as pedem e aos que trazem com fé a minha medalha". Não desperdicemos tantas graças! Peçamos com fervor, humildade e perseverança, e Maria Imaculada no-las alcançará.

Três ave-marias, acrescentando em cada uma: "Ó Maria concebida...".
– Oração final.

6º Dia: Terceira Aparição

Contemplemos Maria, aparecendo a Santa Catarina, radiante de luz, cheia de bondade, rodeada de estrelas e mandando cunhar uma medalha prometendo, a todos os que a trouxessem com devoção e amor, muitas graças. Guardemos fervorosamente a Santa Medalha e, como escudo, ela nos protegerá nos perigos.

Três ave-marias, acrescentando em cada uma: "Ó Maria concebida...".
– Oração final.

7º Dia: Súplica

Ó Virgem Milagrosa, Rainha Excelsa, Imaculada Senhora, sede minha advogada, meu refúgio e asilo nesta terra, minha fortaleza e defesa na vida e na morte, meu consolo e minha glória no céu.

Três ave-marias, acrescentando em cada uma: "Ó Maria concebida...".
– Oração final.

8º Dia: Súplica

Ó Virgem Imaculada da Medalha Milagrosa, fazei que esses raios luminosos que irradiam de vossas mãos virginais iluminem minha inteligência para melhor conhecer o bem e abrasem meu coração com vivos sentimentos de fé, esperança e caridade.

Três ave-marias, acrescentando em cada uma: "Ó Maria concebida...".
– Oração final.

9º Dia: Súplica

Ó Mãe Imaculada, fazei que a cruz de vossa medalha brilhe sempre diante de meus olhos, suavize as penas da vida presente e me conduza à vida eterna.

Três ave-marias, acrescentando em cada uma: "Ó Maria concebida...".
– Oração final.

Oração Final

Santíssima Virgem, eu creio e confesso Vossa Santa Imaculada Conceição, pura e sem mancha. Ó puríssima Virgem Maria, por vossa Conceição

Imaculada e gloriosa prerrogativa de Mãe de Deus, alcançai-me de vosso amado filho a humildade, a caridade, a obediência, a castidade, a santa pureza de coração, de corpo e espírito, a perseverança na prática do bem, uma santa vida e uma boa morte, e a graça... que peço com toda confiança.
Amém.

Bibliografia

BEINERT, Wolfgang. *O culto a Maria hoje*. São Paulo: Paulinas, 1980.

BOVER, José M. *Maria, medianeira de todas as graças*. Porto: Livraria Apostolado da Imprensa, 1957.

COUPAL, M. A. Gregoire. *O carrilhão de Esperança*. Braga: Boa Nova, 1981.

JOÃO PAULO II. *Carta Encíclica Redemptoris Mater*. Petrópolis: Vozes, 1988.

KRIEGER, Dom Murilo S. R., SCJ. *Com Maria, a Mãe de Jesus*. Aparecida: Santuário, 2017.

La Sainte du silence et le message de Notre-Dame. Paris: Graphic Express, 1991 (compilação e distribuição pelas Filhas da Caridade).

TURCHINI-ZUCCARELLI, C. *Les merveilleuses apparitions de Notre-Dame*. Paris: Nouvelles Editions Latines, 1977.

VILLELA, Lúcia Jordão. *Com Maria em seus santuários*. Petrópolis: Vozes, 1982.

CAPÍTULO V

Nossa Senhora de La Salette, a mãe chora por seus filhos

"Maria, Mãe cheia de amor,
em La Salette manifestou a sua tristeza
perante o mal moral da humanidade.
Através das suas lágrimas, nos ajudou a discernir melhor
a dolorosa gravidade do pecado, da rejeição de Deus,
mas também a fidelidade apaixonada que o seu Filho tem
para com os seus filhos, ele que é o Redentor
cujo amor é ofendido pelo esquecimento e pela recusa. [...]
Nossa Senhora, ao fazer-se contemplar,
trazendo sobre si a imagem de seu Filho crucificado,
mostra que, associada à obra da salvação,
ela se compadece das provas dos seus filhos
e sofre quando os vê se afastarem da Igreja de Cristo."
(Carta do papa São João Paulo II ao Bispo de Grenoble, 31 ago. 1996)

APRESENTAÇÃO

As lágrimas de Nossa Senhora

Comentando a experiência vivida na manhã de 19 de setembro de 1846, dia que marcaria para sempre suas vidas, Mélanie e Maximin descreveram a bela Senhora que, em francês, convidou: "Aproximem-se, meus filhos, não tenham medo; estou aqui para lhes anunciar uma grande notícia". "Achávamos", disseram eles, "que era uma mãe cujos filhos a tivessem espancado e que se teria refugiado na montanha para chorar". A senhora passou então a lhes falar. Mais tarde, ambos comentaram: "Ela chorou durante todo o tempo em que nos falou".

A bela Senhora, que passaria a ser mundialmente conhecida como o nome de Nossa Senhora de La Salette, chorou. O saudoso papa João Paulo II tentou, um dia, interpretar a razão das lágrimas de Maria:

> As narrações evangélicas nunca recordam as lágrimas de Nossa Senhora. Não ouvimos seu gemido nem na noite de Belém, quando tinha chegado o tempo de dar à luz o Filho de Deus, nem sequer no Gólgota, quando estava aos pés da cruz. Não nos é dado conhecer sequer suas lágrimas de alegria, quando Cristo ressuscitou. Ainda que a Sagrada Escritura não se refira a esse fato, contudo, Maria, que chora de tristeza ou de alegria, é a expressão da Igreja, que se alegra na noite de Natal, sofre na Sexta-feira Santa aos pés da cruz e de novo se rejubila na aurora da Ressurreição. [...]
>
> As lágrimas de Maria manifestaram-se nas aparições com que ela, de tempos em tempos, acompanhou a Igreja no seu caminho pelas estradas do mundo. Maria chorou em La Salette, em meados do século passado. [...] Chorou em Siracusa [Itália], na conclusão da Segunda Guerra Mundial. [...] As lágrimas de Maria são lágrimas de tristeza por todos os que rejeitam o amor de Deus, pelas famílias desagregadas ou

em dificuldade, pela juventude insidiada pela civilização consumista, e muitas vezes desorientada, pela violência que tanto sangue faz correr, pelas incompreensões e os ódios que cavam fossos profundos entre os homens e os povos.

São lágrimas de oração – oração da Mãe que dá força a qualquer outra prece, e se ergue suplicante também por aqueles que não oram, porque distraídos por mil outros interesses –, ou porque obstinadamente fechados aos apelos de Deus. São lágrimas de esperança, que desfazem a dureza dos corações e os abrem ao encontro com Cristo Redentor, fonte de luz e de paz para os indivíduos, as famílias e a sociedade inteira (João Paulo II, 6 nov. 1994).

Nossa Senhora de La Salette, a mãe chora por seus filhos quer nos ajudar a penetrar no mistério das lágrimas da Mãe de Jesus, derramadas em meados do século XIX, numa pequena aldeia dos Alpes franceses. Poucas aparições despertaram tantas reações como a de La Salette – reações de críticos ardentes e de defensores entusiastas. Sabiamente, a autora não entra nesse campo, preocupada que está em levar ao leitor ao coração da mensagem de La Salette.

Dom Murilo S. R. Krieger, SCJ

INTRODUÇÃO

Um encontro à beira da estrada

Meu primeiro contato com Nossa Senhora de La Salette foi à beira da estrada. Há muitos anos, ao subir para o Planalto, entre Rio do Sul e Curitibanos, numa curva da serra, vi, de repente, uma estranha imagem de Nossa Senhora toda de branco, sentada num tipo de pedestal, com os cotovelos apoiados nos joelhos e o rosto entre as mãos, como que a chorar... Olhando de perto, fiquei impressionada com aquele ar de tristeza, de solidão, naquela curva da serra: a Rainha do céu e da terra ali tão sozinha e triste, tão parecida com uma mulher do povo, cheia de problemas e angústias. Mas, olhando a grade que rodeava e protegia a imagem, descobri que Nossa Senhora não estava sozinha: penduradas nos ferros vi tantas lembranças que nem pude conferir todas: chupetas de criança, chaveiros, fotos, flores de plástico (algumas já desbotadas), bonecas, miniaturas de carros e de caminhões, placas de agradecimento.

Bem coisa de gente do povo, e povo brasileiro, que agradece aos vizinhos, aos enfermeiros e médicos, ao professor com bolo, pão caseiro, geleia feita em casa, flores ali do quintal... Coisas da sua vida simples e sofrida. Nossa Senhora de La Salette não estava sozinha não, mas sim com muitos corações de filhos agradecidos e carinhosos.

Mais tarde, fui descobrir toda a história de Nossa Senhora de La Salette: a aparição, as mensagens, os videntes e as inúmeras conversões de figuras importantes da cultura mundial devidas a essa Mãe da Reconciliação. Depois, tive a graça de visitar duas vezes seu Santuário na França e de conhecer sempre mais sobre os acontecimentos de 19 de setembro de 1846. Desejei escrever este texto já há muito tempo, mas só agora o consegui.

Desejo que ele possa levar os leitores a se aproximarem sempre mais daquela que nos chama, nos busca, insiste e até chora por nós, seus filhos, para nos levar à reconciliação e amizade com Deus!

Mafalda Böing

1
A situação

Os Alpes formam uma cadeia montanhosa enfeitando vários países da Europa, atraindo para seus vales e encostas um grande número de visitantes que se deslumbram com tantas belezas naturais. As montanhas mais altas estão cobertas de gelos eternos e, pelas encostas, se formam riachos que engrossam rios encachoeirados nos vales, buscando caminhos para o mar distante.

Nesses vales topa-se de vez em quando com aldeias de camponeses, gente simples e trabalhadora, que mantém belas tradições e que se dedica ao pastoreio, à agricultura e à pequena indústria.

Na parte dos Alpes que pertence à França, já quase na fronteira com a Itália e Suíça e numa altitude de 1.800 metros, no dia 19 de setembro de 1846 aconteceu algo que iria ressoar pelo mundo todo e que seria relembrado ainda agora, passados quase 200 anos: a visita de uma bela e tristonha senhora, que se sentou sobre uma pedra na encosta da montanha e se pôs a chorar.

Essa história, comovente e também absolutamente verdadeira, vale a pena conhecer. Por isso narro aqui os fatos, tais como aconteceram: a visita, os personagens que a testemunharam, a mensagem, as consequências.

2
La Salette

Uma das aldeias francesas situadas à beira de um dos rios da montanha se chama La Salette e ainda hoje não é muito diferente do que era em meados do século XIX, quando ocorreram os fatos que passo a narrar.

Os tempos eram difíceis para os camponeses. Em 1846, a França era governada pelo rei Luís Filipe. As propriedades, tanto nos campos quanto nas cidades, estavam nas mãos dos nobres e dos burgueses e aos pobres cabia o serviço difícil e braçal, mal remunerado e até desumano. Havia poucas escolas para a gente do povo, que colocava cedo seus filhos a trabalhar, para ajudar no sustento da casa. Eram poucas e ruins as estradas e a dificuldade de comunicação entre as várias regiões fez surgir vários dialetos.

A falta de boas estradas obrigava os camponeses a venderem seus produtos por preços muito baixos; os juros e impostos absorviam praticamente todo o pequeno lucro que pudessem ter e os problemas climáticos e de safra agravavam ainda mais a situação dos agricultores pobres. Some-se a isso um enfraquecimento religioso que afastava as pessoas da Igreja e da Palavra Divina, resultando em um povo pobre e injustiçado que, sem Deus, também era sem esperança. Entretanto, mesmo quando o povo se esquece de Deus, Deus não se esquece do seu povo.

Embora o poder divino possa armar tremendas e estrondosas situações para se comunicar com o povo, Deus prefere usar gente simples, natural, espontânea, a mais improvável até, para realizar suas maravilhas. Foi o que aconteceu nas encostas acima da aldeia de La Salette, numa situação improvável, com as pessoas ainda mais improváveis: os pastorzinhos Mélanie e Maximin.

3
Setembro de 1846

Havia na aldeia de Ablandins um camponês chamado Batiste Pra, que tinha a seu serviço uma menina pobre, Mélanie Calvat. Ela estava, na época, com quase quinze anos (mas aparentava menos) e era encarregada de pastorear as quatro vacas do camponês, levando-as diariamente a pastar nas encostas do monte Gargas, perto de La Salette.

No dia 18 de setembro de 1846, Mélanie ganhou a companhia de Maximin Giraud, que então tinha apenas onze anos. Era a primeira vez que ele pastoreava, em substituição a um pastor que adoecera. As vacas, uma cabra e um cachorro pertenciam a um camponês chamado Pedro Selme, também morador de Ablandins e amigo do pai de Maximin.

As duas crianças difeririam em idade e temperamento: enquanto Maximin era extrovertido, curioso e muito falador, Mélanie era introvertida, estava acostumada a ficar sempre sozinha e só aceitou a companhia do menino quando descobriu que ambos haviam nascido na aldeia de Corps, perto dali.

No amanhecer daquele sábado, 19 de setembro de 1846, os dois pastorzinhos subiram bem cedo para a montanha, com seus animais. Havia um belo sol que verberava sobre as pastagens e iluminava uma paisagem encantadora.

Levaram primeiro os animais para uma parte plana encravada na pastagem, onde se havia formado o que eles chamavam "Fonte dos animais", uma poça d'água formada por um riozinho vindo da encosta. A seguir, conduziram o rebanho à pradaria chamada Le Chômoir, já na encosta do monte Gargas. Fazia calor e Mélanie e Maximin subiram pelo vale até o que se chamava "Fonte dos homens". Ali tomaram sua frugal refeição de pão e queijo. Mélanie havia colhido flores silvestres pelo caminho e se entreteve enfeitando uma pedra plana, que ela chamou "paraíso". Menina pobre sem brinquedos, vivendo sempre em plena natureza, quando sozinha ela costumava se distrair assim, construindo "um paraíso para o bom Deus".

Os dois se sentaram ali, perto do que havia sido uma pequena fonte, mas que agora estava completamente seca. Colocaram no chão as mochilas e, levados pelo calor do sol, deitaram-se sobre a relva e adormeceram.

4
A aparição

Mélanie, porém, despertou e, não vendo as vacas, acordou também Maximin, para que fossem procurá-las. Subiram rapidamente pela encosta e descobriram que elas estavam pastando tranquilamente. Quando voltavam, descendo pela encosta, subitamente Mélanie parou assustada e chamou o menino.

Eis aqui a descrição dos acontecimentos, feita mais tarde pela própria Mélanie:

Vi de repente uma bela luz, mais brilhante que o sol, e pude apenas dizer: "Maximin, vês aquilo? Ah! Meu Deus!".
Deixei cair o cajado que tinha na mão. Não sei o que de delicioso se passava em mim nesse momento, mas eu me sentia atraída, sentia um grande respeito cheio de amor, e meu coração queria correr mais rápido do que eu. Olhei bem fortemente aquela luz que estava imóvel, e então, como se ela fosse aberta, percebi uma outra luz bem mais brilhante e que se movia. E nesta luz uma bela Senhora estava sentada sobre nosso "paraíso", tendo o rosto entre suas mãos. Esta bela Senhora se levantou, cruzou os braços sobre o peito e olhou para nós dizendo:
"Aproximem-se, meus filhos, não tenham medo; estou aqui para lhes anunciar uma grande notícia."
Estas doces e suaves palavras me fizeram "voar" até ela, e meu coração queria colar nela para sempre. Chegada bem perto da bela Senhora, diante dela, à sua direita, ela começou a falar, e lágrimas começaram também a correr de seus belos olhos:
"Como meu povo não quer se submeter, sou forçada a deixa cair a mão de meu filho. Ela está tão difícil e tão pesada que não posso mais segurá-la. Tanto tempo que eu sofro por vocês! Se quiser que meu filho não os abandone, estou encarregada de rezar sem cessar por vocês,

que nem se importam! Se vocês rezarem muito, muito mesmo, nem assim jamais poderão corresponder ao sofrimento que tenho tido por vocês. Dei-lhes seis dias para trabalhar, reservando o sétimo dia para mim, mas vocês não correspondem. Isto é que pesa tanto no braço do meu filho. Se a colheita deteriora, é só por causa de vocês. Mostrei-lhes no ano passado com as batatas; mas não fizeram caso. E, ao contrário, quando encontravam batatas estragadas, injuriavam e blasfemavam com o nome do meu filho. Elas continuarão assim, e neste ano, para o Natal, não haverá mais."

Aqui, eu procurava interpretar a palavras "batatas" [em francês, *pommes de terre*], que para mim significava "maçãs" [*pommes*]. A boa e a bela Senhora, adivinhando o meu pensamento, falou assim:

"Vocês não me compreendem, meus filhos? Vou falar de outro modo."

E ela passou a falar no jeito da nossa região [dialeto]:

"Se tiverem trigo, não semeiem. Tudo o que semearem, será comido pelos insetos, e o que produzirem será transformado em pó quando for batido. Virá uma grande fome. Antes que a fome chegue, as crianças de menos de sete anos serão acometidas de tremor e morrerão entre as mãos das pessoas que as carregarem. Os outros farão penitência pela fome. As nozes caruncharão, as uvas apodrecerão."

Aqui, a bela Senhora que me encantava ficou um momento sem se fazer entender. Eu via que movimentava os lábios como se falasse, mas eu não escutava. Maximin recebia o seu segredo. Depois, dirigindo-se a mim, a Santa Virgem me falou e me deu um segredo em francês:

"Mélanie, quero te dizer agora o que não será segredo para sempre; podem revelá-lo em 1858."

Em seguida, a Santa Virgem me deu, ainda em francês, a regra de uma nova ordem religiosa. Depois disso, a Santa Virgem continuou sua fala de antes:

"Se as pessoas se converterem, as pedras e as rochas se transformarão em trigo, e as batatas serão semeadas sobre as terras. Vocês, crianças, fazem bem suas orações?"

Respondemos:

"Oh, não, Senhora, não muito!"

"Ah! Meus filhos, é preciso rezar bem, à noite e pela manhã, dizendo ao menos um pai-nosso e uma ave-maria; e quando tiverem tempo, rezem muito mais. No verão, só algumas mulheres mais idosas vão à Missa no domingo, os outros trabalham. E no inverno, quando não sabem o que fazer, vão à Missa para zombar da religião. E durante a quaresma, vão nos açougues como cães. Nunca viram trigo estragado, meus filhos?"
"Não senhora", respondemos.
Então ela se dirigiu a Maximin:
"Mas tu, meu filho, deves tê-lo visto uma vez, perto de Coin, com teu pai. O dono da roça disse a teu pai que fosse ver o trigo estragado. Vocês foram, ele tomou duas ou três espigas entre as mãos, esfregou-as e tudo virou pó. Na volta, perto de Corps, teu pai te deu um pedaço de pão dizendo: 'Toma, meu filho, come neste ano, porque não sei o que comerás no ano que vem, se o trigo se estragar como este'."
Maximin respondeu assim:
"É verdade, Senhora, agora me lembro".
A Santíssima Virgem terminou o que dizia, não em dialeto, mas em francês:
"Pois bem, meus filhos, transmitam isso a todo o meu povo."
A bela Senhora atravessou o riozinho e subiu a ladeira, sem se voltar para nós que a seguíamos (porque estávamos atraídos pela luz e pela sua bondade que nos envolvia e que parecia derreter meu coração).
Chegando ao alto a bela Senhora se elevou pairando mais ou menos a um metro do chão. Nós nos aproximamos. Ela olhou para o alto, depois para baixo, e aí começou a sumir na luz, primeiro a cabeça e os ombros, depois o resto do corpo. Maximin ainda tentou pegar com a mão a rosa que via nos pés de da Senhora, mas só o encontrou vazio.
A bela Senhora desapareceu sem dizer quem era. Mélanie sugeriu:
"Deve ser uma grande santa!"
"Se soubéssemos que era uma grande santa", disse Maximin, "deveríamos ter pedido para ir com ela."
"Ah, se ela ainda estivesse aqui!", suspirou Mélanie.

A aparição terminara. Havia durado talvez meia hora, mas parecia aos videntes que tinha sido muito mais rápido.

5
Retorno à aldeia

Voltando para Ablandins, Maximin explicou ao seu patrão que não chegaram mais cedo "porque eu e Mélanie encontramos uma Bela Senhora que conversou conosco, principalmente com Mélanie. Eu tive medo no início, e nem tinha coragem de pegar minha mochila, que estava perto dela".

Admirado, o patrão resolveu ir com o menino ao sítio dos Pra, que era vizinho e para quem trabalhava Mélanie. Na soleira da porta encontraram a avó, de sobrenome Caron, e logo Maximin perguntou: "Vó Caron, a senhora não viu uma Bela Senhora toda luminosa passar pelos ares sobre o vale? Uma senhora toda brilhante, que falou comigo e com Mélanie lá na montanha?".

Reuniram-se todos na cozinha e Maximin contou tudo o que havia acontecido, sem a menor hesitação, repetindo em francês e no dialeto *patois* as palavras que a Bela Senhora havia dito.

Mélanie não estava junto porque tinha ido levar os animais ao estábulo. Por isso a mãe Pra foi procurá-la e pediu para que também ela fosse à cozinha participar da conversa. Por insistência da patroa, Mélanie foi e ela, sempre tão tímida e quase muda, falou com segurança, confirmando palavra por palavra o relato de Maximin. Todos escutaram com grande atenção e ficaram aturdidos com o que as crianças repetiam, às vezes sem compreender as longas frases em francês e, ainda mais, porque normalmente eram incapazes de falar muito, até mesmo no dialeto *patois*.

A mãe dos Pra logo adivinhou quem era a misteriosa personagem, capaz de ensinar tão bem tantas coisas às duas crianças simplórias: "Essa Bela Senhora é com certeza a Santa Virgem, aquela que está no céu, de onde seu Filho nos governa". E disse a seu filho mais moço, Jacques, à época com vinte anos: "Ouviste o que a Mãe de Deus disse a estas crianças: depois disso, não vais mais trabalhar no domingo!".

A novidade se espalhou rapidamente entre as famílias e logo se tratou de levar o fato ao conhecimento do senhor Pároco, o que foi feito na manhã seguinte, ainda antes da Missa. A empregada da casa paroquial recebeu as crianças e insistiu que contassem a ela o que tinham visto, e elas o fizeram. Da sala ao lado, o Pároco os escutava, sem perder uma só palavra. Ao final do relato ele apareceu e, em voz embargada pela emoção, declarou: "Eu ouvi tudo, crianças. Ah! Vocês são felizes, porque viram a Santa Virgem!", e se pôs a chorar. Depois da Missa, novamente em lágrimas, contou aos paroquianos o que havia acontecido e a notícia se espalhou por toda região.

Saindo da casa paroquial, Mélanie disse a Maximin: "Vês, Memin, como eu te disse que era Santa Virgem!".

O prefeito, então, passou a tarde de domingo interrogando Mélanie, tentando fazê-la entrar em contradição. Fez promessas, ameaçou, tentou até comprar o silêncio dela sobre o segredo contado pela Virgem. Mélanie, porém, se manteve firme.

No mesmo dia, Batiste Pra, com Pierre Salme e um vizinho, Jean Moussier, sentados na cozinha trataram de escrever tudo o que as crianças haviam contado e assinaram na última página. Esse é um documento importante sobre a aparição, que exigiu que Mélanie ficasse durante umas sete horas respondendo a perguntas e descrevendo tudo, até que, tarde da noite, pudesse dormir.

6
A fonte milagrosa

Na manhã do dia 21 de setembro, Mélanie, com seu patrão Batiste Pra e mais alguns vizinhos, subiram a montanha. Ficaram espantados quando chegaram ao local da aparição: junto ao lugar onde a Senhora estivera sentada, a pequena fonte, habitualmente seca, que só tinha água nas grandes chuvas ou no degelo, corria abundantemente (e, desde então, jamais cessou de ter água). Mélanie constatou que seu "paraíso" estava intocado e tomou água da fonte.

No domingo, dia 27, as autoridades locais e muitos curiosos levaram as crianças à encosta da montanha, para uma "reconstituição dos fatos". Elas responderam sem hesitar a todas as perguntas, indicaram com precisão os lugares onde se encontravam antes da aparição e durante o diálogo que tiveram com a Bela Senhora e tornaram a relatar tudo o que acontecera, com os mesmos gestos e as mesmas atitudes. Todos ficaram profundamente impressionados com a precisão dos detalhes e o respeito religioso com o qual os pequenos pastores repetiram as palavras da Bela Senhora, e isso numa língua que eles ignoravam.

7

Lágrimas de luz

Tempos depois, a pedido de seu confessor, Mélanie descreveu assim a Santa Virgem, como ela lhes apareceu:

A Santa Virgem era alta e bem proporcionada. Ela parecia tão leve que com um sopro se poderia fazê-la se afastar, entretanto ela estava imóvel e bem posicionada. Sua fisionomia era majestosa, mas não imponente como são os senhores daqui. Tinha uma atitude respeitosa. Ao mesmo tempo em que tinha majestade, atraía pelo respeito misturado com amor. Seu olhar era doce e penetrante. Seus olhos pareciam falar com os meus, mas as palavras vinham de um profundo e vivo sentimento de amor que, com sua beleza encantadora parecia me derreter. A doçura do seu olhar, seu ar de bondade, incompreensível, me mostravam que ela me atraía para si, e que também queria se dar. Era uma expressão de amor que não se pode exprimir com simples palavras feitas de letras do alfabeto. O traje da Santa Virgem era branco prateado e todo brilhante. Não havia nele nada de material: era composto de luz e de glória, e cintilava. Não há na terra nenhuma expressão ou comparação que se possa fazer.

A Santa Virgem era toda bela e toda formada de amor. Olhando-a, eu me derretia de vontade de me fundir com ela. Tudo ao seu redor, como na sua pessoa, respirava majestade, esplendor, magnificência de um reino incomparável. Ela parecia bela, branca, imaculada, cristalizada, luminosa, celeste, nova como uma virgem. Parecia que a palavra *Amor* escapava de seus lábios argênteos e puros. Ela me parecia como uma boa mãe, cheia de bondade, de amabilidade, de amor por nós, de compaixão, de misericórdia.

A coroa de rosas que havia sobre sua cabeça era tão bela e tão brilhante que não se pode imaginar: as rosas, de diversas cores, não eram da terra. Era um conjunto de flores que rodeavam a cabeça da Santa Virgem, em forma de coroa; mas as rosas se modificavam e se trocavam; e do centro de cada rosa saía uma bela luz que encantava e que as deixava com uma beleza fulgurante. Da coroa de rosas se elevavam como que ramos de ouro e uma quantidade de outras pequenas flores cobertas de brilhantes. O todo formava um belíssimo diadema que, sozinho, brilhava mais que nosso Sol [visto] da Terra.

A Santa Virgem tinha uma bela cruz que pendia do seu pescoço. Essa cruz parecia ser dourada; eu digo dourada para não dizer uma placa de ouro; porque já vi algumas vezes diversas nuances de ouro, e o que meus olhos viam tinha ainda mais efeito que uma simples placa de ouro. Sobre essa bela cruz brilhante e luminosa estava Cristo, estava Nosso Senhor, os braços estendidos sobre ela. Nas duas extremidades dos braços da cruz havia, de um lado, um martelo, de outro, uma torquês. Cristo tinha uma claridade natural, e brilhava com grande luminosidade. A luz que saía de seu corpo parecia dardos brilhantes, que me fundiam o coração de desejo de estar com ele. Às vezes Cristo parecia estar morto: tinha a cabeça pendida, o corpo estava como que sucumbido, como que para cair se os cravos não o retivessem na cruz.

Fui tomada de vívida compaixão, e hoje queria gritar ao mundo inteiro o seu amor desconhecido, e introduzir nas almas dos mortais o amor mais sentido e o mais vivo reconhecimento para com Deus, que não tem necessidade de nós por ser quem é, quem foi e quem será sempre. Entretanto, ó amor incompreendido pelos homens, ele se fez homem, quis morrer para melhor escrever em nossas almas e em nossa memória o amor ardente que tem por nós! Oh! Quanto lamento ser tão pobre em expressões para mostrar o amor de nosso bom Salvador por nós! Mas, por outro lado, como somos felizes por poder sentir melhor isto que não podemos exprimir!

Outras vezes Cristo parecia vivo: tinha a cabeça levantada, os olhos abertos e parecia estar sobre a cruz por vontade própria. Algumas vezes também parecia falar: parecia querer mostrar que estava na cruz por nós, por amor a nós para nos atrair ao seu amor, que é sempre um amor novo, pois seu amor do começo, no ano 33, é o mesmo hoje e assim será sempre.

Durante quase todo o tempo em que a Santa Virgem me falava ela chorava. Suas lágrimas caíam uma a uma, lentamente, até a altura dos seus joelhos. Depois, como fagulhas de luz, desapareciam. Eram brilhantes e cheias de amor. Eu tinha vontade de consolá-la, para que não chorasse mais. Mas então me parecia que ela tinha desejo de mostrar suas lágrimas, para melhor demonstrar seu amor, esquecido pelos homens. Teria querido me atirar em seus braços e lhe dizer: "Minha boa mãe, não chore. Eu quero amá-la por todos os homens da terra". Mas parecia que ela dizia: "Ainda há tantos que não me conhecem!".

Eu estava entre a morte e a vida, vendo de um lado tanto amor, tanto desejo de ser amada e de outro lado tanta frieza, tanta indiferença. Oh! Minha mãe, mãe tão bela e tão amada, meu amor, coração do meu coração!

As lágrimas de nossa terna mãe, longe de diminuir seu ar de majestade, de rainha e de mestra, pareciam, ao contrário, embelezá-la, torná-la mais amável, mais bela, mais poderosa; e eu teria me alimentado de suas lágrimas, que faziam meu coração saltar de compaixão e de amor. Ver chorar uma mãe, e tal mãe, sem procurar consolá-la, sem mudar sua dor em alegria é difícil. Oh! Mãe mais que bondosa! Foste formada de todas as prerrogativas de que Deus é capaz. Tu te apossaste do poder de Deus, tu, que és boa com a bondade do próprio Deus; Deus se engrandece em ti, que és sua obra-prima terrestre e celeste.

A Santíssima Virgem tinha um avental amarelo. Eu disse amarelo? Ela tinha um avental mais brilhante que muitos sóis juntos. Não era de tecido material, era um composto de glória, e essa glória era cintilante e de uma beleza encantadora. Tudo na Santíssima Virgem me tocava fortemente, e me levava a adorar e a amar meu Jesus em todas as etapas de sua vida mortal.

A Santa Virgem tinha duas correntes, uma um pouco mais larga do que a outra. Na mais estreita estava suspensa a cruz que já mencionei. Essas correntes (pois preciso chamá-las assim) eram como que raios de glória numa grande claridade cintilante. Os tamancos (também é preciso chamá-los assim) eram brancos, mas um branco prateado, brilhante; e estavam rodeados de rosas. Essas rosas eram de uma beleza estonteante e do miolo de cada rosa saia uma chama de luz muito bela e agradável de se ver. Sobre os tamancos havia uma fivela de ouro, não ouro da terra, mas ouro do paraíso.

A figura da Santíssima Virgem era, ela própria, um paraíso completo. Havia nela tudo o que podia satisfazer, tudo levava a esquecer a terra. A Santa Virgem estava rodeada de duas luzes. A primeira luz, mais perto da Santa Virgem, chegava até nós; ela brilhava numa claridade muito bela e cintilante. A segunda luz se estendia um pouco mais em torno da bela Senhora e nós nos encontrávamos nela. Ela estava imóvel (isto é, não cintilava), mas era bem mais brilhante que nosso pobre Sol da Terra. Todas essas luzes não faziam mal aos nossos olhos, e não cansavam a vista. Outras luzes, cheias de esplendor, saíam ainda faiscando do corpo da Santa Virgem, das suas roupas e de tudo.

A voz da Bela Senhora era doce; ela encantava, fazia bem ao coração, ela preenchia, aplainava todos os obstáculos, acalmando, adoçando. Eu teria querido sempre me alimentar de sua bela voz, e meu coração parecia dançar ou querer ir ao seu encontro para nele me derreter.

A voz da Santíssima Virgem, nossa terna Mãe, não pode ser descrita por língua humana. Falando, parecia um Serafim; parecia mais, parecia a linguagem do próprio Deus, desse Deus que formou a Virgem Imaculada, obra-prima do seu poder.

Os olhos da augusta Maria pareciam milhares de vezes mais belos que os brilhantes, os diamantes e as pedras preciosas mais requisitadas; elas brilhavam como dois sóis; eles eram doces como a própria doçura, claros como um espelho. Em seus olhos eu via o paraíso; eles atraíam, parecia que ela queria se dar e atrair. Mais eu os olhava, mais os queria ver, mais eu a via, mais a amava, e a amava com todas as minhas forças.

Os olhos da bela Imaculada eram como a porta de Deus, onde eu via tudo o que pode exaltar a alma. Quando meus olhos se encontraram com os da Mãe de Deus, provei dentro de mim mesma uma feliz revolução de amor e de promessa de amá-la e de me derreter de amor.

Ao encontrar seu olhar, nossos olhos falavam à sua moda, e eu a amava tanto que minha alma ansiava por se fundir com a dela. Seus olhos me plantaram um doce tremor em todo o meu ser; e eu acreditava que o menor movimento podia lhe ser desagradável.

Aquela única visão dos olhos da mais pura das virgens teria sido suficiente para ser o céu de um bem-aventurado; teria sido suficiente para fazer uma alma entrar na plenitude das vontades do Alto; teria sido suficiente para fazer essa alma ter contínuos atos de louvor, de agradecimento, de reparação e de expiação.

Essa única visão concentra a alma em Deus e a deixa como morta-viva, não olhando as coisas da terra, tanto as mais sérias quanto as brincadeiras infantis; ela não queria mais falar de Deus e da sua glória.

O pecado é o único mal que ela vê sobre a terra. Ela morreria de dor, se Deus não a sustentasse. Amém.

Foi dessa forma admirável que, obedecendo ao seu confessor, anos mais tarde Mélanie descreveu a Santa Virgem a quem, desde a aparição, passou a amar com tanto fervor.

8
Primeiros tempos

Depois que a notícia da aparição se espalhou, muitos curiosos e peregrinos começaram a visitar a montanha. Cada vez mais numerosos, eram jornalistas, enviados do governo e, sobretudo, olheiros mandados pelo bispo de Grenoble, que vinham a La Salette e, quando passavam por Ablandins, queriam falar com os videntes. Quase diariamente Maximin subia a montanha com algum grupo. Os visitantes se admiravam do aspecto pobre e quase maltrapilho das crianças e alguns até se ofereceram para levá-las e lhes dar educação e formação.

Mas o pároco, abade Mélin, levou os fatos ao bispo, que decidiu: "A Diocese também está interessada nas crianças, que serão adotadas pela caridade diocesana". O bispo de Grenoble então tomou ao seu encargo os dois videntes.

No Natal de 1846, Mélanie foi admitida no Convento da Providência de Corps, onde passou a ter hospedagem, nutrição e instrução. O mesmo sucedeu a Maximin. Ali as crianças fizeram progressos, especialmente na área cultural, e aprenderam a ler e a escrever. Como eram muito rudes, houve melhoras na sua maneira de se comportar, no seu trato social, embora Mélanie continuasse como era e foi por toda a vida, uma pessoa fechada, reclusa e um tanto desconfiada de todos.

Maximin se tornou mais sociável, mas também não mudou muito. Tanto que o cardeal Billot, famoso teólogo da época, afirmou que "a Santa Virgem deixou o pobre Maximin com todos os seus defeitos, para tornar mais evidente a divindade do acontecimento testemunhado por ele".

Mas é preciso dizer que Maximin e Mélanie conservaram sempre, como um tesouro precioso, a pureza de suas atitudes; e que sua fé, sua piedade mariana sincera jamais enfraqueceu. Quando falavam sobre a aparição, os dois videntes como que se transfiguravam. Barbero escreveu:

Por um fato extraordinário, singular, inexplicável, os habituais defeitos dos dois pastorzinhos não desapareceram. Ao contrário, eles dão lugar a qualidades inversas cada vez que as crianças devem falar da aparição de 19 de setembro de 1846. Quando entram neste assunto, e somente neste momento, nota-se neles uma transformação imediata e completa, uma verdadeira metamorfose psíquica.

A firmeza com que os dois recusaram contar os segredos recebidos era admirável. Dom Dupanloup, bispo de Orleans, fez o possível e o impossível para que Maximin lhe contasse o segredo recebido da Virgem e, para isso, usou de ameaças e promessas de subornos tentadores até mesmo para um adulto, quanto mais para uma criança. Acabou, por fim, reconhecendo a derrota e escreveu:

A luta inútil cessou naquele momento. Senti que a dignidade do menino era superior à minha. Com amizade e respeito, coloquei minha mão sobre sua cabeça, tracei uma cruz sobre sua fronte e lhe disse: "Adeus, meu filho. Espero que a Santa Virgem me perdoe os pedidos insistentes que te fiz. Sê, por toda a tua vida, fiel à graça que recebeste". Mélanie também tinha a mesma firmeza a respeito disso. Nem as ofertas, nem os truques, nem as ameaças, nada vencia o seu silêncio. Suas respostas eram imediatas, categóricas e inflexíveis, sempre misturadas com humor: "Tu dirás ao padre o teu segredo quando fizeres a primeira confissão?". Ela: "Meu segredo não é um pecado, para ter de dizê-lo em confissão".

Os dois pastorzinhos ficaram no Convento das Irmãs da Providência em Corps do final de 1846 até setembro de 1850. Fizeram sua Primeira Comunhão em 7 de março de 1848 e receberam a Confirmação das mãos de Dom Depéry, bispo de Gap, em 25 de junho de 1850.

9
A atitude da Igreja

Em outubro de 1846, o bispo de Grenoble publicou uma carta proibindo a seus sacerdotes falar do evento enquanto não houvesse maiores esclarecimentos. Inquiridores oficiais ficaram encarregados de observar bem todos os fatos e depois apresentar um dossiê com os resultados. As conclusões foram claras: "As crianças não enganaram nem foram enganadas. Mesmo se tivessem tido a vontade de enganar, não teriam sido capazes de tal invenção".

Por ordem de uma autoridade eclesiástica, em 1851 os videntes escreveram, cada um em separado, o seu segredo recebido da Virgem. Colocados em envelopes separados, foram levados ao Papa. Finalmente, em 19 de setembro de 1851, Dom Philibert de Brouillard, bispo de Grenoble, publicou sua *Carta pastoral*:

> Nós julgamos que a aparição da Santa Virgem a dois pastorzinhos, a 19 de setembro de 1846, sobre uma montanha da cadeia dos Alpes situada na Paróquia de La Salette, no Arcebispado de Corps, traz em si mesma todos os caracteres de verdade, e que os fiéis têm fundamento para crer nela como indubitável e certa.

A partir daí aumentou a repercussão dos fatos. A *Carta pastoral* foi lida na maioria das dioceses da França e até no estrangeiro, e o *L'Osservatore Romano* a publicou em 4 de junho de 1852.

Em maio de 1852, Dom Philibert de Brouillard anunciou a construção de um Santuário sobre a montanha de La Salette e a criação de um grupo de missionários diocesanos aos quais deu o nome de "Missionários de Nossa Senhora de La Salette".

No dia 19 de setembro de 1855, Dom Ginoulhiac, novo bispo de Grenoble, afirmou: "A missão dos pastores chegou ao fim, a da Igreja continua".

Em assuntos como "aparições", "locuções interiores", "visões" etc., a Igreja tem usado sempre de muita prudência e costuma deixar passar os anos para se pronunciar oficialmente, o que não impede que, particularmente, haja às vezes opiniões divergentes entre o próprio clero. Em La Salette não foi diferente: nem todos os bispos e nem todos os padres eram unânimes em relação à aparição e, sobretudo, às mensagens. Aliás, ainda hoje há divergências sobre La Salette.

A Mensagem de La Salette, na qual a Mãe de Deus convoca o povo para que se converta e se aproxime de Deus, foi e continua sendo difundida e tem dado incontáveis frutos pelo mundo afora. Os Missionários de Nossa Senhora de La Salette, ordem religiosa que foi fundada pelo bispo de Grenoble, cuida do Santuário construído junto ao local da aparição. Tais missionários já se espalharam pelo mundo todo com uma bela e frutuosa obra de evangelização.

Desde 1872, uma congregação religiosa feminina que, a partir de 1930, passou a ser conhecida com o nome de "Irmãs de Nossa Senhora de La Salette", faz em La Salette e em alguns países do mundo um importante trabalho de evangelização, à luz da mensagem da aparição.

10

Uma luz que vem dos Alpes

Por curiosidade, mas também por profunda e sincera devoção, os fiéis costumam procurar os lugares santificados pela presença da Virgem. Aconteceu também em La Salette, pois, já em novembro de 1846, houve a primeira peregrinação – organizada por leigos, dado que o clero ainda estava proibido de apoiar a aparição. Marie Gaillard, uma senhora paralítica, implorou que os peregrinos rezassem pela sua cura, o que foi feito e ela ficou curada repentinamente. A partir daí, as peregrinações não pararam mais: houve muitas curas e, principalmente, conversões.

A primeira grande peregrinação em âmbito nacional acontecida na França foi ao Santuário de Nossa Senhora de La Salette, em iniciativa do abade Thédenatt, pároco em um bairro de Paris. Foi uma peregrinação reparadora, pedindo perdão e graças para toda a França. Os numerosos peregrinos foram atraídos para o evento por maciça divulgação num boletim católico chamado *Eco de Santa Filomena*. Em recordação dessa peregrinação, e daqueles que a realizaram, foi erguida, próxima aos lugares da aparição, uma imagem de Santa Filomena.

Em 8 de dezembro de 1846, festa da Imaculada, foi levantada no local da aparição uma grande cruz de madeira, feita por Pierre Calvat, pai de Mélanie.

As muitas curas levaram à criação de uma comissão episcopal encarregada de examinar os fatos tidos como de natureza miraculosa, julgados inexplicáveis pela ciência.

Na sua *Carta pastoral* de 19 de setembro de 1851, Dom Brouillard, bispo de Grenoble declarou:

Anunciam-se curas extraordinárias operadas em diversos lugares da França e do estrangeiro, até de lugares mais distantes. Veem-se enfermos, declarados como tais por médicos, enfermos sem qualquer perspectiva de superarem sua enfermidade, destinados a uma morte certa ou afligidos por doenças crônicas se recuperarem totalmente depois de invocarem Nossa Senhora de La Salette e de terem tomado com fé da água da fonte próxima ao local em que a Rainha do Céu apareceu aos dois pastorzinhos, vestida como uma camponesa, de touca e avental, mas coroada de rosas brilhantes e rodeada de luz. Essa fonte estava seca no dia 19 de setembro de 1846. A partir da aparição ela voltou a ter água e desde então sem interrupção: água prodigiosa, se não por sua origem, ao menos por seus efeitos.

Algumas curas significativas foram estudadas, aprovadas e relatadas numa importante obra de Dom Joseph Giray, bispo de Cahors. Acompanhando todas essas graças, lá estava o murmúrio incessante e discreto da água da fonte, junto com as orações dos peregrinos aos pés da Virgem em prantos.

Sobre as extraordinárias conversões ali acontecidas, escreveu um abalizado cronista:

A aparição da bela Senhora deu a todos os fiéis horror à blasfêmia, fidelidade à santificação do domingo, abstenção dos trabalhos nos domingos, frequência à Santa Missa e aos Sacramentos, amor à abstinência e à penitência. Em Corps e em La Salette, em um ano, aconteceu tal mudança, que só se explica pela aparição da bela Senhora em La Salette. E é igualmente consolador o aumento do fervor da vida cristã, manifestada pelos fiéis em toda a diocese de Grenoble e em outros lugares da França.

Com o passar dos anos, figuras importantes do panorama mundial foram grandemente influenciadas por La Salette, como, por exemplo, São João Bosco, São João Maria Vianney, o Cura de d'Ars, São Pedro Julião Eymard, Santa Madeleine-Sophie Barat, Prévost, Léon Bloy, Huysmans, o casal Maritain, Psichari, Paul Claudel etc.

Ainda hoje os peregrinos acorrem a La Salette buscando aquela que é sobretudo a Reconciliadora dos pecadores. Tanto no Santuário dos Alpes, quanto em todas as "pequenas Salettes" espalhadas pelo mundo, a Mãe de Jesus Cristo, atenta a todo o seu povo, atrai para seu Filho todos os que descobrem, por intermédio de suas lágrimas, a manifestação da ternura de Deus.

11

O santuário

Nos primeiros meses depois da aparição, se construiu na encosta da montanha uma cabana de madeira, com dois altares, para ali se celebrar a Missa. Não havia lugar para os milhares de peregrinos que participavam do rito sagrado, às vezes sob chuva abundante.

Obtida a aprovação eclesiástica para a construção de uma nova igreja, Dom Brouillard, bispo de Grenoble, por estar doente e idoso (mais de oitenta anos), encarregou o bispo de Valence de presidir a cerimônia do lançamento da pedra fundamental do Santuário, em 25 de maio de 1852. Na última hora, contudo, decidiu comparecer e fez uma longa e penosa viagem, de carruagem e a cavalo, para chegar à montanha. Tudo era simples e provisório no lugar, mas as cerimônias, programadas com muito carinho, foram tocantes: caiu uma chuva miúda e persistente que entristeceu os corações já compungidos e em clima de penitência. Os cortejos, tendo à frente os dois bispos e mais ou menos cem sacerdotes, tiveram a participação de uma multidão emocionada de 15 mil peregrinos que não arredava pé do lugar, apesar da chuva.

Junto à pedra fundamental, numa caixa de chumbo, foi colocado o pergaminho oficial assinado por Dom Brouillard, dedicando o Santuário "à Bem-Aventurada Virgem Maria que, em 19 de setembro de 1846, apareceu a dois pastorzinhos, Maximin e Mélanie. Brilhante como o sol, mas tomada de tristeza, ela lhes ordenou transmitir a seu povo os castigos que o ameaçavam se não se convertesse, e as bênçãos que lhe estavam reservadas, se voltasse para Deus".

Tiveram início os trabalhos de construção. Duzentos operários iniciaram a obra colossal, compreendendo não somente o Santuário, mas também os edifícios anexos, incluindo a Casa do Peregrino, para abrigar os fiéis. A obra foi inteiramente financiada por generosas doações.

A Igreja, de estilo romano-bizantino, mede 44 metros e meio de comprimento, 15 metros de largura e 18 metros de altura. A fachada, flanqueada por suas torres, olha para os lugares santos da aparição. Ela comporta mais de 2.500 fiéis.

Em 1879 o Santuário foi honrado com o título de Basílica Menor. No dia 20 de agosto aconteceu a consagração da Igreja, com a presença do cardeal Guibert, de Paris, e vários arcebispos e bispos franceses.

As festividades e cerimônias foram variadas, sempre com participação de milhares de peregrinos. Construíram-se vinte e cinco altares provisórios, sobre os quais se sucederam Missas sem interrupção, desde a noite do dia 19 até às 7 horas da manhã do dia 20, quando aconteceu a Missa pontifical e as bênçãos de Consagração do Santuário. À tarde e à noite, houve Via-sacra, Terços e procissão luminosa.

No dia 21 de agosto, durante a emocionante cerimônia da coroação da imagem de Nossa Senhora, o cardeal entoou o *Regina Coeli*, continuado pela multidão que o rodeava. O dia e as festividades se encerraram com o canto solene do *Te Deum* ecoando pelas encostas e vales, num misterioso encontro entre a multidão esperançosa e sua Mãe Reconciliadora que, invisivelmente, atraíra seus filhos àquela montanha abençoada. As peregrinações não cessaram desde então, marcadas por uma profunda fé e uma sincera devoção. Para atender os peregrinos, lá estavam, desde 1852, os Missionários de Nossa Senhora de La Salette. Mais tarde, eles abriram seminários e comunidades em outras partes do mundo, inclusive no Brasil, expandindo a mensagem da Reconciliação.

12

Maximin

Maximin Giraud nasceu em 27 de agosto de 1835, no seio de uma família pobre da vila de Corps. Ele tinha uma irmã, Angélica, quatro anos mais velha, e um irmãozinho, Francisco, três anos mais jovem. Seu pai fabricava carroças e sua mãe morreu quando ele ainda era muito pequeno. Em novo casamento, o pai lhe deu, infelizmente, uma madrasta que não o amava muito. Havia muitas dificuldades para alimentar cinco pessoas, pois a pobreza era grande; às vezes faltava até o pão.

Como toda criança, Maximin gostava de brincar, mas não ia à escola nem ao catecismo. Aos onze anos não sabia ler nem escrever e mal falava o *patois* local. Conhecia algumas palavras em francês, que aprendera na rua. Só ia à Missa quando obrigado e sua ignorância religiosa impediu que fosse admitido na catequese da primeira comunhão.

Ele fazia alguns serviços para seu pai. Por isso, em 13 de setembro de 1846, este o enviou para uma fazenda do amigo Pedro Selme, perto de La Salette, onde, durante uma semana, deveria substituir no pastoreio de gado um camponês doente. Sempre acompanhado do seu cachorro Lulu, Maximin se deu bem no trabalho e o patrão se agradou dele.

Ao voltar com o gado, na tarde de 17 de setembro, Maximin encontrou Mélanie pela primeira vez, quando ela também voltava com as vacas. Foram juntos para a montanha no dia seguinte, mas o menino logo descobriu que a nova amiguinha era muito quieta e não sabia brincar.

Na manhã de sábado, 19 de setembro de 1846, encontrou-se com Mélanie. Maximin não podia imaginar que aquele dia mudaria completamente sua vida e que lá na montanha a Rainha do céu lhe daria uma missão muito difícil de ser cumprida.

Essa missão teve início no mesmo dia 19 quando, na cozinha de seu patrão, ele contou o que havia acontecido. Os ouvintes (a família de Pedro

Selme e alguns vizinhos) não queriam acreditar no que ouviam: o menino contava, sem procurar as palavras, uma longa mensagem em francês, quando mal sabia o dialeto *patois*!

Quando foi para a cama naquela noite, Maximin recordou as palavras da bela Senhora: "Vocês, crianças, fazem bem suas orações?". Então ele queria rezar um pai-nosso e uma ave-maria como ela lhes pedira e, como não sabia nenhuma oração, pôs-se a chorar, até dormir, com os olhos ainda repletos do Céu que lhes tinha sido aberto algumas horas antes.

A madrasta e a avó de Maximin acreditaram no menino. Mas o pai, Giraud, a empregada do padre e uma outra pessoa passaram a abusar da inocência da criança, fazendo brincadeiras. Porém, tarde da noite, depois da saída dos inúmeros curiosos, o pai escutou Maximin e foi se deitar confuso. Nos dias seguintes esteve de mau humor, especialmente ao ver a casa sempre cheia de curiosos, e os tratou com grosseria. Até mesmo deu uns tapas em Maximin, quando algum dos presentes o acusou de usar o filho para enganar as pessoas.

Giraud ainda não ouvira o relato de Maximin até o fim. Um dia o menino aproveitou um momento de calma e lhe disse: "A bela Senhora me falou de ti!". O pai reagiu: "Como? O que ela disse?". Intrigado, o carpinteiro escutou enfim todo o relato do episódio do trigo estragado em Coin. A precisão de um fato insignificante e ignorado por todos e as circunstâncias misteriosas mexeram com Giraud. Ele gostou que a bela Senhora tivesse feito o filho relembrar todo o acontecido e ajuntou: "Pois se ela é a Santa Virgem, pode me curar!".

Alguns dias mais tarde ele foi com Selme e com Pra até a montanha. Lá, ficou curado das crises de asma que sempre o tinham atormentado. Não tardou a se converter e permaneceu um bom cristão até o fim de seus dias.

Maximin teve uma adolescência difícil. Nos três anos seguintes à aparição perdeu um irmão, a madrasta e também seu pai. Foi entregue então à tutela do tio Templier, irmão de sua mãe, homem rude e interesseiro, de quem o menino fugiu várias vezes, causando confusão e perplexidade. O tio tratou de se livrar do problema, levando o menino para morar com um tio-avô, um tal conde Certeau, que vivia perto da cidade de Lyon. Mal chegou, já voltou, pois a tal "hospitalidade" tinha um preço: Maximin deveria contar o "segredo" que a Virgem lhe confiara. Aliás, todos queriam que ele contasse o "segredo" que Nossa Senhora lhe confiara e que ele só poderia revelar em determinada data. Mas nunca cedeu aos pedidos e às ameaças. Mesmo sendo um menino sem instrução, não era tolo e a fé lhe dava uma força que ninguém esperava. Querendo desacreditá-lo, alguém lhe disse que a aparição era o diabo sob a aparência de Nossa Senhora. Maximin riu e respondeu: "Seria coisa do diabo subir a montanha fantasiado para nos ensinar ir à Missa e não blasfemar?".

Um dia, um padre o acusou de mentiroso e afirmou não acreditar nele. A resposta de Maximin foi: "O meu dever é dizer a mensagem da Santa Virgem e não o de fazer vocês acreditarem nela".

Em 1851 Maximin falou sobre a guerra que haveria na França, sobre o cerco de Paris e como a cidade seria grandemente incendiada. Também previu a morte do arcebispo Dom Darboy. Em 1856, numa entrevista com esse santo prelado, Maximin lhe disse: "É tão verdadeiro que a Santa Virgem me apareceu quanto é verdade que vós morrereis fuzilado em 1871". Com efeito, Dom Darboy foi fuzilado pelos revolucionários, na prisão, em 1871.

Maximin viveu rodeado de pessoas que estavam interessadas, sobretudo, no segredo que Nossa Senhora lhe confiara. Além disso, ele enfrentou muitos aproveitadores que queriam tirar vantagens (econômicas, religiosas e até políticas) da aparição e do segredo confiado a ele. Por isso, sendo órfão, e na realidade mal orientado, viveu aos olhos do mundo como um errante confuso e inconsequente. Esteve um tempo no seminário Le Rondeau, mas era tão inconstante e instável que os superiores o aconselharam a desistir do sacerdócio. Mas ele queria ser padre e esteve durante mais de um ano em outro seminário da região. Também ali não deu certo e foi morar com um idoso pároco de aldeia, que o ajudou a estudar. Mais tarde entrou para o seminário dos jesuítas, em Dax, onde também não ficou. Acabou indo para Paris, onde trabalhou alguns meses no Asilo Imperial de Vésinet. Dali foi encaminhado para estudar em Tonnerre.

Algum tempo depois adoeceu e precisou ser hospitalizado. Encantou-se então pela medicina e decidiu ser médico. Estudou na Escola de Medicina de Paris durante dois anos, mas também desistiu, mesmo porque já não estava bem de saúde.

Em 1861 Maximin conheceu o casal Jourdain, que se interessou por ele e que realmente passou a considerá-lo como filho adotivo. Os laços criados com os Jourdain nunca mais se romperam: o casal Jourdain ajudou Maximin até mesmo na aventura financeira de uma indústria de licor e por isso ficou na miséria, precisando, no fim da vida, depender da caridade do bispo de Grenoble. Em 1863, um espanhol, o conde de Peñalver, se tornou seu amigo e resolveu ser seu protetor e conselheiro. Dois anos depois, Maximin serviu durante alguns meses na Guarda Suíça do Vaticano. Alguns anos mais tarde, aceitou associar-se com Vivier, um licorista, para fabricação e venda de um licor chamado "Saletino". Mais uma incursão fadada ao fracasso, com prejuízos para sua reputação, além de verdadeira falência financeira para a qual, como já vimos, foi arrastado também o casal Jourdain. Tendo Maximin menos de quarenta anos de vida, doente e ainda sem rumo, o bispo de Grenoble foi quem lhe deu ajuda financeira para viver juntamente com os pais adotivos.

Em 1866, tendo sido caluniado por certo tipo de imprensa, que causou muita confusão em relação à aparição, Maximin escreveu e fez publicar sua "profissão de fé" nestes termos:

> Se eu corri atrás de fortuna, de glória e de prazeres, é preciso convir que me perdi no caminho; digo sem lamentar que não encontrei nada disso. Digo mais: meu testemunho foi sempre a causa de todas as minhas dificuldades. Por que não me esqueceram em minhas montanhas? Meu caminho, menos agitado, teria me dado mais alegria. Eu não teria conhecido, próximo dos meus compatriotas, o quanto custa viver entre estrangeiros, e o pão preto da minha aldeia não teria me faltado, como muitas vezes a comida rebuscada das grandes cidades. Digo mais ainda: eu seria rico no momento em que tivesse a covardia de complacência de me desmentir. Que penoso seria restabelecer a verdade, supondo que eu a traísse, quando eu podia imediatamente me beneficiar de um imenso escândalo e livrar meu nome de todos os ecos da publicidade? Aqueles que me atribuem tantos defeitos não pensem que o escândalo me atemorize.

No dia 1º de março de 1875, aos 42 anos de idade, Maximin Giraud morreu, às cinco da tarde, em sua casa em Corps, confortado pela ternura e devotamento da sua mãe adotiva e de alguns amigos. Tinha recebido na véspera a visita das Irmãs catequistas que o conheciam desde menino; tinha também se confessado e recebido a unção dos enfermos. Seu sepultamento foi no dia 3 de março. Mas seu coração, que ele havia legado oficialmente ao Santuário de Nossa Senhora de La Salette, está guardado numa urna na parede do Santuário, como ele queria: "Creio firmemente, mesmo a preço de meu sangue, na célebre aparição da Santíssima Virgem sobre a montanha de La Salette, a 19 de setembro de 1846. Aparição que defendi por palavras, por escrito e por sofrimentos... Com esse sentimento dou meu coração a Nossa Senhora de La Salette."

Maximin foi um vidente escolhido e amado por Nossa Senhora e, como tantos outros videntes, não encontrou nem paz nem felicidade nesta terra. Pelo contrário, órfão e mal-amado pelos poucos familiares, praticamente só teve o carinho do pai, que morreu cedo, da avó, e das Irmãs que o tinham alfabetizado e lhe dado catequese. Mesmo considerando a atenção recebida do casal Jourdain, que desde 1861 o tinha como filho adotivo, ele na realidade não tinha segurança emocional. O que torna ainda mais importante a sua extrema fidelidade ao segredo e à mensagem da Bela Senhora.

Nem a instabilidade emocional, nem as injúrias e calúnias, nem os aproveitadores da sua ingenuidade, nem a guerra, nem as intrigas políticas da época conseguiram destruir, no coração do Pastorinho, o amor a Nossa Senhora e a fidelidade a uma missão que nunca entendeu direito, mas que buscou cumprir da melhor maneira possível. Foi fiel ao Rosário, que rezava diariamente, e sempre com paciência recebia visitas a quem atendia quando pediam que falasse sobre os acontecimentos do dia 19 de setembro de 1846. O pároco de Jouy-en-Josas, onde morou um tempo com os pais adotivos, escreveu sobre ele: "Posso testemunhar, sendo seu diretor espiritual em 1870, a sua grande fé, sua humildade, sua simplicidade, seu bom coração, seu amor pela Igreja e pelo Soberano Pontífice e sua piedade sempre crescente para com a Santíssima Virgem".

Padre Archier, missionário de La Salette, testemunhou sobre ele: "Ousaram dizer que Maximin não era piedoso. Nada é mais injusto e mais falso. Tive várias oportunidades de comprovar: muitas vezes eu me cansava de rezar, mas ele jamais se cansava."

13

Mélanie

Mélanie nasceu na aldeia de Corps em 7 de novembro de 1831, sendo a quarta de oito filhos. Sua mãe se chamava Julie Barnaud e seu pai Pierre Calvat. Este era lenhador e carpinteiro, mas na verdade vivia de pequenos trabalhos. A família era tão pobre que, às vezes, as crianças precisavam mendigar. Desde antes dos dez anos Mélanie trabalhava em pequenos serviços com outras famílias, o que era vantagem porque, além de ganhar alguns trocados, era, em sua casa, uma boca menos para ser alimentada.

Em 1846, não tendo completado ainda quinze anos, estava empregada na casa de Jean-Baptiste Pra, em Ablandins, perto de La Salette. As privações da infância retardaram seu desenvolvimento físico e ela mal parecia ter onze ou doze anos. Era quieta, falava muito pouco, só o suficiente para responder ao que lhe perguntavam. Não reclamava do trabalho nem das intempéries e jamais se preocupava com conforto. Diariamente levava as vacas, bem cedo, para pastarem na encosta da montanha e só voltava ao anoitecer. Ela não tinha domingos nem feriados, trabalhava sempre por igual. Não havia frequentado escola nem catecismo, não lia nem escrevia e mal falava o *patois*.

Por isso mesmo, todos os que a conheciam não puderam deixar de considerar sobrenatural o que aconteceu na montanha, naquele 19 de setembro, já que a menina relatava o acontecimento citando longos trechos num francês que ela absolutamente não conhecia.

Depois da aparição, Mélanie teve de responder a muitas perguntas e fazer muitos relatos dos acontecimentos, mas por toda a vida permaneceu introvertida, até um tanto antissocial; ela que, quando criança, era chamada "a muda".

Tendo a Diocese tomado os videntes sob sua proteção, Mélanie ficou, como Maximin, sob os cuidados das religiosas do convento de Corps e, mais tarde, entrou como postulante no convento das Irmãs da Providência em Corenc, perto de Grenoble, onde recebeu o nome de Irmã Maria da Cruz. Entretanto adoeceu e o novo bispo de Grenoble não deu autorização para que ela fizesse a profissão religiosa (os votos).

Foi então para junto das Irmãs de Caridade, onde também não ficou. Voltando a Corps, foi convidada para ir para o Carmelo em Darlington, na Inglaterra. Ficou lá durante seis anos, mas acabou voltando para a França. Fez uma tentativa junto às Irmãs da Compaixão, em Marselha e, com elas, trabalhou um tempo na Grécia, num orfanato.

De volta à França, foi convidada por um bispo italiano, Dom Petagna, para ir morar definitivamente em sua região, Castellamare, na Itália, e ela aceitou. Dom Petagna passou a ser seu protetor e diretor espiritual. Depois de algum tempo na Itália, voltou para a França e ficou com a mãe, até que esta morresse. Enfrentou muitas dificuldades com seus irmãos, todos muito problemáticos, e alguns sempre querendo tirar proveito dela, por causa da aparição. Voltou para a Itália e se fixou na diocese de Lecce. Houve ainda mais algum tempo de permanência na França, em Diou.

No início de 1904 ela se instalou na cidade de Altamura, no sul da Itália, onde viveu anônima e humildemente e onde, afinal, acabou morrendo nesse mesmo ano, na noite de 14 para 15 de dezembro. Somente o bispo, Dom Cecchini, conhecia a sua identidade e, quando, na manhã do dia 15 ela não compareceu à catedral para a Missa, como fazia diariamente, ele e o coroinha foram à casa em que ela morava sozinha. Ninguém atendia. Forçada a porta, encontraram Mélanie deitada, morta no chão do seu quarto.

Seu corpo está sepultado em Altamura, na casa de uma congregação religiosa fundada por Santo Aníbal Maria di Francia, que conheceu Mélanie e que mandou colocar sobre o túmulo de mármore o seguinte epitáfio:

> Aqui, no Templo sagrado de Deus, encontraram calma e repouso os ossos fatigados e provados da humilde pastora de La Salette, Mélanie Calvat. Nascida em Corps, pequena cidade da França, em 7 de novembro de 1831, falecida em odor de santidade em Altamura, em 14 de dezembro de 1904. As filhas do Divino Zelo do Coração de Jesus, às quais tu pertences como sábia cofundadora, guardam-te amorosamente. Em tua eterna paz, ó alma privilegiada, tuas queridas filhas e irmãs em Jesus e Maria te invocarão sempre e a ti rezarão.

Em vida, Mélanie teve grandes amigos e admiradores, mas também críticos e inimigos. Tanto os admiradores quanto os críticos distorceram a imagem da vidente, seja positiva ou negativamente. A pastorinha era introvertida e solitária e, ao receber da Virgem uma missão em que teria de se expor, talvez não tenha tido a necessária orientação que levasse em conta o seu temperamento e a sua personalidade. O fato é que, solitária e sem o compreensivo, esclarecido e equilibrado apoio humano, Mélanie perseguiu, como que aos solavancos, o cumprimento da missão que recebera e que os outros pareciam não entender. Vemos, hoje, que o sofrimento a purificou e a santificou e nos comovemos com sua fidelidade até o fim.

Padre Sibilat, um dos primeiros Missionários de Nossa Senhora de La Salette e que foi professor de Mélanie, declarou: "É preciso dizer, hoje, que a grande aparição de 1846 não foi mais que uma das muitas graças que a vidente recebeu".

Santo Aníbal Maria di Francia, numa oração fúnebre por ocasião do primeiro aniversário do falecimento de Mélanie (em 14 de dezembro de 1905), assim se expressou:

> Mélanie era dotada de uma sensibilidade delicada, de um espírito sagaz e penetrante, muito compassiva com as misérias humanas, muito preocupada com o zelo pela glória divina e a salvação das almas, por isso passou toda a sua vida numa agonia espiritual que só Deus podia entender. [...] Adeus, alma tão bela! Adeus, criatura do amor, obra completa do amor, do mais puro e mais santo amor de Jesus, o Soberano Bem! Adeus, virgem vigilante e prudente! Quando, na calma da noite, a voz do Esposo te chamou, correste a ele com a lâmpada mística, com a lâmpada repleta de óleo e luminosa de esplendor! Para ti cessaram os trabalhos, as longas e fatigantes viagens, as peregrinações esgotantes, as profundas agonias de amor do santo Amor, com sua fome insaciável e sua sede inextinguível de Justiça que não existe na terra. [...] Junto a Jesus e Maria, reza por todos aqueles que te veneram como uma criatura celeste. Reza pelas tuas irmãs do Divino Zelo a quem deste uma direção sábia e esclarecida. E por mim também, que, tendo recebido de ti o testemunho de um puro afeto, espero o socorro de tuas orações ao adorável Redentor Jesus Cristo e Maria sua Mãe Imaculada.

14

O que dizer?

Quando Nossa Senhora apareceu em La Salette, em 1846, poderia ter buscado sábios, teólogos ou doutores para transmitirem ao povo a sua mensagem. Mas não, ela escolheu duas crianças pobres e ignorantes. Foi com elas que a Virgem falou, foi para elas que Maria transmitiu uma mensagem e as encarregou de uma missão: anunciar a todo povo a grande notícia que ela tinha vindo dizer.

A partir daí a vida das crianças se transformou. Tornados célebres sem que o desejassem, os pastorzinhos foram chamados a desempenhar um papel para o qual não estavam humanamente preparados. Suas vidas seriam marcadas pelo sofrimento, pela pobreza, pela contradição, pelo ciúme, pela calúnia e por provações de todo gênero. Apesar disso, permaneceram fiéis. Sua existência foi marcada definitivamente pela aparição e nunca deixaram de ser fiéis à sua missão. Até o último suspiro, foram iluminados pela maravilhosa visão que tiveram na montanha naquele 19 de setembro.

15
Por quem chorou Nossa Senhora?

Nossa Senhora, em La Salette, chorou por seus filhos, pela humanidade, por causa da teimosia humana de se manter afastada de Deus. Na montanha de La Salette, Maria veio pedir que o mundo se converta, que os homens de reconciliem uns com os outros e, principalmente, com Deus. O choroso apelo da Virgem não foi o primeiro nem o último, pois a sociedade humana está cada vez mais paganizada, mais longe de Deus.

Na época da aparição havia pobreza e miséria, fome, doenças e calamidades que dizimaram milhares de pessoas. Hoje não é diferente: os ouvidos ainda estão surdos, os corações petrificados e as mãos fechadas para dar socos em vez de se abrirem para a solidariedade e o amor fraterno.

Nossos domingos, em vez de serem dias de louvor a Deus, se transformaram em fins de semana de lazer e de se ganhar dinheiro. O jejum e a abstinência são considerados atitudes fanáticas, enquanto uma sociedade consumista e manipulada adoça e até morre por endeusar a gula, o estômago, a escravidão do comer demais. A desesperança, o mundanismo e o paganismo levam multidões a especular na magia, nos horóscopos, em vez de buscar com simplicidade a vontade de Deus para suas vidas. O que dizer de muitos governantes e políticos, minoria privilegiada que pisoteia os direitos dos mais necessitados e usa para escandaloso proveito próprio o potencial e a riqueza que Deus deu a toda humanidade?

Se formos hoje à montanha de La Salette veremos a imagem de Nossa Senhora sentada lá, chorando, conforme a descrição dos videntes em 1846. Diremos que é só uma imagem, mas ela continua nossa Mãe, ela continua querendo a nossa conversão e pode ser, até, que o peso do braço da justiça do seu Filho esteja realmente insuportável e ela não o segure mais.

Não sei em que montanha, em que deserto, em que praia, em que clareira, mas em algum lugar e talvez mesmo em todos, nesse nosso mundo tão surdo e cego para os apelos de amor de Deus, a Santa Virgem continua a chorar. Porque as mães estão sempre atentas aos filhos, querendo sempre o melhor para eles e, quando sentem que eles parecem mesmo querer se atirar no abismo, o que resta fazer, senão chorar? Nem Maria nos obriga a nada, como Deus também não, porque respeita nossa liberdade. Então, não sabemos quanto ainda Maria vai chorar e se consumir por nós. Sabemos apenas que ela não vai desistir, pois é nossa Mãe!

Bibliografia

CASEAU, C. *Courte notice historique et descriptive sur le pelerinage de N. S. de la Salette*. Sanctuaire de la Salette par Corps, 1942.

CASTEL, Roger. *La Salette, Maria em nossa caminhada*. Eckbolsheim: du Signe, 1995.

DION, Henri. *Melanie Calvat bergère de la Salette, étapes humaines et mystiques*. France: Association des Enfants de Notre-Dame de la Salette/ Pierre Téqui, 1984.

_____. *Maximin Giraud. Berger de la Salette ou la fidelité dans l'épreuve*. Montsûrs, France: Résiac, 1988.

GALLI, Antonio. *La Bergère de Notre-Dame de la Salette*. France: Association des Enfants de Notre-Dame de la Salette et Saint Grignion de Montfort, 1996.

GUIBERT, F. X. de (O.E.I.L). *Témoignages historiques sur Mélanie Calvat bergére de la Salette*. France: Association des Enfants de Notre-Dame de la Salette et saint Grignion de Montfort, 1993.

GUILHOT, Hyacinthe. *La vraie Mélanie de La Salette*. France: Saint Michel, 1973.

SALMIECH, Charles M. S. *Les voyants de La Salette*. Paris: Nouvelles Editions Latines, 1980.

SARDONE, Angelo. *La presenza e l'opera del Beato Annibale Maria Di Francia ad Altamura*. Roma: Rogazioniste Provincia Italia Centro Sud, 1994.

TURCHINI-ZUCCARELLI, C. *Les merveilleuses apparitions de Notre-Dame*. Paris: Nouvelles Editions Latines, 1977.

CAPÍTULO VI

Nossa Senhora de Lourdes, uma fonte de Graças

"Seguindo [...] Bernadette,
é-nos lembrado o essencial da mensagem de Lourdes.
Bernadette é a filha mais velha de uma família muito pobre,
que não possui ciência nem poder, e é frágil de saúde.
Maria a escolhe para transmitir a sua mensagem
de conversão, oração e penitência,
em plena sintonia com a palavra de Jesus:
'Escondeste estas coisas aos sábios
e aos entendidos e as revelaste aos pequeninos' (Mt 11,25).
No seu caminho espiritual,
também os cristãos são chamados a fazer frutificar
a graça do seu Batismo,
a alimentar-se da Eucaristia, a haurir da oração
a força para dar o testemunho e ser solidários
com todos os seus irmãos [...].
Deixemos que a Virgem [...] nos guie
pelo caminho que leva ao Reino do seu Filho!"
(Papa Bento XVI – Lourdes, 14 set. 2008)

APRESENTAÇÃO

O recado que se renova

"Senhor, aquele a quem amas está doente" (Jo 11,3). Foi esse o recado que Marta e Maria mandaram a Jesus quando seu irmão Lázaro ficou doente em Betânia – recado que mereceu de Jesus uma observação (cf. Jo 11,4) e a decisão de voltar à Judeia, a fim de visitá-lo e *despertá-lo* (cf. Jo 11,11). Esse retorno representava um risco, muito bem lembrado por seus discípulos: "Há pouco os judeus te queriam apedrejar e tu retornas para lá?" (Jo 11,8). Sim, ele retornaria, porque indo ao encontro de Lázaro, seu amigo, teria uma nova oportunidade de glorificar a Deus e ser ele mesmo glorificado (cf. Jo 11,4).

Senhor, aquele a quem amas está doente. Dito pausadamente pelo sacerdote que presidia a procissão dos doentes, naquela tarde de maio, no Santuário de Lourdes, esse recado era revestido de uma novidade surpreendente: não era apenas um amigo de Jesus que estava doente, eram centenas, e ali estavam graças ao carinho de outras Martas e Marias, de muitos Cireneus que empurravam suas cadeiras de rodas. Pouco a pouco, a imensa praça diante do Santuário ia sendo ocupada, sendo deixado conveniente espaço para a passagem do Santíssimo Sacramento que abençoaria os doentes.

Senhor, aquele a quem amas está doente. Era um lembrete repetido insistentemente a Jesus. Era também uma maneira de reforçar uma certeza no coração dos doentes vindos de vários países: eles não estavam sozinhos, nem estavam acompanhados apenas pelos voluntários que os carregavam. Junto deles, participando de seus sofrimentos, acompanhando-os em sua dor, sofrendo neles e, acima de tudo, oferecendo-os ao Pai, estava Jesus. Também esse acontecimento acabaria sendo para a glória da Santíssima Trindade.

Talvez alguns deles voltassem para casa curados. A maioria voltaria curada interiormente, isto é, renovada em sua fé, fortalecida em sua esperança e com uma nova capacidade de viver, no amor, sua participação nos sofrimentos de Cristo. Não havia sido esse o testemunho dado por Paulo aos Colossenses? "Agora me alegro com os sofrimentos suportados por vós. Em minha carne supro pela Igreja, seu corpo, o que falta às tribulações de Cristo" (1,24).

Senhor, aquele a quem amas está doente. Poderiam ser lembrados também doentes que não estavam ali, em Lourdes, mas que em suas casas ou em hospitais, perto ou longe daquele Santuário, também esperavam a cura física, a cura do coração, uma graça para sua família e a paz para o mundo. Também esses precisavam ser apresentados a Jesus.

Ali, naquele Santuário, não eram mais Marta e Maria de Betânia que renovavam o recado ao Mestre da Galileia. Era uma outra Maria que o fazia – aquela que, desde os primeiros anos de vida, Jesus aprendeu a chamar de "Mãe".

A leitura de *Nossa Senhora de Lourdes, uma fonte de Graças*, além de nos introduzir nas maravilhas que continuam sendo operadas no grande santuário mariano francês, nos dá uma certeza: Lourdes tem as dimensões do mundo, porque tem as dimensões do coração de uma mãe – da Mãe de Jesus, nossa Mãe, Maria Santíssima.

Ir a Lourdes é uma graça; trazer Lourdes para perto de si é uma possibilidade ao alcance de todos os filhos daquela que se apresentou a Bernadette dizendo: "Eu sou a Imaculada Conceição".

Senhor, aquele a quem amas está doente. Esse recado de pessoas amigas conseguiu fazer com que Jesus mudasse seu programa, e fosse a Betânia para ressuscitar seu amigo Lázaro. Hoje, é Maria que repete essa frase a Jesus. Que decisões esse lembrete fará nascer no coração de seu Filho?

Dom Murilo S. R. Krieger, SCJ

INTRODUÇÃO

Amizade e intimidade com Deus

É com muita alegria e carinho que escrevo sobre Nossa Senhora. Meu objetivo é o de mostrar, de modo simples e em linguagem acessível, que a Virgem Maria, a Mãe de Deus, quer ser presença atuante na vida de seus filhos.

Estas páginas não são um tratado sobre Lourdes; elas buscam apenas contar, resumidamente, o que lá aconteceu em 1858, nos anos seguintes e ainda hoje. Procurei narrar cada uma das aparições sem deixar de lado nada que seja realmente importante para compreender a mensagem que Nossa Senhora ali deixou.

Que esta minha narração, levando ao leitor os fatos ocorridos em Lourdes, possa despertar em seu coração o desejo de se consagrar à Imaculada Virgem Maria, Mãe de Deus. Afinal, ela veio para se dar a nós, para nos receber no seu coração e, então, oferecê-lo a seu Filho.

Para algumas pessoas, ter uma grutinha de Lourdes no jardim da própria casa pode ser apenas pitoresco, e rezar o Terço pode virar rotina. Essas manifestações de piedade e devoção são boas e levam ao crescimento espiritual, mas não devem estar desligadas do que Nossa Senhora pediu a Bernadette e pede ainda hoje: "Rezem pelos pecadores... Façam penitência, por vocês e pelos pecadores". Também disse: "Vai beber da fonte e lavar-te nela".

Estamos geograficamente distantes da fonte de Lourdes – mas todas as inúmeras Missas e confissões celebradas em Lourdes nos mostram a extraordinária atualidade do Evangelho (Jo 4), no qual Jesus nos oferece a "fonte da água viva". Em Lourdes, a Virgem Maria nos convida a buscar não somente a saúde física; ela deseja que façamos de nossa vida um caminho de vida, uma vida de amizade e intimidade com Deus, e uma renovada preocupação pelos irmãos, especialmente aqueles que mais precisam de nosso amor.

Mafalda Böing

1
Histórico

No sudoeste da França, quase na fronteira com a Espanha, há uma linda região onde o horizonte alinha altas montanhas e os rios correm rápidos em leitos cheios de pedras, com grutas calcárias nas margens.

Um desses rios é o Gave, que nasce nos gelos das altas montanhas dos Pirineus. Descendo pelas encostas e atravessando florestas e pedreiras de mármore e ardósia, o rio Gave tem acompanhado a vida de modestos agricultores, moleiros e trabalhadores de grandes pedreiras.

Uma das cidades situadas às margens do rio Gave é Lourdes, que hoje é conhecida no mundo inteiro pelos acontecimentos que vou narrar nestas páginas. Na metade do século XIX, Lourdes era pouco mais do que uma aldeia, e sua população constava de mais ou menos 5.000 pessoas. Uma das famílias mais pobres do lugar era a de Francisco Soubirous. Francisco e Luiza eram dos arredores de Lourdes, da região dos moinhos, onde se conheceram e se casaram, em janeiro de 1843.

Em 7 de janeiro de 1844 nasceu-lhes a primeira filha, Bernadette, recebida com grande carinho e rodeada de muito amor. Nos anos seguintes a família aumentou: vieram a menina Toinette, em 1846, Jean-Marie, em 1851, e Justin, em 1855.

Quando Bernadette ainda era bem pequena, seu pai perdeu a visão do olho esquerdo, atingido por uma lasca de pedra, quando consertava as pás de um moinho. Depois, os tempos foram ficando mais difíceis e, em 1854, tendo perdido o moinho, os Soubirous foram morar na cidade, passando a viver dos poucos trabalhos conseguidos por Francisco e dos serviços domésticos e faxinas de Luiza. O excesso de trabalho consumiu Luiza, que, mal alimentada, não pôde amamentar os filhos como gostaria. Dos nove filhos que teve, cinco não chegaram aos dez anos.

No outono de 1855, Lourdes foi atingida pela epidemia de cólera. Em Bernadette, a cólera deixou consequência: passou a sofrer de asma, doença que a fez sofrer muito e pelo resto da vida. A família Soubirous empobreceu sempre mais e, não tendo onde morar, foi alojar-se no "Cachot", antiga prisão da cidade, abandonada pelas autoridades, por ser demasiadamente úmida.

Os Soubirous se constituíam, pois, na família mais necessitada de Lourdes, tanto que, por ocasião de um roubo de farinha na padaria local, o proprietário acusou Francisco Soubirous, pois, segundo ele, o ladrão teria que ser o mais pobre do lugar! O pai de Bernadette ficou preso durante uma semana, até o assunto ser esclarecido e ele, inocentado; mas foi um duro golpe para sua família já tão sofrida e, sobretudo, tão honesta, incapaz de se apoderar do que não lhe pertencesse!

Na vida cotidiana, Bernadette, que era a mais velha, cuidava dos irmãos e ajudava a mãe nos serviços da pobre e úmida moradia. Durante o ano de 1857, quando estava com 13 anos, ela foi trabalhar fora da cidade como pastora, criadinha e babá, mas voltou para casa em janeiro de 1858.

2

As aparições

1ª aparição – quinta-feira, 11 de fevereiro de 1858, meio-dia

Na fria manhã de 11 de fevereiro de 1858, Bernadette, com sua irmã Toinette e a vizinha Jeanne Abadie foram à procura de gravetos. À margem do Gave, onde o canal que trazia água dos moinhos desembocava no rio, havia na parede rochosa uma Gruta, conhecida pelo nome de *Massabielle*.

Ao meio-dia, quando as meninas ali chegaram, Toinette e Jeanne entraram na água, que estava rasa, para atravessar o canal. Bernadette hesitou, antes de molhar os pés na água gelada, pois a mãe lhe fizera muitas recomendações por causa da asma. Afinal, abaixou-se, tirou os tamancos e começava a tirar as meias "quando ouviu um forte barulho, como se fosse um pé de vento".

A menina olhou para as árvores e viu que os galhos e as folhas não se mexiam. Abaixou-se para terminar de tirar as meias, e o barulho do vento se repetiu. Bernadette olhou ao redor e viu que brilhava uma luz dentro da Gruta, num buraco acima dos ramos de uma roseira brava.

Dentro da luz, uma jovem maravilhosa, vestida de branco, com as mãos estendidas em acolhimento, estava como que a chamá-la. Trazia um longo cinto azul na cintura, um véu transparente sobre os cabelos longos e, sobre cada pé descalço, uma rosa dourada. Parecia um sonho, e Bernadette esfregou os olhos, mas não desapareceram nem aquela figura nem aquele sorriso. A menina relatou depois:

> Meti a mão no bolso e encontrei o Terço. Queria fazer o sinal da cruz, mas não pude levar a mão à testa. O espanto apossou-se de mim mais

fortemente, a minha mão tremia. A Senhora fez o sinal da cruz. Então tentei pela segunda vez, e consegui. Logo que fiz o sinal da cruz, a grande comoção que sentia desapareceu. Pus-me de joelhos e rezei o meu Terço na presença da linda Senhora. Ela fazia passar pelos dedos as contas do Rosário que tinha nas mãos, mas não mexia os lábios. Quando acabei o Terço, ela me fez sinal para me aproximar. Mas não ousei. Então, ela desapareceu de repente.

Terminara a visão. Bernadette entrou na água e foi ao encontro das companheiras, que lhe perguntaram o motivo de ter ficado de joelhos a rezar tanto tempo. Ela lhes contou o que ocorrera, e suas companheiras, depois, em casa, contaram aos pais o que ela havia lhes dito. Francisco e Luiza, receosos e confusos, interrogaram Bernadette. O resultado foi uma surra, além da proibição de voltar à Gruta.

2ª aparição – domingo, 14 de fevereiro de 1858, meio-dia

A notícia do que aconteceu com Bernadette se espalhou. Domingo, depois da Missa, a curiosidade levou um bando de crianças à Gruta. Francisco e Luiza acabaram permitindo que também Bernadette fosse com elas e dessa vez ela levou água benta, pois a mãe receava que a visão fosse alguma coisa diabólica. Chegando lá, a menina ajoelhou-se em frente à Gruta, tirou o Rosário do bolso e começou a rezar. Estava na segunda dezena quando interrompeu a oração, para avisar às outras crianças que a bela Senhora estava ali. Pegou o frasco com a água benta e aspergiu na direção da aparição, dizendo: "Se vem da parte de Deus, fique; se não, vá embora!". Mais tarde Bernadette contou que a resposta foi um sorriso e, quanto mais aspergia, mais o sorriso aumentava. Também dessa vez a Senhora nada falou.

Ouvindo as notícias das aparições, algumas mulheres de Lourdes consideraram tudo uma "palhaçada" e uma delas, Sofia Pailhasson, esperou Bernadette à saída da escola no dia seguinte e lhe deu violenta bofetada, "para que não mentisse mais". Novamente os pais proibiram Bernadette de voltar à Gruta.

3ª aparição – quinta-feira, 18 de fevereiro de 1858, meio-dia

Parentes e amigos insistiram junto a Francisco e Luiza para que liberassem Bernadette, e na quinta-feira seguinte ela foi à Gruta, acompanhada de um grupo de adultos. Eles a fizeram levar papel, caneta e tinteiro, para que a aparição escrevesse quem era e o que desejava. Bernadette fez o que lhe mandaram. Mas a bela Senhora sorriu e disse: "Não é necessário!". Depois, lhe perguntou: "Quer ter a bondade de vir aqui durante 15 dias?". A menina prometeu que sim, que iria, pois estava extremamente feliz com a possibilidade de mais encontros. Foi nesse dia que a Virgem lhe disse: "Não prometo tornar-te feliz neste mundo, mas no outro".

4ª aparição – sexta-feira, 19 de fevereiro de 1858, meio-dia

No dia seguinte, 19 de fevereiro, Luiza resolveu acompanhar a filha. A aparição foi silenciosa, mas Bernadette ouviu rumores que pareciam vir das profundezas do rio, como vozes amedrontadoras, que se calaram quando a Senhora olhou para lá. Embora Bernadette chamasse sempre a visão de *Aquerò*, que no dialeto da região significava *Aquilo*, as pessoas do lugar começavam a dizer que só poderia se tratar da Santíssima Virgem.

5ª aparição – sábado, 20 de fevereiro de 1858, meio-dia

No sábado, dia 20, havia umas 20 pessoas com Bernadette na Gruta. Rezaram o Terço, aguardaram, mas a menina não recebeu qualquer mensagem. Mais tarde a vidente diria que a Senhora ensinara uma oração só para ela.

6ª aparição – domingo, 21 de fevereiro de 1858, meio-dia

Nesse domingo já se contavam no local das aparições umas 100 pessoas. A Senhora apareceu, mas ainda não falou o que desejava. À tarde,

Bernadette foi duramente interrogada pelas autoridades policiais, que queriam vê-la desdizer-se.

No dia 22 de fevereiro, segunda-feira, Bernadette voltou ao local, mas escoltada por policiais, e não teve visão alguma.

7ª aparição – terça-feira, 23 de fevereiro de 1858, meio-dia

No dia 23 já eram umas 150 pessoas na Gruta, incluindo alguns intelectuais curiosos da cidade. Mas a Senhora continuou silenciosa: não disse a Bernadette quem era nem o que queria.

8ª aparição – quarta-feira, 24 de fevereiro de 1858, meio-dia

Dessa vez, um grupo formado por umas 300 pessoas se comprimia em frente à Gruta, e Bernadette teve dificuldade para chegar ao lugar de sempre. Depois de rezar o Terço, ouviu a Senhora dizer, entristecida: "Penitência! Rezem a Deus pela conversão dos pecadores". Depois pediu a Bernadette um exercício de penitência: "Vai beijar a terra em penitência pelos pecadores". A menina obedeceu, e todos ficaram muito impressionados, pois nada tinham escutado e agora a viam ajoelhada, prostrada a beijar o solo...

9ª aparição – quinta-feira, 25 de fevereiro de 1858, meio-dia

Dia 25 de fevereiro, o povo começou a chegar às 2 horas da madrugada para conseguir os melhores lugares. Quando Bernadette chegou, já havia umas trezentas e cinquenta pessoas. Rezando o Terço como de costume, Bernadette subiu de joelhos a ladeira que leva até o fundo da Gruta. As pessoas notaram que ela movia os lábios, mas suas palavras não tinham som, nada podiam ouvir. Ela passou então a agir de modo estranho e mais tarde ela mesma explicou: "*Aquerò* disse-me: 'Vai beber da fonte e lavar-te nela'. Não vendo água, tentei chegar ao rio, mas ela me fez um sinal indicando um lugar dentro da Gruta. Cavei no chão e veio água misturada com lama. Três vezes tentei beber, mas era muito suja, e não consegui. Na quarta vez consegui beber, e também lavei o rosto. Ela também me mandou comer das ervas que havia no fundo da Gruta, em penitência pelos pecadores".

As atitudes da menina escandalizaram alguns e desiludiram outros, pois a vidente lhes parecia louca, esfregando lama no rosto, tomando água lamacenta e comendo ervas amargas. No lugar em que Bernadette cavou a terra, a água brotava cada vez mais forte e mais límpida, e já neste primeiro dia houve quem levasse daquela água para casa, com esperança de que fosse milagrosa.

À tarde, Bernadette foi novamente interrogada pelas autoridades, que tentavam intimidá-la e amedrontá-la, sem o conseguir. Proibiram-na de voltar à Gruta.

Dia 26 de fevereiro, sexta-feira, apesar das proibições, Bernadette foi ao local e rezou o Terço, lavou-se na fonte e, junto com mais de 600 pessoas, aguardou ansiosa. Mas a Senhora não apareceu, e a jovem se retirou triste, inconsolável.

10ª aparição – sábado, 27 de fevereiro de 1858, meio-dia

No sábado seguinte, dia 27, apesar da decepção dos dias anteriores, uma grande multidão se postou diante da Gruta. Bernadette impressionava a todos por andar de joelhos sobre as lajes e por beijar a terra. Depois, explicou que fazia isso por penitência: "Penitência primeiro por mim, depois pelos outros".

11ª aparição – domingo, 28 de fevereiro de 1858, meio-dia

Mais de 1.000 pessoas acorreram à Gruta no domingo, dia 28 de fevereiro. Como sempre fazia, ao rezar o Terço Bernadette primeiro levantou os braços com o Rosário, como que oferecendo à Senhora sua oração. A multidão a imitou. Depois do Terço e do momento da aparição, Bernadette foi levada para mais um interrogatório.

12ª aparição – segunda-feira, 1º de março de 1858, meio-dia

Desde a meia-noite de segunda-feira as pessoas já se amontoavam buscando os melhores lugares. Ao meio-dia havia umas 1.500 pessoas, de todas as classes sociais.

Embora o Padre Peyramale, pároco de Lourdes, tivesse proibido ao clero comparecer ao local, havia ali o Padre Désirat, que viera de fora e que fez mais tarde uma minuciosa e bela descrição dos acontecimentos, impressionado com a simplicidade e com o êxtase de Bernadette. Ele afirmou: "O Rosário nas mãos da Virgem e de Bernadette é a cadeia que religa a terra aos céus".

Naquele dia aconteceu a cura de Catarina Latapié, grávida de 9 meses, que tinha os dedos da mão direita dobrados e paralisados. Ao mergulhar a mão na água da fonte que brotara no dia 25, seus dedos voltaram instantaneamente ao normal. No mesmo dia deu à luz um filho homem, que se chamou João Batista e que, mais tarde, se tornou padre.

13ª aparição – terça-feira, 2 de março de 1858, meio-dia

Mais de 1.600 pessoas estavam ali reunidas. Naquele dia a Senhora disse a Bernadette: "Vai dizer aos sacerdotes que venham em procissão e construam aqui uma capela".

Bernadette foi falar isso ao Padre Peyramale. Ele não acreditava que se tratasse de um pedido vindo do céu e exigiu que a menina perguntasse à Senhora quem ela era.

14ª aparição – quarta-feira, 3 de março de 1858, meio-dia

Bernadette e sua mãe foram bem cedo à Gruta – que passará a ser assim chamada, por causa das aparições –, era o dia 3 de março. Três mil pessoas rezavam durante horas no local, mas a Virgem só apareceu mais tarde, quando a vidente voltou ao local pela segunda vez.

Como Pe. Peyramale lhe ordenara, Bernadette perguntou à Senhora seu nome, mas, como resposta, recebeu apenas um sorriso e novo pedido para construírem ali uma capela. Levado o assunto ao pároco, ele disse à jovem: "Ela se ri de ti. Pois se ela quer a capela, que diga o seu nome e faça florir a roseira da Gruta. Então mandaremos construir uma capela bem grande!".

15ª aparição – quinta-feira, 4 de março de 1858, meio-dia

Às 5 horas da manhã do dia seguinte já havia na Gruta uma multidão de cerca de 8.000 mil pessoas, muitas das quais haviam passado ali toda a noite. Essa foi a 15ª vez que a Senhora surgiu para Bernadette. A aparição foi longa, durou quase uma hora, e novamente a Virgem pediu que construíssem ali uma capela.

Nos dias seguintes, embora Bernadette não fosse à Gruta, a multidão ali compareceu, rezou e acendeu velas. As autoridades policiais continuaram submetendo a vidente a interrogatórios.

16ª aparição – quinta-feira, 25 de março de 1858, Solenidade da Anunciação

Na manhã da Solenidade da Anunciação do Senhor, 25 de março, Bernadette acordou "sentindo-se pressionada" a ir à Gruta. Durante a aparição, perguntou: "Senhora, quer ter a bondade de me dizer quem é, por favor?". A Virgem sorriu, sem responder. A menina voltou a perguntar uma, duas, três, quatro vezes. Na quarta vez, a Virgem afastou as mãos, juntou-as novamente e olhando para o céu disse, no dialeto que Bernadette falava: "Que soy er Imaculada Counceptiou". Isso significa: "Eu sou a Imaculada Conceição".

Não compreendendo aquelas palavras, Bernadette falou, decepcionada: "Mas então você não é a Virgem Maria?" e, na tristeza, a menina viu a Senhora desaparecer. Foi então falar com o Padre Peyramale, que lhe perguntou: "Então, é a Santa Virgem que tu vês?". Bernadette lhe respondeu: "Eu creio que não, Padre Vigário. Ela me disse que é a Imaculada Conceição".

Padre Peyramale estremeceu, empalideceu. Afinal aquela menina semianalfabeta não poderia nem conhecer as palavras "Imaculada Conceição", nem saber que, quatro anos antes (a 8 de dezembro de 1854), Pio IX declarara Dogma de Fé a doutrina que ensina ter sido a Mãe de Deus concebida sem pecado... O bom pároco de Lourdes, embora tivesse de aguardar durante alguns anos o pronunciamento oficial das autoridades da Igreja, convenceu-se naquele momento, no fundo do coração, de que realmente a Virgem Maria, a Imaculada, aparecera àquela sua pequena paroquiana de 14 anos...

17ª aparição – quarta-feira de Páscoa, 7 de abril de 1858, meio-dia

Na manhã do dia 7 de abril, como quase todos os dias, centenas de pessoas estavam reunidas na Gruta, em oração. Bernadette também e, no momento do êxtase, o médico de Lourdes, Dr. Dozous, estava presente para analisar "cientificamente" as reações da vidente. Esse médico, testemunha imparcial dessa aparição, mais tarde contou num livro que "a chama de uma vela passou durante 15 minutos entre as mãos da vidente, sem que ela sentisse queimar, e a pele permaneceu intata". Muitas testemunhas admiraram essa maravilha: a chama da vela respeitando os dedos de Bernadette.

A partir daí, os acontecimentos se precipitaram: o prefeito queria acabar com a Gruta e planejava internar Bernadette como doente mental. Os amigos (entre os quais Padre Peyramale) mandaram-na então para um hospital em cidade vizinha, para tratamento da asma e para protegê-la do prefeito.

Em Lourdes, continuaram as peregrinações, com orações, cânticos, fervor, procissões. Os operários do lugar melhoraram gratuitamente as instalações da Gruta, como o canal para a água da fonte, torneiras, lugar para as velas, degraus na rocha, caminhos melhorados.

Por sua vez, os policiais encarregados dos interrogatórios constataram que a família Soubirous, embora muito pobre, recusava energicamente todos os presentes e todas as doações em dinheiro. Também a junta médica designada para examinar Bernadette declarou que ela era "bem equilibrada e sã de espírito".

Padre Peyramale tomou decididamente a defesa da vidente, quando tentaram interná-la num asilo de loucos: "Bernadette Soubirous não causa desordens, não é um perigo público, é fraca, é pobre, mas saibam que ela não está desprotegida. Avisem ao prefeito que seus soldados terão de passar sobre minha pessoa antes de tocar um só fio de cabelo desta jovem".

Resolveu-se mandar analisar a água da fonte e o químico de Lourdes, Dr. Filhol, relatou: "O resultado da análise mostra que é água potável, igual às que encontramos nas montanhas, cujo solo é rico em calcário. Essa água não apresenta nenhuma substância ativa capaz de lhe dar propriedades notáveis. Ela pode ser tomada sem nenhum inconveniente". Mesmo assim, as autoridades proibiram a população de beber daquela água e mandaram levantar ali uma cerca de madeira, para impedir o acesso das pessoas. O Bispo de Tarbes, a diocese a que pertencia Lourdes, enfrentou o prefeito e recusou interditar a Gruta aos fiéis. A multidão, por sua vez, continuava a peregrinar, ajoelhando-se e orando ao lado de fora da cerca.

18ª e última aparição – sexta-feira, 16 de julho de 1858, Festa de Nossa Senhora do Carmo, meio-dia

No dia 16 de julho de 1858, Bernadette sentiu um irresistível desejo de ir à Gruta. Por causa da cerca, ajoelhou-se à beira do rio Gave, com a multidão diante da Gruta de Massabielle. Súbito, seu rosto se iluminou e ela disse: "Sim, sim, ela está lá e nos sorri por detrás da cerca!...".

A aparição foi longa, enquanto a multidão orava. Quando a Virgem desapareceu, Bernadette afirmou: "Jamais a vi tão bela!" E acrescentou: "Nunca mais a verei...".

3
A vidente

Bernadette era uma menina muito pobre. As aparições de Nossa Senhora não modificaram seu estilo de vida simples: enriqueceram-na, sim, mas espiritualmente. Também a fizeram sofrer intensamente, pela constante curiosidade, pelas dúvidas, pelas acusações, pelos interrogatórios, pela roda-viva em que se viu mergulhada e da qual não se livrou nem mesmo quando entrou para o Convento de Nevers. Os sofrimentos físicos (principalmente asma, tuberculose e um tumor no joelho) ajudaram-na a se santificar e a conseguir graças para os pecadores.

Bernadette confidenciou mais tarde que, para ela, o maior dos sofrimentos era sentir o sofrimento de Nossa Senhora, que padece tanto por seus filhos afastados de Deus!

Terminadas as aparições no dia 16 de julho de 1858, a vidente teve ainda de se submeter a muitos interrogatórios, inclusive com vários bispos. Apesar disso, buscava uma vida o mais normal possível: como filha mais velha, ajudava nos serviços rotineiros da casa, trabalhou um tempo como babá, teve aulas particulares (de francês, pois ela praticamente só falava o dialeto da região) e atendia com muita paciência a todos que a procuravam.

Em outubro de 1858, o Imperador da França, Napoleão III, a pedido de sua esposa, Eugênia de Montijo, mandou tirar as cercas que impediam o acesso à Gruta de Lourdes.

A partir de julho de 1860, Bernadette passou a morar e a trabalhar no Hospital, para cuidar de sua asma e, ao mesmo tempo, para estar mais livre do assédio de curiosos e jornalistas.

Ela era totalmente desapegada de bens, de dinheiro e de adulação: por ser considerada um objeto de curiosidade, as visitas lhe repugnavam, e, às vezes, até sentia náuseas. O que mais lhe custava era ser tratada como santa (queriam que tocasse objetos piedosos, roupas de doentes, Terços etc.).

Em 18 de janeiro de 1862, depois de 4 anos de reflexão, pesquisas e interrogatórios, o bispo da diocese de Tarbes reconheceu oficialmente as aparições, anunciando: "Julgamos que a Mãe de Deus, a Imaculada, realmente apareceu a Bernadette Soubirous na Gruta de Massabielle, perto da cidade de Lourdes, em 11 de fevereiro e nos dias seguintes, por dezoito vezes, e que essa aparição tem todas as características da verdade". E acrescentou: "Habitantes de Lourdes, a Virgem quer que ao lado da vossa cidade seja elevado um Santuário onde ela distribuirá suas graças a seus filhos".

Na primavera de 1862 teve início a construção da "capela" pedida pela bela Senhora. Entre os 60 operários que construíam a futura basílica encontrava-se Francisco Soubirous, o pai da vidente. A construção ficaria pronta em 1876.

Foi encomendada uma imagem ao mais célebre escultor da época, o francês Joseph-Hugues Fabisch, para ser colocada na Gruta. Ele conversou com a jovem, que tentou lhe mostrar como Nossa Senhora era e como lhe aparecia. Mais tarde, Fabisch relatou: "Jamais esquecerei a encantadora expressão de Bernadette imitando a pose da Virgem!".

Essa imagem, de mármore e no tamanho descrito pela vidente, foi colocada na Gruta com grande festa e cerimônia, no dia 4 de abril de 1864. Bernadette não compareceu, para evitar a curiosidade e os atropelos da multidão. Naquele mesmo dia, Bernadette decidiu tornar-se religiosa, pedindo para entrar no Convento das Irmãs Ursulinas da cidade de Nevers. Outras ordens religiosas queriam-na em seus Conventos, disputavam-na. Mas Bernadette escolheu as religiosas com as quais trabalhava no hospital de Lourdes: "Gosto muito dos pobres, gosto muito de tratar dos doentes, ficarei com as Irmãs de Nevers. Elas me deram um doente para tratar no hospital e só eu cuidava dele. Ficarei com elas".

Em 3 de julho de 1866, com 22 anos, Bernadette despediu-se da Gruta e da família, e partiu para Nevers, para nunca mais voltar. Sua última visita ao local foi cheia de emoção, e disse chorando: "A Gruta era o meu céu!".

No Convento de Nevers, tomou o nome de Irmã Maria Bernarda. Ali, destacou-se pela humildade e pelo espírito de serviço: foi ajudante de cozinha, costureira, bordadeira, enfermeira paciente e devotada, sacristã, admirável decoradora de altares.

Nas cerimônias da sua entrada para o Convento, sua humildade foi testada, quando a designaram para "ficar em parte nenhuma", por "não ser boa para nada". E o bispo lhe ordenou: "Dou-lhe o emprego da oração".

A Madre, Irmã Josefina Imbert, e a Mestra das noviças, Irmã Maria Teresa Vauzou, tratavam-na com severidade, para evitar favoritismos: "Você não merece a grande honra que a Virgem lhe fez!". Bernadette era humilde e comentava: "Se a Virgem tivesse encontrado alguém mais ignorante do que eu, ela a teria escolhido".

Ela mesma assim se via, no período após as aparições: "O que se faz com um balaio que não se está usando mais? É colocado atrás da porta, onde ninguém o vê!". Era assim que ela queria ficar, escondida, mas não deixavam: por obediência, tinha de comparecer à sala de visitas para receber bispos, padres, escritores e parentes das Irmãs. Ela sentia saudades de Lourdes e, se tivesse insistido, teria voltado, mas sabia que seria o centro das atenções e que nunca mais conseguiria estar "sozinha" na Gruta. Então nunca mais voltou.

Na escola de Nossa Senhora, a vidente de Lourdes aprendeu a servir e a doar-se: ensinando o ofício de enfermeira a uma freira novata, Júlia Garros, Bernadette lhe deu muitos conselhos: "Não te esqueças de ver Nosso Senhor na pessoa do pobre... Quanto mais desagradável é o pobre, mais é preciso amá-lo... Quando se cuida de um doente, é preciso se retirar antes de receber um agradecimento. A recompensa está em poder tratar dele... Aceita a doença como uma carícia. Gasta-te a serviço dos pobres, mas com prudência. Não te deixes nunca desanimar. Ama muitíssimo a Santíssima Virgem".

A partir de 1875, sua saúde piorou e ela mesma se referia a essa situação como um "emprego" a serviço de Deus: o "emprego de doente". Tinha terríveis crises de asma, febre e acessos de tosse angustiantes; teve vômitos de sangue durante mais de 2 anos, um enorme tumor num joelho, cárie nos ossos e abcessos nos ouvidos com surdez parcial. Seus sintomas pioraram muito em dezembro de 1878 e, a partir dali, ficou definitivamente de cama.

Ela dizia que sua ambição era ser uma vítima para o Coração de Jesus. E, pouco tempo antes de morrer, pediu que tirassem todos os santinhos e imagens que estavam em sua cama. Mostrou o crucifixo e disse: "Ele me basta!". Sabendo que padres e escritores estavam escrevendo sobre as aparições, recomendou: "Quanto mais simplicidade se tiver ao escrever, tanto melhor. Quando leio a Paixão, comovo-me mais do que quando a explicam".

Em 13 de abril, Festa da Páscoa, ela tossia continuamente, com muito sofrimento. Então confidenciou a uma das Irmãs que cuidava dela: "Esta manhã, depois da sagrada comunhão, pedi a Nosso Senhor 5 minutos de descanso. Mas ele não os quis dar. A minha paixão durará até a morte". O sofrimento continuava e no dia 14 de abril, segunda-feira da Páscoa, ela disse: "Não tenho mais alívio... Estou moída como um grão de trigo. Eu não pensava que era preciso sofrer tanto para morrer!".

O padre que a assistia lhe disse para renovar com amor o sacrifício da sua vida. Bernadette, como sempre muito espontânea e imprevisível, lhe respondeu: "Qual sacrifício? Não é nenhum sacrifício deixar uma pobre vida, em que se sente tantas dificuldades, para pertencer a Deus!". Estava recostada numa cadeira de braços, o corpo todo em feridas, por estar tanto tempo de cama e, abraçada ao crucifixo, fazia contínuas orações: "Meu Deus, eu vos amo de todo o meu coração, com todas as minhas forças!". Pediu perdão de todas as suas faltas e morreu murmurando: "Santa Maria, Mãe de Deus, rogai por mim, pobre pecadora, pobre pecadora...".

Era o dia 16 de abril de 1879, 3 horas e 15 minutos da tarde. Ela morria aos 35 anos.

O corpo foi exposto na capela durante 3 dias e houve a visita de uma multidão incontável. Foi enterrada no jardim do Convento.

Trinta anos mais tarde, em 22 de setembro de 1909, seu corpo foi exumado na presença de importantes autoridades médicas e religiosas, constatando-se que estava no mais perfeito estado de conservação, sem corrupção.

Em abril de 1925, foi feita nova exumação, continuando o corpo sem nenhum traço de corrupção. Colocaram-no na capela do Convento de Nevers, onde ainda hoje se encontra à veneração pública. Olhar o corpo de Bernadette emociona o peregrino: ela parece apenas dormir.

Hoje, todo mundo conhece aquela menina pobre e doente que, tantos anos antes, ao procurar gravetos para aquecer sua pobre casa, escutou de repente um rumor como o de vento e, erguendo os olhos, vislumbrou aquela que poucos podem ver nesta terra, mas que é Mãe de todos nós...

Bernadette amou muito a Virgem Santíssima, com uma intensidade que nem podemos avaliar. No seu *Diário dedicado à Rainha do Céu*, escreveu:

À Rainha do Céu:
Como a minha alma era feliz, ó boa Mãe,
quando tinha a felicidade de vos contemplar!
Como gosto de lembrar aqueles doces momentos passados
sob vossos olhos cheios de bondade e misericórdia para nós.
Sim, terna Mãe, vós vos abaixastes até a terra
para aparecer a uma fraca criança.
Vós, a Rainha do Céu e da Terra,
quiseste vos servir do que havia
de mais humilde segundo o mundo...

No dia 14 de junho de 1925, Pio XI presidiu a beatificação de Bernadette Soubirous. E no dia 8 de dezembro de 1933, festa da Imaculada Conceição, mais de 60.000 pessoas assistiram à sua canonização, na Basílica de São Pedro, promulgada também pelo papa Pio XI:

Declaramos e decidimos que a Bem-aventurada Maria Bernarda Soubirous é santa. Inscrevemos seu nome no rol dos santos. Determinamos que a sua memória seja festejada piamente, em nome da Virgem, todos os anos, a 16 de abril, data do seu nascimento no céu. [...] A vida de Bernadette pode se resumir em três palavras: Bernadette foi fiel à sua missão; foi humilde na glória, foi forte na provação.

Como vemos, Bernadette Soubirous, a vidente de Lourdes, tencionando levar vida escondida e humilde, foi exaltada pela Igreja e elevada aos altares. Se no início foi mal compreendida e até caluniada, obteve afinal o reconhecimento da hierarquia da Igreja e de todo o mundo católico.

4
A mensagem

A mensagem de Lourdes pode ser resumida em três palavras: pobreza, oração, penitência. São palavras que ecoam do Evangelho:

- "Bem-aventurados os que têm um coração de pobre..." (Mt 5,3).
- "Orai sem cessar..." (1Ts 5,17).
- "Arrependei-vos, portanto, e convertei-vos..." (At 3,19).
- "Fazei penitência e crede no Evangelho..." (Mc 1,15).

A palavra *pobreza* foi mais vivida do que pronunciada em Lourdes: Bernadette foi sempre extremamente pobre. Francisco Soubirous foi acusado pelas autoridades de haver roubado para comer porque realmente a família era muitíssimo pobre e os acusadores acharam mais fácil e quase lógico apontar aquele que tinha mais necessidades.

Através daquela menina pobre, cuja família conhecia até mesmo a fome, Maria nos ensina que as coisas de Deus não têm preço: quando os peregrinos queriam ofertar presentes e dinheiro à família de Bernadette, eram energicamente rechaçados. Os Soubirous, e particularmente Bernadette, consideravam os assuntos da Virgem algo que não se devia misturar nem com os bens materiais, nem com as vaidades, nem com prestígio, nem com quaisquer vantagens.

Sabe-se que mais tarde, quando Bernadette estava no Convento de Nevers e os seus pais e o irmão caçula já haviam morrido, ela se preocupava com a irmã e o irmão que moravam em Lourdes: não queria que se apegassem aos bens materiais. Em 1876 mandou-lhes um recado, através de um padre amigo: "Diga-lhes para não se enriquecerem!". Também não apreciava que sua irmã vendesse objetos religiosos em Lourdes, como maneira de ganhar seu sustento, e recomendava que pelo menos não negociasse aos domingos.

Todos os passos de Bernadette, também após as aparições, foram de total desapego. Ela não possuía nada de seu, se desapegara de tudo. De seu, tinha só as ricas e lindas recordações das palavras, do sorriso, do carinho da Virgem... Também se enriquecia, a cada dia, de amor pelo Filho daquela que lhe aparecera dezoito vezes na Gruta de Massabielle...

A *oração* foi sempre uma das características de Lourdes, desde o começo. Quando Bernadette viu a Virgem pela primeira vez, não sabendo quem era e não entendendo o que acontecia, teve um gesto simples de menina daquela época, buscando apoio no Terço que trazia sempre no bolso. A Virgem, que também tinha um Terço na mão, embora silenciosamente, orou com ela... Nunca mais, desde então, faltou o Rosário em Lourdes!

Já nas aparições seguintes, as multidões que se formavam traziam seus Terços e rezavam com fervor. Quando Bernadette começava a orar e erguia o Terço nos braços levantados, como numa oferenda, a multidão a imitava e se emocionava, pois era sinal de que a Virgem estava ali!

Passou-se mais de um século e meio e milhares de Terços já saíram de Lourdes levados pelos peregrinos, para conforto e companhia de muitos dos devotos de Nossa Senhora em todo o mundo. A oração do Terço é um sinal, um caminho, uma forma de levar até Deus a súplica e a gratidão por intermédio de Maria. Esta oração nos leva a meditar sobre a vida de Jesus e de Maria e, por isso, nos torna cada vez mais íntimos deles. Afinal, a oração é justamente isso: vida de intimidade com Deus!

A oração é o grande sinal da fé que leva milhões de peregrinos a Lourdes todos os anos, em busca de saúde física e espiritual. Esse grande movimento de oração que se tem observado em Lourdes desde 1858 é fruto do Espírito Santo que, naquele longínquo 11 de fevereiro, soprou com forte ventania sobre o Gave e fez Bernadette parar de tirar a meia e levantar o olhar para a figura luminosa da Virgem...

Também por força do Espírito Santo, Bernadette viveu toda uma vida na mais íntima comunhão com Deus: seus confessores afirmaram que o próprio Espírito Santo a dirigia internamente, de tal modo que ela vivia as mensagens de Lourdes à moda dos profetas.

Quanto à *penitência*, sabemos que a Virgem, já nas primeiras aparições, pediu a Bernadette que comesse das ervas amargas do fundo da

Gruta e beijasse o solo, "em penitência pela conversão dos pecadores". Daí para frente, a menina, que já era doente, ofereceu sempre seus padecimentos como penitência, e ofereceu-os durante toda a vida, numa dolorosa e progressiva doença. Quando não teve mais força e saúde para trabalhar, ela mesma definiu seu novo emprego: estar doente.

O sofrimento a acompanhou durante toda sua vida, sob a forma da pobreza, da fome, da vergonha (prisão injusta do pai), do ridículo (na época das aparições), dos interrogatórios, da curiosidade, além dos padecimentos físicos. Quando a Virgem, do fundo da Gruta, mostrou-lhe a sua dor pelo pecado e a sua compaixão pelos pecadores, Bernadette aceitou compartilhar da missão redentora da Mãe do Céu, oferecendo todas as suas inúmeras dificuldades como penitência pela salvação dos homens.

5
Os milagres

Lourdes é um dos Santuários Marianos do mundo onde, desde as primeiras aparições, os milagres têm sido numerosos e impressionantes.

Entre as curas mais notáveis está a do operário Louis Bouriette, que trabalhava numa pedreira. Foi atingido numa explosão e praticamente nada enxergava do olho direito, apesar de inúmeras cirurgias. Quando ouviu falar da fonte que jorrava em Massabielle, mandou a filha buscar um pouco daquela água: "Se é mesmo Nossa Senhora que aparece lá, pode curar-me!".

A água ainda era barrenta, mas Bouriette aplicou aquele líquido lamacento no olho. Imediatamente viu tudo banhado de luz, distinguiu pessoas e objetos! Procurou seu médico, o Dr. Dozous, que cuidava dele com muita dedicação desde o acidente, e lhe disse: "Doutor, estou curado!". Ao que o médico lhe respondeu: "Impossível, você tem uma lesão que não pode ser curada. Os remédios que lhe dou acalmam a dor, mas não podem lhe restituir a visão". "Mas não foi o senhor que me curou, foi a Virgem da Gruta!", lhe respondeu Bouriette. O médico então tirou do bolso um caderninho, escreveu umas linhas, tapou o olho esquerdo de Bouriette (que tinha um pouco de visão) e lhe disse: "Se você, com o olho cego, puder ler o que escrevi, acreditarei". E, para espanto dos curiosos que os rodeavam, Louis Bouriette leu sem hesitação, com o olho direito morto: "Bouriette sofre de amaurose incurável e jamais poderá sarar". O médico teve de render-se à evidência: "Não posso negá-lo, é um milagre, embora o fato contrarie minhas ideias e as de meus colegas da Faculdade de Medicina".

Também impressionante e instantânea foi a cura de Justin Bouhohorts, filho único de um casal amigo e vizinho dos Soubirous. Justin estava com quase 2 anos e sofria de raquitismo agudo desde o nascimento. Jamais pudera andar, nem mesmo sentar-se; tinha febres constantes e definhava dia a dia. O médico de Lourdes, Dr. Dozous, escrevera o diagnóstico: meningite ou poliomielite.

Num dia em que Justin estava pior, à beira da morte, sua mãe o tirou do berço e, num impulso, envolvendo-o no avental, avisou: "Vou à Gruta! Nossa Senhora salvará meu filho!". O marido e uma vizinha tentaram impedi-la de sair, mas Croisine Bouhohorts tinha decidido buscar o socorro da Mãe de Deus: saiu correndo em direção à Gruta, com o filho agonizante nos braços.

Eram 5 horas de uma tarde muito fria e havia centenas de pessoas na Gruta, acostumadas a irem ali rezar e acender velas no final do trabalho. Croisine mergulhou o filhinho na água gelada da fonte, sob o olhar horrorizado da multidão, e assim o manteve durante 15 minutos, enquanto rezava e confiava. O marido, que a seguira, vendo o filho arroxear de frio e sem fazer qualquer movimento, começou a chorar, pensando que estivesse morto. Notaram, então, que a criança respirava e dormia tranquilamente. Passada aquela noite, Justin começou a se alimentar muito bem e já no primeiro dia pôs-se a andar sozinho pelo quarto – ele, que nunca andara na vida! Tinha praticamente ressuscitado! Viveu sempre com saúde e, no dia 8 de dezembro de 1933, quando Bernadette foi canonizada em Roma, pelo papa Pio XI, Justin Bouhohorts estava lá, aos 77 anos, forte, sadio e bem-disposto, na festa de Bernadette!

A cura de Justin Bouhohorts foi também presenciada pelo Dr. Dozous, seu médico, que se encontrava na Gruta para observar Bernadette. Foi ele, aliás, que cronometrou os 15 minutos da imersão de Justin na água gelada da fonte (9 graus!) e pode-se dizer que foi ele o verdadeiro fundador da comprovação médica em Lourdes.

Mais tarde, foi criada a Comissão Médica de Lourdes, encarregada de acompanhar, investigar e opinar sobre as curas milagrosas que começavam a ocorrer devido à água da fonte de Massabielle. Além dessa comissão, existe a Comissão Médica Internacional, criada em 1947 e constituída por médicos dos mais diferentes países e religiões; dela fazem parte inclusive médicos ateus.

Quando essas duas entidades declaram que alguma cura não pode ser explicada pela medicina, o relatório sobre o ex-doente é enviado ao bispo diocesano e examinado por outra comissão. De acordo com os pontos de vista médico e religioso, o bispo então declara se a cura foi milagre ou não.

Calcula-se que, desde 1858, houve mais de cinco mil curas em Lourdes, mas até hoje somente 70 foram declaradas milagres. As outras não deixam de ser graças preciosas da Virgem Maria, mas não tiveram o acompanhamento médico necessário para serem estudadas pelas Comissões.

Existem quatro requisitos para se considerar um fato como "milagre": a ausência de causas naturais no processo da cura; a instantaneidade da cura; a totalidade da cura; a permanência da cura.

Acontecem em Lourdes curas físicas, rigorosa e cientificamente estudadas para que não fique absolutamente nenhuma dúvida. Entre essas curas, examinadas escrupulosamente pela Igreja, algumas são proclamadas milagrosas pelos teólogos. Mas, independentemente do que ocorre na Comissão Médica de Lourdes, acontecem diariamente incontáveis graças sobrenaturais que o povo chama de milagres. São, do ponto de vista físico, melhoras parciais, alívio de dores. As maiores graças são de ordem espiritual como, por exemplo, a aceitação e a compreensão do sentido e do valor do sofrimento. Poderiam ser ainda lembradas as graças que supõem a iluminação da consciência, a recuperação da fé e o arrependimento de todos os pecados.

Uma das mais célebres curas espirituais (conversões) acontecidas em Lourdes foi testemunhada pelo Dr. Alexis Carrel, famoso médico e cientista francês. Em 1903, quando tinha 30 anos, o Dr. Carrel acompanhou uma peregrinação de trem a Lourdes, substituindo um colega. Havia uns 300 doentes no trem, mas ninguém em estado tão grave quanto Maria Ferrand: ela sofria de peritonite tuberculosa, inoperável, devido à sua extrema fraqueza. O Dr. Carrel observou-a no trem: a jovem de 17 anos tinha o rosto pálido, os lábios roxos, o ventre muito inchado, e sofria terrivelmente. Quase morreu durante a viagem e em Lourdes foi internada no hospital: estava pior, mal podia falar, respirava com dificuldade, o pulso estava descontrolado e o coração fraquejava. Dr. Carrel diagnosticou: "Peritonite aguda. Essa moça está em estado muito grave e ainda pode viver alguns dias, mas está condenada".

Quando levaram Maria Ferrand para se banhar na água milagrosa, Carrel comentou com um colega médico: "Se ela sarar, acreditarei em milagres!". A jovem estava tão mal que decidiram não mergulhá-la na piscina; apenas aplicaram compressas da água milagrosa sobre seu ventre. Depois colocaram sua maca junto às de centenas de doentes, na grande esplanada em frente à Gruta. Dr. Carrel olhava aqueles sofredores e, mesmo sendo ateu, impressionou-se com a grande fé e a grande esperança daquelas pessoas. Ao pousar seu olhar sobre Maria Ferrand, achou-a com aspecto melhor. Impressionado, examinou-a melhor e viu que, sob o cobertor, o ventre dela voltara ao normal, desinchara. E ela lhe disse: "Doutor, estou muito fraca, mas me sinto curada".

Levada ao hospital, foi insistentemente examinada e ficou constatado que ela estava milagrosa e totalmente curada. Dr. Alexis Carrel, muito confuso, foi à Gruta, dali à Basílica e, pela primeira vez na vida, orou, pedindo a graça da fé. Nossa Senhora o ouviu: ele se abriu para o catolicismo e sua vida se tornou uma constante subida para Deus. Devido à sua conversão e às suas novas ideias, a classe médica francesa lhe fechou as portas. Ele resolveu ir morar nos Estados Unidos, onde, em 1913, recebeu o Prêmio Nobel de Fisiologia ou Medicina, por suas pesquisas médicas no Instituto Rockefeller. Alexis Carrel morreu em 1944, tendo recebido os últimos sacramentos com grande fervor. Por sua vez, Maria Ferrand entrou para a Congregação de São Vicente de Paulo, na qual serviu até falecer, em 1937.

As conversões, verdadeiras curas espirituais, são comuns nos Santuários Marianos e também acontecem em Lourdes. Num dos caminhos que levam à Gruta há uma estátua representando um jovem ajoelhado e de olhos fechados. Ao pé da estátua se lê: "Recuperar a fé é mais do que recuperar a vista". Aliás, impressiona em Lourdes a serena aceitação dos que não são curados. Um rapaz que lá passou três dias em oração partiu, dizendo: "Volto de Lourdes sem ver curada minha perna, mas curado de mim mesmo".

É preciso dizer ainda que a Virgem de Massabielle é imprevisível na distribuição de suas graças e na maneira como as dá. O certo é que, em Lourdes, ricos e pobres, crianças, jovens, adultos, velhos, católicos fervorosos, protestantes, incrédulos, todos têm sido beneficiados por Nossa Senhora.

A presença da Virgem transforma os doentes, que se libertam do egoísmo e se tornam generosos, rezando pelos outros irmãos sofredores. A grande maioria dos peregrinos de Lourdes voltam de lá renovados e melhorados, tocados de alguma forma pelas graças de Nossa Senhora.

Alguns descrentes dizem que as curas de Lourdes são psicológicas e que atingem doentes histéricos. Sobre isso escreveu o Dr. Vallet, um dos mais conceituados médicos franceses e ativo membro da Comissão Médica de Lourdes: "Se, como alguns sustentam, Lourdes é o lugar próprio para doentes nervosos e histéricos, por que é que registramos especialmente curas de doenças dos pulmões, lesões orgânicas, tumores, câncer, diabetes, doenças em que a comoção não influi? Além do mais, nenhuma comoção nervosa ou mesmo hipnose pode recriar células instantaneamente, nem fechar em poucos minutos extensas e purulentas feridas deixando só a cicatriz, como tem acontecido em Lourdes".

Para os que dizem serem as curas devidas a choques emocionais ou sugestão e fatores psíquicos, pode-se ainda dizer que em Lourdes têm sido curados ateus e incrédulos (que absolutamente não acreditavam voltar curados), e crianças pequenas (que nem entendiam o que lhes acontecia). Além disso, muitas curas têm acontecido depois, em casa, ou na viagem de retorno, quando toda a esperança já havia desaparecido, longe das procissões emocionantes do Santuário.

Uma coisa é certa: em Lourdes as curas estão sempre relacionadas à oração. Ou o próprio doente pediu ou outras pessoas oraram por ele. Segundo o Dr. Vallet, "essas curas não resultam de acaso, mas de uma vontade todo-poderosa que ouve esta prece – e a ela nada resiste, nem moléstias nem morte. Esta vontade não é outra senão a vontade de Deus, que responde a quem pede".

Quando a Igreja faz alguma declaração ou proclamação de cura miraculosa, diz que é "uma especial intervenção da Santíssima Virgem Maria, Imaculada Mãe de Deus", ou "uma especial intervenção de Deus pela intercessão de Nossa Senhora de Lourdes".

Um sacerdote de Florianópolis contava que assistiu em Lourdes a um fato extraordinário: estava na esplanada diante do Santuário, durante a Bênção do Santíssimo aos Doentes. Perto dele estava um menino belga, paralítico desde o nascimento, deitado em maca, junto a milhares de doentes que também aguardavam a bênção. No momento em que o bispo passou por eles com o Santíssimo, abençoando os doentes, o menino falou bem alto: "Jesus, cura-me!". O bispo seguiu adiante e tinha dado alguns passos, quando o menino gritou atrás dele: "Jesus, vou me queixar à tua Mãe porque não me curaste!". O bispo escutou o menino, voltou alguns passos e com o Santíssimo deu-lhe novamente a bênção. Então aquele menino, que nunca dera um só passo na vida, levantou-se da maca e começou a andar, em meio à emoção e aos louvores da multidão!

Muitos fatos assim poderiam ser contados aqui, porque são numerosos. Mas basta sabermos que as curas em Lourdes, sejam elas físicas ou espirituais, são manifestação da presença e da atuação de Deus entre nós, através da intercessão de sua Mãe Santíssima.

Os milagres de Lourdes, comprovados por juntas médicas e estudados por cientistas e teólogos, são apenas aquilo que aparece, aquilo que se pode testemunhar, dos incontáveis milagres que ocorrem no dia a dia de multidões de devotos da Virgem Maria, que acreditam na presença carinhosa da Mãe de Deus em suas vidas.

Os vasilhames com água trazida da fonte milagrosa e os rosários comprados nas lojas de Lourdes não são mais numerosos nem mais importantes do que as muitas lágrimas vertidas e Terços rezados pelos devotos em todos os altares e oratórios marianos do mundo. A devoção a Maria consegue tocar o poder de Deus, em qualquer lugar do mundo.

6
Centro de oração

Quem vai a Lourdes, vai para rezar. Seja pedindo, seja agradecendo, o peregrino em Lourdes "sente" a proximidade de Deus e de Nossa Senhora, e sua oração brota mais fácil e é espontânea.

Há sempre muitas pessoas participando fervorosamente das muitas Missas e também das Adorações ao Santíssimo. Ante a imagem da Virgem, na Gruta, há constantemente peregrinos orando e, no altar (diante da fonte), as Missas se sucedem uma após outra, numa impressionante variedade de línguas.

Diante da imagem da Virgem há um grande castiçal com dezenas de grandes velas que ardem dia e noite, simbolizando os pedidos e ações de graças dos peregrinos, o amor e a confiança dos corações de inúmeros filhos aflitos ou agradecidos. Oferecer uma vela que brilha diante de Deus é exprimir o desejo de viver e de se consumir pelo Senhor: "Eis que eu venho, Senhor, fazer a vossa vontade" (Sl 39,8-9). Uma pequena chama nos representa aos pés da Virgem Maria, querendo dizer a ela: "Rogai por nós, e por todos aqueles que pediram nossas orações...".

Diariamente, de abril a outubro, são realizadas duas procissões: às 16h30 sai da Gruta a Procissão Eucarística, seguida da bênção dos doentes. Centenas de doentes participam dela, levados em cadeiras de rodas por caridosos peregrinos e voluntários, e um grande número de paralíticos e outros doentes graves esperam em cadeiras e macas, diante do Santuário, pela Bênção do Santíssimo.

Todas as noites, às 21h, realiza-se a Celebração Marial. Em procissão, com velas acesas, reza-se o Terço, cada um respondendo em sua língua. Em cada mistério canta-se o "Ave, Ave, Ave Maria", igual para todas as nações.

7
Centro de peregrinação

Depois de Roma, Lourdes é talvez o lugar que mais atrai peregrinações internacionais. Três milhões de peregrinos visitam aquele Santuário anualmente. As peregrinações organizadas acontecem entre abril e outubro, que são os meses de melhor clima naquela região.

A primeira peregrinação oficial aconteceu em 4 de abril de 1864, na inauguração da imagem da Virgem, a mesma que ainda hoje se encontra no lugar onde Nossa Senhora apareceu a Bernadette. Desde então, as peregrinações a Lourdes cresceram sempre mais.

Há duas históricas peregrinações anuais: a Nacional Francesa (na última semana de agosto de cada ano) e a do Rosário, que acontecem desde as primeiras curas na cidade. São organizadas pelos padres assuncionistas e pelos padres dominicanos e levam a Lourdes peregrinos de todas as dioceses da França e também de outros países. Há ainda peregrinações especiais, organizadas por instituições ou movimentos da Igreja.

Cada peregrinação segue um programa tradicional: oração na Gruta, seguida da subida pelo Caminho do Calvário (Via-Sacra). A seguir, os banhos nas piscinas com água da fonte milagrosa, a procissão e bênção dos doentes, orações nos diversos altares, visitas às igrejas e à antiga casa de Bernadette, confissões, Missa e procissão luminosa. Depois, a despedida, com tristeza, pois ninguém gosta de partir de Lourdes – é grande a emoção ao se despedir da Virgem na Gruta...

Nos trens, tanto na ida para Lourdes como na volta, os peregrinos vivem num clima de oração e de hinos alegres, cheios de confiança. O chamado "Trem Branco" (devido à sua bandeira branca) vai lotado de doentes, muitos desenganados, pálidos, sofredores, mas todos esperançosos. Os padioleiros e enfermeiros são quase todos voluntários, que cuidam carinhosamente para que a viagem seja menos penosa para os doentes. E estes, vindos de hospitais ou de sombrios quartos de dor, onde já padecem há meses ou mesmo anos, vivem em Lourdes uma experiência inesquecível de fé, de esperança e de abandono nas mãos da Virgem, que é o centro de uma grande onda de amor e de emoção. Os peregrinos oram pedindo a cura para si próprios, oram pedindo a cura para outros doentes, oram pedindo a cura espiritual para os que estão doentes fisicamente. É a oração que une todos os peregrinos e os torna irmãos. Pode-se dizer que, com o passar do tempo, tem havido uma purificação da fé cristã: as peregrinações, que até o final do século passado buscavam mais os milagres e curas, hoje estão mais voltadas para a oração, a penitência e o serviço aos doentes.

Existe, igualmente, uma grande abertura ecumênica em Lourdes: há uma capela reservada para o culto de outras confissões cristãs. Ultimamente, tem sido comum também a presença de mulçumanos e budistas.

Conclusão

Tudo o que se escrever sobre Nossa Senhora de Lourdes será sempre muito pobre, perto da realidade que lá se vive. O que aconteceu e ainda acontece em Lourdes é algo que não se explica; o importante é abandonar-se ao mistério pois, naquela longínqua cidade francesa, o Pai celeste quis que os homens "sentissem" a presença e o amor da mãe de Jesus. Sabemos que Maria Santíssima está permanentemente conosco como um sinal do amor de Deus, mas os acontecimentos de Lourdes tornaram essa presença palpável. Então, reavivaram-se para os homens a esperança, a confiança e a fé.

Lourdes nos mostra o caminho para Deus. Lourdes nos diz que nada é irremediável ou irreparável. Lourdes nos reafirma que a maior força do homem e a única fraqueza de Deus é a oração.

Em resumo, para milhões de pessoas, Lourdes dá segurança espiritual, dá sentido à vida, porque mostra um Deus comprometido com a humanidade. Nesta nossa era tão cheia de vãs filosofias e ideologias materialistas, quando os homens se debatem em busca de razões para viver, aprendemos com a Virgem em Lourdes que o caminho mais simples é voltar para Deus.

Além disso, numa época em que os cientistas se dividem, uns buscando a cura das doenças e outras fabricando a morte nos laboratórios de armas, descobrimos que em Lourdes se encontra não só a cura de milhares de pessoas sofredoras, mas a cura de um mundo doente.

As palavras-chave da mensagem de Lourdes – pobreza, oração, penitência – podem ser a salvação do mundo. Se os homens a vivessem, como pediu Nossa Senhora a Bernadette, não haveria competição selvagem, opressão, injustiça social, indignidade, degradação, fome, miséria, violência, terrorismo, guerra. O clima de paz, de tranquilidade, de confiança e de amor, é o "clima" de Lourdes.

Lourdes nos mostra que existe um poder maior: Deus! Se nós o aceitarmos, ele conviverá conosco no dia a dia, aquecendo nosso coração, curando nossas feridas físicas e espirituais, e dando força para superarmos nossas dificuldades.

Bibliografia

BOM, Henri; LEURET, François. *Las Curaciones Milagrosas Modernas.* Madrid: Ediciones Fax, s.d.

CRANSTON, Ruth. *O Milagre de Lourdes.* São Paulo: Melhoramentos, s.d.

LAURENTIN, René. *Vida de Bernadete.* Porto, Portugal: Livraria Apostolado da Imprensa, 1978.

Manual de Pèlerins. Lourdes: 1976.

TURCHINI, C. *Les Merveilleuses Apparitions de Notre Dame.* Paris: Nouvelles Editions Latines, 1977.

VILLELA, Lúcia Jordão. *Com Maria em seus Santuários.* Petrópolis: Vozes, 1982.

YVER, Colette. *A humilde Santa Bernadete.* São Paulo: Paulinas, 1956.

WERFEL, Franz. *A Canção de Bernadete.* Rio de Janeiro: Irmãos Pongetti, 1953.

WOBERTO, Afonso. *Santuários. Onde Deus se encontra com os homens.* São Paulo: Loyola, 1982.

CAPÍTULO VII

Nossa Senhora de Fátima, um apelo materno

[Aqui em Fátima]
"queremos pedir a Maria
uma Igreja viva, uma Igreja verdadeira,
uma Igreja unida, uma Igreja santa. [...]
É vontade nossa rezar
a fim de que o culto de Deus hoje e sempre
conserve a sua prioridade no mundo,
e a sua lei dê forma à consciência
e aos costumes do homem moderno.
A fé em Deus é a luz suprema da humanidade;
e essa luz não só não deve se apagar no coração dos homens,
como, pelo contrário, deve reacender-se
por meio do estímulo que lhe vem da ciência e do progresso."
(Papa São Paulo VI – Fátima, 13 mai. 1967)

APRESENTAÇÃO

Fátima: a experiência do Evangelho

O papa São João Paulo II, na carta encíclica *Redemptoris Mater* ("Sobre a Bem-aventurada Virgem Maria na vida da Igreja que está a caminho"), resumiu, de forma feliz, o sentido dos santuários marianos na vida do povo cristão – citando, inclusive, o Santuário de Fátima, em Portugal. Realmente, desde 1917, esse Santuário tem sido, para o mundo todo, um apelo constante de penitência e oração.

Maria [...] está presente na missão da Igreja, presente na obra da Igreja que introduz no mundo o Reino do seu Filho. Essa presença de Maria, nos dias de hoje [...] encontra múltiplos meios de expressão. Possui também um multiforme raio de ação: mediante a fé e a piedade dos fiéis; mediante as tradições das famílias cristãs ou "igrejas domésticas", das comunidades paroquiais e missionárias, dos institutos religiosos e das dioceses; e mediante o poder de atração e irradiação dos grandes santuários, onde não apenas as pessoas individualmente ou grupos locais, mas por vezes nações e continentes inteiros procuram o encontro com a Mãe do Senhor, com aquela que é feliz porque acreditou. [...] Na mesma linha, enquadra-se o apelo [...] de numerosos templos que a fé cristã ergueu no decorrer dos séculos, em Roma e no mundo inteiro; e, ainda, o apelo de centros como [...] Fátima [...]. Talvez se pudesse falar de uma "geografia" específica da fé e da piedade marianas, a qual abrange todos esses lugares de particular peregrinação do povo de Deus; essa busca do encontro com a Mãe de Cristo, procurando achar no clima de especial irradiação da presença materna "daquela que acreditou" a consolidação da própria fé (RM 28).

Fazer a experiência de Fátima é fazer a experiência de Evangelho. É colocar-se na Escola de Nazaré, como filho e aluno daquela Mãe e Mestra que iniciou essa sua missão com Jesus, seu Filho, Aluno e Mestre.

O papa São João Paulo II nos recorda uma verdade fundamental, muitas vezes esquecida: "Antes que quaisquer outros, o próprio Deus, o Pai eterno, confiou-se à Virgem de Nazaré, dando-lhe o próprio Filho no mistério da Encarnação" (RM 39). Depois que o próprio Pai teve esse gesto de confiança, como não confiar na *Mulher vestida de Sol*, que é dada ao mundo como *um grande sinal* (cf. Ap 12,1)?

Possam estas páginas introduzir muitos na Escola de Nazaré. Maria Santíssima, a Virgem do Rosário de Fátima, poderá repetir, então, a seus novos alunos, o que disse em Caná, da Galileia, enquanto apontava para seu filho, Jesus: "Fazei tudo o que ele vos disser" (Jo 2,5).

Dom Murilo S. R. Krieger, SCJ

INTRODUÇÃO

Os planos de Deus

Quando eu era adolescente, sonhava com uma vida na qual seria escritora, viajaria pelo mundo, sozinha, sem estar ligada a marido e filhos e, por isso, não planejava me casar. Mas aos poucos fui descobrindo que esses eram planos egoístas, nos quais viveria só para mim mesma. Fui percebendo também que Deus tinha planos para mim. Buscando descobri-los, encontrei o amor, casei, fui professora, tive 5 filhos e, numa vida de engajamento pela construção do Reino, não sobrou mais tempo para os meus antigos sonhos de escrever livros.

Mas, de repente, tenho a possibilidade de escrever sobre o mais querido de todos os assuntos para mim: a figura de Nossa Senhora. É, então, com muito carinho e emoção que estou resumindo, nestas páginas, os principais acontecimentos relativos às aparições de Nossa Senhora de Fátima. Que, através delas, as pessoas possam descobrir que Fátima não é um caso isolado dentro da vida da Igreja, mas um daqueles muitos momentos de Nossa Senhora na vida de seus filhos e filhas, desde que, ao pé da cruz, recebeu de Jesus toda a humanidade para dela cuidar, velar por ela e colaborar para sua salvação.

Faço votos de que cada leitor tenha vontade, a partir desta leitura, de crescer na conversão pessoal, de rezar mais e melhor e, mesmo, de se decidir pelo sacrifício para a salvação de todos os irmãos!

Mafalda Böing

1
O local das aparições

Portugal é um país da Europa com lindas praias e um povo de belas tradições. No ano de 1916, quase todos os países europeus estavam envolvidos na Primeira Guerra Mundial. O governo português da época era ostensivamente antirreligioso, mas o povo simples das pequenas aldeias conservava a tradição e a piedade popular e não perdera sua religiosidade.

Na Serra de Aire, a 150 quilômetros da capital, Lisboa, existia uma aldeia chamada Fátima. É interessante notar que a palavra "Fátima" é de origem árabe e quer dizer "Senhora".

A uns 3 quilômetros distante da Casa Paroquial de Fátima havia uma baixada com muitas azinheiras (árvore de origem europeia), que o povo chamava de "Cova da Iria". Perto da aldeia, pertencendo à Paróquia de Fátima, existia um pequeno povoado chamado Aljustrel, onde a fé do povo era muito forte. Ali viviam duas famílias vizinhas e parentes: António dos Santos (com sua mulher Maria Rosa e seis filhos) e seu cunhado Manuel Pedro Marto (com sua esposa Olímpia e seus nove filhos).

A filha mais nova de Maria Rosa e António dos Santos nasceu em 28 de março de 1907 e chamava-se Lúcia. Ela costumava guardar um pequeno rebanho de ovelhas, junto com seus primos Francisco (nascido em 11 de junho de 1908) e Jacinta (nascida em 11 de março de 1910), ambos filhos de Olímpia e Manuel Pedro Marto.

2
As aparições

A) As aparições do Anjo: 1916

Em 1916, quando Lúcia tinha 9 anos, Francisco tinha 8 e Jacinta mal completara os 6 anos, por três vezes lhes apareceu um Anjo, preparando-os para as aparições de Nossa Senhora.

Primeira aparição do Anjo
Na primavera de 1916 (que em Portugal ocorre entre março e junho), perto da aldeia em que moravam, os três pastorzinhos acabavam de rezar o Terço e estavam brincando quando viram, como descreveu Lúcia mais tarde, "uma luz mais branca que a neve, com a forma de um jovem transparente, mais brilhante que um cristal atravessado pelos raios de sol". Ele lhes disse: "Não tenham medo, sou o Anjo da Paz. Rezem comigo". E, ajoelhando-se, curvou a cabeça até o chão e fez as crianças repetirem com ele: "Meu Deus, eu creio, adoro, espero e vos amo. Peço-vos perdão pelos que não creem, não adoram, não esperam e não vos amam". Depois, erguendo-se, disse: "Rezem assim, pois os Corações de Jesus e de Maria estão atentos à voz das suas suplicas".

Essas palavras, bem como a figura do Anjo, ficaram profundamente gravadas no coração das crianças, que passaram a repetir com frequência a oração que aprenderam.

Segunda aparição do Anjo
A segunda aparição do Anjo aconteceu alguns meses depois, quando as crianças brincavam em cima de um poço, no quintal da casa de Lúcia.

O mesmo Anjo lhes apareceu, dizendo: "O que estão fazendo? Rezem, rezem muito! Os Corações Santíssimos de Jesus e Maria têm desígnios de misericórdia sobre vocês. Ofereçam constantemente, ao Altíssimo, orações e sacrifícios".

Lúcia lhe perguntou de que modo deveriam se sacrificar. O Anjo lhe respondeu: "De tudo o que puderem, ofereçam um sacrifício, em ato de reparação pelos pecados com que o Altíssimo é ofendido e de súplica pela conversão dos pecadores. Atraiam, assim, a paz sobre a sua pátria. Eu sou o seu Anjo da Guarda, o Anjo de Portugal. Sobretudo, aceitem e suportem com submissão o sofrimento que o Senhor lhes enviar".

Desde então, os pastorzinhos começaram a oferecer ao Senhor tudo o que os mortificava e passavam horas seguidas prostrados por terra, repetindo a oração que o Anjo lhes ensinara.

Terceira aparição do Anjo

Uns dois meses depois, os três viram o Anjo novamente, no lugar em que lhes aparecera pela primeira vez. Os pastorzinhos rezavam a oração que ele lhes ensinara: "Meu Deus, eu creio, adoro, espero e vos amo...", quando perceberam uma forte luz. Levantando-se, viram o Anjo, que tinha na mão esquerda um cálice, sobre o qual estava suspensa uma hóstia; dela caíram algumas gotas de sangue dentro do cálice. O Anjo deixou o *cálice suspenso no ar, ajoelhou-se junto às crianças e fez com que repetissem* três vezes: "Santíssima Trindade, Pai, Filho e Espírito Santo, ofereço-vos o Preciosíssimo Corpo, Sangue, Alma e Divindade de Jesus Cristo, presente em todos os sacrários da terra, em reparação pelos ultrajes, sacrilégios e indiferenças com que ele mesmo é ofendido. E, pelos méritos infinitos do seu Santíssimo Coração e do Coração Imaculado de Maria, peço-vos a conversão dos pobres pecadores".

Depois, o Anjo levantou-se e, tomando o cálice, ofereceu-o a Jacinta e Francisco e, tomando a hóstia, deu-a a Lúcia, dizendo: "Tomai e bebei o Corpo e Sangue de Jesus Cristo, horrivelmente ultrajado pelos homens ingratos. Reparai os seus crimes e consolai o vosso Deus".

Assim, o Anjo de Fátima deixou nas crianças um grande desejo de se sacrificarem pelos pecadores, preparando-as para a visita de Nossa Senhora, no ano seguinte.

B) As aparições de Nossa Senhora: 1917

Primeira aparição de Nossa Senhora: 13 de maio de 1917

Era 13 de maio de 1917, domingo. As crianças tinham levado as ovelhas a pastar na Cova da Iria. Ao meio-dia, embora o céu estivesse azul, pareceu-lhes ver um relâmpago. Pensaram que viria uma tempestade; por isso, reuniam o rebanho para voltar à aldeia, quando viram, sobre uma pequena azinheira, como descreveu Lúcia depois, uma Senhora vestida toda de branco, mais brilhante que o sol, derramando uma luz mais clara e intensa que um vaso de cristal cheio de água cristalina, atravessado pelos raios do sol mais ardente.

As crianças estavam mudas e foi a Senhora que começou o diálogo com Lúcia: "Não tenham medo. Eu não lhes faço mal". "Donde é você?", perguntou-lhe Lúcia. "Sou do céu", foi a resposta. "E o que é que você quer?". A Senhora lhe respondeu: "Vim para lhes pedir que venham aqui, seis meses seguidos, no dia 13, a esta mesmo hora. Depois lhes direi quem sou e o que quero". Lúcia lhe perguntou: "E eu também vou para o céu?". "Sim, vais". "E Jacinta?". "Também". "E Francisco?". "Também, mas tem de rezar muitos Terços".

Lúcia fez ainda algumas perguntas e, por fim, Nossa Senhora lhes perguntou: "Vocês querem oferecer-se a Deus para suportar todos os sofrimentos que ele quiser lhes enviar, em ato de reparação pelos pecados com que ele é ofendido, e de súplica pela conversão dos pecadores?". A resposta foi imediata: "Sim, queremos". Então, a Virgem Maria lhes disse: "Terão, pois, muito que sofrer, mas a graça de Deus será o seu conforto. Rezem o Terço todos os dias, para alcançar a paz para o mundo e o fim da guerra".

Dizendo isso, a Virgem desapareceu. As crianças ficaram conversando, deslumbradas, sobretudo, com a grande beleza da Senhora. Fizeram o propósito de nada revelar em casa (como, aliás, não tinham revelado às famílias os três encontros com o Anjo, no ano anterior). Mas a pequenina Jacinta, encantada com a Senhora que lhes falara, e acostumada a relatar à mãe o que lhe acontecia, não resistiu e contou tudo com a maior simplicidade, descrevendo a roupa da Senhora, o brilho das contas e do crucifixo no Rosário que ela tinha entre os dedos... Francisco confirmou as declarações da irmãzinha e, embora alguns irmãos zombassem do caso, o pai, Sr. Marto, logo acreditou neles.

Desde o princípio, os pastorzinhos entenderam que Nossa Senhora lhes pedia sacrifícios pela conversão dos pescadores e, por isso, se acostumaram a pequenos gestos como, por exemplo, não comer o lanche que levavam quando iam pastorear (no início davam o apetitoso pão com queijo para suas ovelhinhas, porém mais tarde passaram a dá-lo a crianças de uma família necessitada).

Lúcia, por sua vez, começou a sofrer forte oposição da mãe, Maria Rosa, que a chamava de mentirosa. Mas a menina aceitava tudo por amor a Nossa Senhora e pela conversão dos pecadores. Começavam a se tornar realidade as palavras que a Virgem lhes dissera: "Terão muito que sofrer...", pois em Aljustrel as pessoas não acreditavam nas crianças, debochavam delas, censuravam seus pais por não impedirem, com autoridade, o que consideravam mentiras e invenções.

Segunda aparição de Nossa Senhora: 13 de junho de 1917

Foi nesse clima que chegou o dia 13 de junho, data estabelecida pela Virgem para as crianças voltarem à Cova da Iria.

Era festa de Santo Antônio, da qual costumava participar toda a população da aldeia de Fátima e dos arredores. Havia sempre muita animação e tudo começava com Missa cantada, depois procissão, além de música, foguetes, carros de bois enfeitados, bênção dos animais e dos alimentos. A mãe de Lúcia esperava que a filha e os dois sobrinhos, sempre apaixonados pelo alvoroço da festa de Santo Antônio, desistissem de ir à Cova da Iria.

Entretanto, naquela quarta-feira, ao meio-dia, lá estavam os pastorzinhos a rezar o Terço em frente à azinheira, juntamente com 50 a 60 pessoas do lugar e da vizinhança, enquanto em Fátima o restante da população festejava, como em todos os anos.

Durante a oração, viram o misterioso clarão e ali estava a Virgem, toda branca de luz, sobre a azinheira. Dessa vez, foi Lúcia que começou: "O que você quer de mim?". Ouviu como resposta: "Quero que venham aqui no dia 13 do mês que vem, que rezem o Terço todos os dias e que aprendam a ler. Depois, direi o que quero". Lúcia: "Peço-lhe que nos leve para o céu". Nossa Senhora, então, lhe disse: "Sim. Jacinta e Francisco, vou levá-los em breve, mas tu ficas aqui mais algum tempo. Jesus quer servir-se de ti para me fazer conhecer e amar. Ele quer estabelecer no mundo a devoção ao meu Imaculado Coração. A quem a abraçar, prometo salvação e serão queridos de Deus como flores postas por mim a adornar o seu trono". "E fico aqui sozinha?", perguntou-lhe a pequena. Então, a Virgem lhes mostrou seu Coração, cercado de espinhos que, ultrajado pelos pecados da humanidade, queria reparação, e disse: "Não, filha. Sofres muito? Não desanimes, nunca te deixarei. O meu Coração Imaculado será o teu refúgio e o caminho que te conduzirá até Deus".

Essa promessa ficou profundamente gravada no coração de Lúcia que, desacreditada no início pela família e pelas autoridades eclesiásticas, e com a missão de divulgar a mensagem da Virgem, estava convencida de que somente no Coração Imaculado de Maria encontraria conforto para suas dificuldades e seus sofrimentos, que não foram poucos.

Terceira aparição de Nossa Senhora: 13 de julho de 1917

No dia 13 de julho, uma multidão de 3 mil pessoas acompanhava os pastorzinhos. Rezavam todos o Rosário quando a Virgem apareceu. Lúcia, que passara um mês difícil, atemorizada pela mãe e pelas autoridades eclesiásticas, que falavam sobre as aparições como coisa do demônio, perguntou à Virgem: "Hoje, o que você deseja de mim?". Nossa Senhora lhe respondeu: "Quero que vocês venham aqui no dia 13 do mês que vem e que continuem a rezar o Terço todos os dias, em honra a Nossa Senhora do Rosário, para a paz do mundo e o fim da guerra, já que somente ela lhes poderá valer".

Lúcia apresentou então a Nossa Senhora vários pedidos de graças e curas. Por causa das dificuldades que muitas pessoas tinham em crer nas aparições, suplicou: "Fazei um milagre para que todos creiam!". Em resposta, ouviu: "Em outubro direi quem sou e o que quero e farei um milagre para que todos creiam. Sacrifiquem-se pelos pecadores e digam, muitas vezes, especialmente quando fizerem sacrifício: 'Ó Jesus, é por vosso amor, pela conversão dos pecadores e em reparação pelos pecados cometidos contra o Imaculado Coração de Maria'".

(O segredo de Fátima: primeira parte)
Ao dizer essas palavras, a Virgem abriu os braços. Um reflexo misterioso penetrou a terra e os três pastorzinhos, espantados, contemplaram o inferno. Assustados, e como que a pedir socorro pelo que viam, as crianças levantaram os olhos para Nossa Senhora, que lhes disse, com bondade e tristeza:

(O segredo de Fátima: segunda parte)
"Vocês viram o inferno, para onde vão as almas dos pobres pecadores. Para as salvar, Deus quer estabelecer no mundo a devoção ao meu Coração Imaculado. Se fizerem o que eu lhes disser, salvar-se-ão muitas almas e terão paz. A guerra vai acabar. Mas, se não pararem de ofender a Deus, no reinado de Pio XI começará outra pior.
Quando virem uma noite iluminada por uma luz desconhecida, saibam que é o grande sinal que Deus lhes dá de que vai punir o mundo por seus crimes, por meio da guerra, da fome e das perseguições à Igreja e ao Santo Padre. Para impedi-la, virei pedir a consagração da Rússia ao meu Coração Imaculado e a comunhão reparadora nos primeiros sábados.
Se atenderem a meus pedidos, a Rússia se converterá e terão paz; se não, espalhará seus erros pelo mundo, promovendo guerras e perseguições à Igreja; os bons serão martirizados; o Santo Padre terá muito que sofrer; várias nações serão aniquiladas; por fim, meu Coração Imaculado triunfará. O Santo Padre me consagrará à Rússia, que se converterá e será concedido ao mundo algum tempo de paz. Em Portugal se conservará a doutrina da fé; etc...".

Portanto, a visão do inferno, com a profecia sobre a Segunda Guerra Mundial e a devoção do Imaculado Coração de Maria foram as duas primeiras partes do "Segredo de Fátima".
A expressão "etc..." da narrativa de Lúcia corresponde à terceira parte do Segredo, que ela não deveria revelar naquele momento.

(O segredo de Fátima: terceira parte)

Somente em 1943 Lúcia escreveu a terceira parte do Segredo de Fátima, que ficou em envelope lacrado, aos cuidados do Bispo de Leiria. Criou-se uma expectativa tão grande em torno dessa parte do Segredo, que o papa São João XXIII pediu o envelope, leu a mensagem, voltou a lacrá-la e o guardou, sem contar o que era.

A revelação da terceira parte do segredo

No dia 13 de maio de 2000, João Paulo II esteve em Fátima, para beatificar os pastorzinhos Francisco e Jacinta. Ao final da Santa Missa, a pedido do Papa, o cardeal Angelo Sodano, Secretário de Estado, revelou a terceira parte do Segredo de Fátima:

> A visão de Fátima refere-se sobretudo à luta dos sistemas ateus contra a Igreja e os cristãos e descreve o sofrimento imane das testemunhas da fé do último século do segundo milênio. É uma *Via-Sacra* sem fim, guiada pelos Papas do século vinte.
>
> Segundo a interpretação dos pastorzinhos, interpretação confirmada ainda recentemente pela Irmã Lúcia, o "Bispo vestido de branco" que reza por todos os fiéis é o Papa. Também ele, caminhando penosamente para a Cruz, por entre os cadáveres dos martirizados (bispos, sacerdotes, religiosos, religiosas e várias pessoas seculares), cai por terra como morto, sob os tiros de uma arma de fogo. Depois do atentado de 13 de maio de 1981, pareceu claramente à Sua Santidade que foi *uma mão materna a guiar a trajetória da bala,* permitindo que *o Papa agonizante se detivesse no limiar da morte* (CONGREGAÇÃO PARA A DOUTRINA DA FÉ, 2000, 29-30).

No dia 13 de junho de 1917, depois de ter falado sobre o Segredo, Nossa Senhora continuou: "Quando rezarem o Rosário, digam depois de cada mistério: 'Ó meu Jesus, perdoai-nos, livrai-nos do fogo do inferno, levai as almas todas para o céu, e socorrei principalmente as que mais precisarem'".

Quarta aparição de Nossa Senhora: 19 de agosto de 1917

Embora a Virgem tivesse pedido que as crianças comparecessem à Cova da Iria no dia 13 de agosto, elas não puderam ir, porque as autoridades as prenderam e as retiveram durante três dias, submetendo-as a interrogatórios, com ameaças de castigo e, mesmo, de morte. A multidão que esperou em vão pelos pastorzinhos, entretanto, presenciou fenômenos extraordinários (trovões, luz, uma nuvenzinha sobre a azinheira), que consolaram a todos e os convenceram mais ainda da veracidade das aparições.

Os três pastorzinhos, durante os dias em que permaneceram na casa do Administrador de Vila Nova de Ourém (com jurisdição sobre Fátima), foram ameaçados de ser atirados num caldeirão de azeite fervente se não revelassem o Segredo da Senhora e se não desmentissem as aparições. As crianças, pela sua idade e simplicidade, sofreram, pois, uma verdadeira e angustiante tortura, mas se mantiveram fiéis e nada revelaram, nem desmentiram o que já haviam dito.

Devolvidos aos pais, estavam a pastorear as ovelhas num lugar chamado Valinhos, na tarde de 19 de agosto, quando a Virgem lhes apareceu, também sobre uma azinheira. Lúcia disse: "O que é que você quer de mim?". Resposta da Virgem Maria: "Quero que continuem indo à Cova da Iria e que prossigam rezando o Terço todos os dias". Com ar triste, Nossa Senhora continuou: "Rezem, rezem muito e façam sacrifícios pelos pecadores, pois muitas almas vão para o inferno por não haver quem se sacrifique e peça por elas!".

Se até então os videntes já viviam num permanente clima de oração, a partir dessas palavras de Nossa Senhora quiseram fazer mais sacrifícios ainda, para evitar que tantas almas fossem para o inferno. Deixavam de tomar água, quando tinham sede; não comiam frutas deliciosas, que antes eram as suas preferidas; ofereciam a Nossa Senhora todas as canseiras e contrariedades e até passaram a usar cordas amarradas à cintura, por baixo da roupa, por serem incômodas e lhes lembrarem permanentemente de oferecer-se pela conversão dos pecadores...

Quinta aparição de Nossa Senhora: 13 de setembro de 1917

A perseguição injusta e cruel feita aos pastorzinhos, em agosto, produziu tal reação do povo que no dia 13 de setembro estavam na Cova da

Iria mais de 25 mil pessoas. Os pastorzinhos custaram a atravessar a multidão e, chegando ao lugar das aparições, começaram a rezar o Terço, como de costume. Os interrogatórios pelos quais tinham passado, as humilhações infligidas por pessoas do lugar e mesmo a hostilidade de alguns parentes, tudo lhes aumentava no coração o amor a Nossa Senhora e até desejavam sofrer pela conversão dos pecadores.

Passando com dificuldade entre as pessoas, as crianças iam escutando pedidos e súplicas para levá-los a Nossa Senhora: uns desejavam a cura de aleijados, de cegos, de tuberculosos; outros queriam filhos ou maridos de volta da guerra; muitos pediam a conversão de parentes e amigos.

A Virgem então lhes apareceu e Lúcia começou fazendo a pergunta costumeira: "O que você quer de mim?". Resposta: "Que venham aqui no dia 13 de outubro. Que continuem rezando o Rosário, para que termine a guerra, que está para acabar. No último dia, virá São José com o Menino Jesus para abençoar o mundo e Nosso Senhor dará a bênção ao povo".

Então Lúcia voltou a fazer pedidos, inclusive rogou por um milagre que todos pudessem ver. Nossa Senhora lhe respondeu: "Em outubro farei um milagre para que todo o povo creia". Depois, referindo-se às cordas que as crianças usavam como sacrifício pela conversão dos pecadores, ela recomendou que só as usassem durante o dia e as retirassem para dormir.

Sexta aparição de Nossa Senhora: 13 de outubro de 1917

A notícia do milagre que aconteceria no dia 13 de outubro atraiu uma multidão de mais de 50 mil pessoas de todo Portugal. Apesar de forte temporal e de muita chuva, dos caminhos enlameados e da dificuldade de subir a Serra, a multidão chegou e, cantando e rezando, esperou pelos pastorzinhos. Os jornais antirreligiosos alegravam-se com a perspectiva do fracasso das aparições. Para eles, a impossibilidade dos milagres no dia 13 de outubro acabaria por enterrar em Portugal a religião cristã, que já fraquejava, principalmente nas cidades. Também havia ameaças para as crianças e suas famílias se o milagre não se realizasse. Entretanto, Nossa Senhora apareceu ao meio-dia e Lúcia indagou: "O que você quer de mim?". Resposta de Nossa Senhora: "Construam aqui uma capela". Nova pergunta de Lúcia: "E você, como se chama?". Maria lhe respondeu: "Sou a Senhora do Rosário. Continuem rezando o Rosário todos os dias, para que Deus perdoe seus pecados e pela salvação dos pecadores. Se o povo se emendasse, a guerra acabaria hoje. Convertam-se e esperem, que seus soldados voltarão logo".

"Tenho muitos pedidos a fazer", disse-lhe Lúcia. "Serão todos atendidos?". Resposta: "Uns sim, outros não". E, com aspecto triste, a Virgem continuou: "Não ofendam mais a Nosso Senhor, que já está muito ofendido".

Quando Lúcia viu que Nossa Senhora se elevava e que o seu brilho se projetava para o sol, apontou para ele e gritou: "Olhem para o sol!". Foi então que ocorreu o milagre prometido por Nossa Senhora, três meses antes: o céu, que até então estivera coberto de nuvens escuras, rasgou-se, deixando ver o sol. Este tomou a forma e a cor de um disco prateado que não feria a vista. Ao mesmo tempo, começou a girar vertiginosamente sobre si mesmo e desceu três vezes até a linha do horizonte, ameaçando cair sobre a terra. No sol apareceram todas as cores do arco-íris, que se refletiam na paisagem, na terra, nas árvores, nas pessoas. Tudo durou mais ou menos 15 minutos. A multidão, atemorizada, chorava, gritava, invocava a misericórdia de Deus e a Virgem, pedindo o perdão de suas culpas.

Esse fenômeno foi observado não só na Cova da Iria, mas também em aldeias vizinhas, algumas até a 40 quilômetros distantes dali, onde as pessoas se emocionaram e se perturbaram com o que puderam ver também. Outro fato inexplicável: as roupas daquela multidão, ensopadas pela chuva que caíra desde a véspera, ficaram súbita e completamente enxutas após o milagre. Nossa Senhora fez com que a multidão acreditasse nos três pastorzinhos, para que acreditasse também na mensagem que ela lhes confiara.

Lúcia, mergulhada em êxtase, descreveu depois: "Desaparecida Nossa Senhora na imensidão do firmamento, vimos ao lado do sol São José com o Menino Jesus e Nossa Senhora vestida de branco, com um manto azul. São José, com o Menino, parecia abençoar o mundo, fazendo com a mão gestos em forma de cruz. Pouco depois, vi Nosso Senhor e Nossa Senhora, a qual me dava a ideia de ser Nossa Senhora das Dores. Nosso Senhor parecia abençoar o mundo, da mesma forma que São José. Desvanecendo-se essa aparição, pareceu-me ver, ainda, Nossa Senhora em forma semelhante à de Nossa Senhora do Carmo".

3
Os videntes

Foram essas as aparições de Nossa Senhora em Fátima, Portugal, no ano de 1917, e a sua importante mensagem. Quanto aos videntes:

Francisco morreu em 4 de abril de 1919, com 11 anos incompletos e, desde as aparições, sua única preocupação era "consolar o bom Deus". Embora visse sempre a Virgem nas aparições, Francisco não ouvia o que ela falava. Lúcia e Jacinta lhe repetiam as mensagens. Entretanto, desde o primeiro dia, ele foi tomado de grande fervor, rezava muitos Terços e, principalmente, ao compreender que o Coração de Jesus estava sendo profundamente ofendido, parecia ter um único objetivo na vida: consolar Nosso Senhor. Rezava também pelos pecadores, principalmente "para que não ofendessem mais o Bom Deus".

Jacinta faleceu em 20 de fevereiro de 1920, com quase 10 anos. Desde as aparições, aquela menina, tão simples e pequena, que não sabia ler ou escrever, nem tinha feito a primeira comunhão, passou a ter um imenso amor pelos pecadores, desejando convertê-los e salvá-los. Dos três videntes, como contou Lúcia mais tarde, quase sempre Jacinta era a primeira a lembrar-se de fazer pequenos sacrifícios pela conversão dos pecadores. Depois, quando muito doente e entre muitos sofrimentos, dispensava caldos, sucos e outros agrados para, como confidenciou à prima, com esses sacrifícios "salvar mais almas para Deus".

Depois de 1917, Nossa Senhora ainda apareceu mais algumas vezes a Jacinta, perguntando se queria sofrer mais pelos pecadores. Como a menina aceitou, a Virgem lhe disse em que hospital ficaria e o lugar onde morreria, longe da família e dos amigos. Jacinta aceitou tudo, como disse, "por amor de Nosso Senhor, para reparar o Imaculado Coração de Maria, pela conversão dos pecadores e pelo Santo Padre".

Doente desde 1918, ela sofreu operações e esteve internada em hospitais, vindo a falecer em Lisboa depois de muitos sofrimentos, aceitos com resignação e mesmo com amor; longe da família, como Nossa Senhora lhe dissera, e tendo por companhia apenas uma enfermeira do Hospital Dona Estefânia.

A linda Senhora da Cova da Iria tinha vindo buscar a sua tão bela e sofrida florzinha que ainda nem tinha completado 10 anos...

Lúcia, em 1921, entrou para um convento na cidade do Porto, para adquirir maior cultura humana e religiosa e, também, para fugir da curiosidade das pessoas. Ali, sentiu-se chamada por Deus a se consagrar inteiramente a ele e foi para o Convento das Irmãs Doroteias, em Pontevedra, na Espanha.

Em 1948, pedindo permissão a Pio XII, transferiu-se para a Ordem das Carmelitas, na cidade de Coimbra, em Portugal, para levar uma vida de mais intensa oração e penitência. Lúcia teve outras aparições de Nossa Senhora e de Jesus, quando já se encontrava no Convento de Pontevedra e, depois, na cidade de Tuy: em 1925, Nossa Senhora lhe confiou a Devoção dos Cinco Primeiros Sábados; em 1929, Nossa Senhora veio lhe pedir que o Santo Padre consagrasse a Rússia ao seu Coração Imaculado.

Irmã Lúcia – Irmã Maria Lúcia de Jesus e do Coração Imaculado – faleceu no dia 13 de fevereiro de 2005, aos 97 anos, no Carmelo Santa Teresa, em Coimbra.

4

A grande promessa do Imaculado Coração de Maria

Na aparição do dia 13 de julho de 1917, Nossa Senhora, na segunda parte do chamado Segredo, revelou que Deus queria estabelecer no mundo a devoção ao Imaculado Coração de Maria. Mais tarde, em 1925, quando Lúcia estava no Convento de Pontevedra, na Espanha, Nossa Senhora lhe apareceu com Jesus para pedir a Comunhão Reparadora dos Primeiros Sábados. Ela lhe mostrou o Coração cercado de espinhos, que tinha na mão. Então, disse-lhe o Menino Jesus: "Tem compaixão do Coração de tua Mãe Santíssima, que está coberto de espinhos que os homens ingratos lhe cravam continuamente, sem que ninguém lhe faça um ato de reparação para arrancá-los".

Em seguida, disse a Santíssima Virgem: "Olha, minha filha, o meu coração cercado de espinhos que os homens ingratos me cravam continuamente com blasfêmias e ingratidões. Tu, ao menos, procura consolar-me. E, a todos aqueles que [*condições*]: [1] durante cinco meses, no primeiro sábado [2] se confessarem, [3] receberem a sagrada comunhão, [4] rezarem uma parte do Rosário [5] e me fizerem 15 minutos de companhia, meditando nos 15 mistérios do Rosário, [6] com a finalidade de desagravar-me, [*promessa*] eu prometo assisti-los na hora da morte, com todas as graças necessárias para a sua salvação".

Eis aí a segunda parte do Segredo de Fátima: o estabelecimento da devoção ao Imaculado Coração de Maria (junto ao pedido de consagração da Rússia ao Coração de Maria).

5
A mensagem de Fátima: penitência, oração, rosário

Tudo o que Nossa Senhora disse e pediu em Fátima combina perfeitamente com o que está nos Evangelhos. Se os homens tivessem sido sempre fiéis ao Evangelho de Jesus Cristo, não haveria necessidade de Nossa Senhora aparecer em Fátima ou em outros lugares. Mas, se ela apareceu, não foi por brincadeira, nem sem objetivo: Nossa Senhora de Fátima trouxe aos homens uma importantíssima e urgente mensagem.

O que é que Nossa Senhora pediu em Fátima? Pediu coisas muito simples: penitência e oração.

Penitência: Ela pediu para fazermos sacrifícios e mortificações pela nossa própria salvação e pela salvação dos pecadores.

O Anjo ensinou as crianças a rezarem "pelos que não creem, não adoram, não esperam e não amam". Elas entenderam tão bem que Jacinta e Francisco, quando adoeceram, tomavam todos os remédios sem reclamar, por amor a Jesus e pela conversão dos pecadores. Quando havia algo que lhes dava alívio na doença, recusavam, oferecendo o sacrifício por Nosso Senhor e para atraírem almas para Deus.

Lúcia perguntou a Francisco, alguns dias antes de ele morrer: "Francisco, sofres muito?". Ele lhe respondeu: "Sim, mas sofro tudo por amor de Nosso Senhor e de Nossa Senhora".

Também Jacinta havia compreendido perfeitamente os pedidos de Nossa Senhora pelos pecadores. Quando ela estava muito doente, a mãe lhe levou uma xícara de leite (que ela detestava!) e um belo cacho de uvas. Jacinta recusou as uvas e tomou o leite. Depois confidenciou a Lúcia: "Apeteciam-me tanto aquelas uvas e custou-me tanto tomar o leite! Mas quis oferecer esse sacrifício por Nosso Senhor".

Lúcia escreveu mais tarde que o que mais impressionava os pastorzinhos era a tristeza da Virgem, quando pedia que não ofendessem mais a Deus Nosso Senhor, que já estava tão ofendido. Por isso, todos eles se esforçavam em suportar as dificuldades e sofrimentos, como reparação a Jesus e ao Imaculado Coração de Maria, pelas muitas ofensas dos homens e pela conversão dos pecadores. Não só aceitavam os sofrimentos naturais da vida, mas também faziam seus próprios sacrifícios, voluntariamente, deixando de comer coisas gostosas, passando sede, realizando tarefas difíceis – tudo por amor a Jesus e a Nossa Senhora.

Mais tarde, Lúcia escreveu: "Enquanto Jacinta parecia preocupada pelo único pensamento de converter os pecadores e de livrar as almas do inferno, Francisco parecia pensar somente em consolar Nosso Senhor e Nossa Senhora, que lhe pareciam tristes...".

Oração: Nossa Senhora quis fazer de Fátima uma escola de oração. Nessa escola, ela é a grande Mestra, o grande modelo.

Já o Evangelho apresenta a vida de Maria como uma oração: "Faça-se em mim segundo a tua Palavra". Maria nunca viveu para si própria: viveu sempre de acordo com a vontade de Deus. Isso significou para ela rejeição, pobreza, perseguição, exílio, anonimato e, mais tarde, o calvário e a cruz. Por isso, ao aparecer em Fátima, Maria ensinou as crianças a rezar. Também nós somos convidados a viver uma vida de oração e a viver de acordo com a vontade de Deus.

Rosário: Em Fátima, Nossa Senhora declarou: "Sou a Senhora do Rosário". Talvez ela tenha aparecido ali por ser um lugar de camponeses humildes que costumavam reunir-se, à noitinha, em volta do fogão ou ao pé da lareira, para sua devota recitação do Terço...

Padre Manuel M. Ferreira, Prior da igreja na Vila de Fátima em 1917, ao saber das aparições, e ao interrogar os três pastorzinhos, comentava: "Não é possível que Nossa Senhora venha do céu à terra só para dizer que rezem o Terço todos os dias, pois isso já é costume geral em quase todas as famílias daqui...". O certo é que em suas aparições, nos diferentes lugares do mundo, Nossa Senhora tem recomendado e até pedido a recitação do Rosário "todos os dias...".

Em Fátima, a devoção do Rosário está intimamente relacionada com o fim da Primeira Guerra e das grandes calamidades que então afligiam o mundo. Historicamente, essa devoção parece estar destinada por Deus a conseguir reparar os grandes crimes da humanidade pecadora e arrependida. A devoção do Rosário também está relacionada a pedidos para se evitarem guerras e grandes tragédias para a humanidade.

No Antigo Testamento, Deus deu a Moisés um bastão como sinal do seu poder. Assim, quando no deserto não havia água, Moisés tocava com o bastão na rocha e dela brotava água (cf. Ex 17,1-7). Já antes, quando com sede encontraram só água salgada, Moisés tocou-a com seu bastão e a água se tornou potável (cf. Ex 15,22-27). Não saía nenhuma energia do bastão; a energia saía da fé de Moisés. O bastão ainda existe, nesse nosso conturbado século: está nas nossas mãos e se chama "Rosário". Com a oração podemos tudo, com o Rosário seremos fortes.

Moisés não pensava com lógica humana: ele agia em função da fé. Sabia que Deus podia fazer tudo! Nossa Senhora quer que também nós abracemos a devoção do Rosário como uma força a mais que Deus nos dá para nossa salvação e a dos nossos irmãos. Se rezarmos o Rosário como a Virgem pede, se acreditarmos que Deus pode resolver os problemas da humanidade, tudo poderemos em Deus.

6
As orações ensinadas em Fátima

A) As orações ensinadas pelo Anjo

- "Meu Deus, eu creio, adoro, espero e vos amo. E peço perdão pelos que não creem, não adoram, não esperam e não vos amam".
- "Santíssima Trindade: Pai, Filho e Espírito Santo, adoro-vos profundamente e vos ofereço o Preciosíssimo Corpo, Sangue, Alma e Divindade de Jesus Cristo, presente em todos os sacrários da terra, em reparação pelos ultrajes, sacrilégios e indiferenças com que ele é ofendido. E, pelos méritos infinitos do seu Santíssimo Coração e do Coração Imaculado de Maria, peço-vos a conversão dos pobres pecadores".

B) As orações ensinadas por Nossa Senhora

- "Dizei muitas vezes, especialmente quando fizerdes algum sacrifício: 'Ó Jesus, é por teu amor, pela conversão dos pecadores e em reparação dos pecados cometidos contra o Imaculado Coração de Maria'".

A Virgem também pediu que, ao rezar o rosário, antes ou depois de cada mistério, digamos:

- "Ó meu Jesus, perdoai-nos, livrai-nos do fogo do inferno, levai as almas todas para o céu, e socorrei principalmente as que mais precisarem".

7
A devoção dos 5 Primeiros Sábados

Essa devoção reparadora Maria pediu a Lúcia, no ano de 1925, quando ela se encontrava no Convento de Pontevedra e, posteriormente, em Tuy, na Espanha, com as seguintes palavras:

Olha, minha filha, o meu coração cercado de espinhos que os homens ingratos me cravam continuamente com blasfêmias e ingratidões.
Tu, ao menos, procura consolar-me. E, a todos aqueles que durante cinco meses, no primeiro sábado se confessarem, receberem a sagrada comunhão, rezarem uma parte do Rosário e me fizerem 15 minutos de companhia, meditando nos 15 mistérios do Rosário, com a finalidade de desagravar-me, eu prometo assisti-los na hora da morte, com todas as graças necessárias para a sua salvação.

Portanto, essa devoção dos primeiros sábados tem de ser feita sempre com a intenção de desagravar o Coração de Maria pelas injúrias que recebe. Também é necessário que a pessoa se confesse em cada um desses meses, sempre com a intenção de desagravar o Imaculado Coração de Maria e que receba a sagrada Comunhão e recite uma parte do Rosário (um Terço), meditando em seus mistérios.

A quem cumprir esses pedidos de Nossa Senhora ela promete "assistir na hora da morte, com todas as graças necessárias para a sua salvação".

Evidentemente, isso implica que a pessoa melhore de vida, converta-se, passe a viver de acordo com o Evangelho. A devoção dos Primeiros Sábados não é uma fórmula mágica para garantir a salvação. Ela é um esplêndido meio, um caminho que Nossa Senhora nos indica para nos convertermos e nos santificarmos. É uma devoção que nos leva com simplicidade a conhecer melhor a vida de Jesus e de Maria, e que desperta por eles em nosso coração um grande amor e uma vontade sincera de não os ofendermos mais.

Cumpre lembrar, aqui, que há uma variedade muito grande de devoções a Nossa Senhora, algumas pedidas por ela mesma, outras criadas por grandes devotos e amigos da Virgem. Por que tantas e tão diferentes devoções? Porque os filhos de Nossa Senhora são uma multidão incontável. Cada um com seus gostos e sua maneira de ser. Então essa Mãe amorosa oferece uma série de maneiras de orar, que podem atingir todos os gostos e todos os temperamentos.

O que ela quer é que todos nós acheguemos a ela, para ela poder nos levar a Jesus. Por isso, Maria é a Mãe das mães, que está sempre à frente de todos nós, seus filhos, conhecendo-nos e nos mostrando os caminhos que melhor nos levarão a Deus.

8
A consagração ao Imaculado Coração de Maria

A consagração ao Imaculado Coração de Maria é um ato muito especial. Por ele, uma pessoa se consagra a Cristo pelas mãos da Virgem Santíssima no desejo de viver fielmente os compromissos batismais.

Quando fazemos essa consagração, renovamos o gesto de Maria, que se consagrou totalmente a Deus: "Eis aqui a serva do Senhor, faça-se em mim segundo a tua Palavra" (Lc 1,38). Além disso, recordamos o que foi feito pelo apóstolo e evangelista São João que, no Calvário, recebeu Maria como Mãe ("Eis tua Mãe", Jo 19,27). Assim como São João acolheu Maria em sua casa, somos chamados a dar a essa Mãe um lugar especial em nossa vida, já totalmente consagrada a Jesus.

Pela consagração, manifestamos o desejo de buscar um encontro pessoal, íntimo e perseverante com Maria. Esse encontro supõe o dom de nós mesmos e a colaboração com o plano de Deus. Manifestamos o desejo de estar continuamente atentos às palavras de Nossa Senhora em Caná: "Fazei tudo o que ele vos disser" (Jo 2,5).

Consagrar-se a Maria significa trabalhar contra o pecado e suas causas, dedicar a própria vida em favor dos outros e também acolher os irmãos mais abandonados.

Quem a ela se consagra coloca-se sob a sua proteção e procura imitá-la em sua entrega e Jesus.

Para fazer tal consagração, deve-se estar em estado de graça. Convém que esse gesto seja preparado, individualmente ou em grupo, para que tenha profunda repercussão em nossa vida.

Fórmulas de consagração:

Consagração pessoal
Virgem Maria, Mãe de Deus e dos homens: com as mesmas intenções com que teu Coração puríssimo pronunciou o "Sim" da encarnação do Verbo, eu me entrego e consagro inteiramente, com toda minha pessoa e com tudo o que possa me pertencer, ao Pai, ao Filho e ao Espírito Santo, como doação perpétua e irrevogável.
Entrego-me por teu intermédio, minha Mãe, para que, como flor recebida de tuas mãos, Deus não se afaste de mim, apesar da minha miséria e do meu pecado.
Prometo-te, minha mãe, amar-te sempre, servir-te com fidelidade, imitar tuas virtudes e cumprir com tua ajuda todas as obrigações de filho de Deus e da Igreja.
E para que esta promessa e esta consagração não sejam em vão, deposito-as no teu Coração Imaculado: guarda-as ali perpetuamente no tempo e na eternidade, para a glória do Pai, do Filho e do Espírito Santo. Amém.

Consagração familiar
Reunidos em torno da tua imagem, esta família declara que és a Rainha e Mãe deste lar. Consagramos-te inteiramente todos e a cada um dos seus membros, como doação perpétua e irrevogável.
Vive sempre presente, Mãe nossa, em todos os nossos afazeres, nas nossas tristezas e alegrias, nos nossos triunfos e fracassos, para que no meio das tormentas desta vida não percamos nunca a luz da Divina Graça.
Prometemos-te, Mãe nossa, amar-te sempre, servir-te com fidelidade, imitar tuas virtudes e cumprir, com tua ajuda poderosa, todas as nossas obrigações de filhos de Deus e da Igreja.
E para que estas promessas e esta consagração não sejam vãs, nós a depositamos em teu Coração Imaculado: guarda-as ali perpetuamente no tempo e na eternidade, para a glória do Pai, do Filho e do Espírito Santo. Amém.

Conclusão

Termina aqui este pequeno e resumido relato das aparições de Nossa Senhora de Fátima no ano de 1917, e da sua importante mensagem, que continua atual e necessária. Quando se fala ou se escreve sobre a Virgem Maria, fica-se sempre muito longe de falar e escrever como se gostaria. Porém, a Virgem sabe que escrevi com um carinho enorme, com o coração cheio de gratidão e de amor por essa Mãe que acompanha os passos da humanidade, chamando todos à conversão.

Maria não é somente Mãe de Deus; ela é também nossa Mãe, com sentimentos e anseios que todas as mães têm: quando, ao pé da cruz, Jesus lhe mostrou o discípulo João e disse: "Mulher, eis aí teu filho", Maria compreendeu o que Jesus queria: que ela fosse a Mãe de todos aqueles por quem ele derramara seu sangue.

Assumindo essa maternidade, a Virgem assumiu também o encargo de buscar a salvação eterna de cada pessoa, dos bilhões que têm passado pelo mundo e ainda haverão de passar.

Como Mãe, ela sofre quando vê seus filhos se afastarem cada vez mais de Deus, brigarem entre si, cometerem injustiças uns para com os outros, oprimirem e matarem os próprios irmãos...

Maria é tão humana quanto as mães humanas da terra, que se preocupam, perdem o sono e rezam mais pelos filhos transviados do que pelos outros, e que vão buscá-los nos descaminhos e nas sarjetas, para lhes cuidar das feridas do corpo e da alma...

Como as mães da terra pedem aos filhos que estão em casa para rezarem e se sacrificarem pelos que se transviaram, pelos que abandonaram a família, assim também Maria faz conosco, em relação aos que precisam de conversão. Por isso, em momentos cruciais, ela tem aparecido, num ou noutro lugar do mundo, pedindo paz, conversão, penitência e sacrifício pelos irmãos.

Seja em Guadalupe ou em Paris, em La Salette, em Lourdes ou em Fátima, em lugares em que ela manifestou seu carinho especial por nós, seus filhos, como Loreto e Aparecida, ou em muitos outros lugares, Maria é aquela que sofre e chora pelos filhos desgarrados. É aquela que acredita na generosidade de muitos dos seus filhos, dispostos, como Jacinta, Francisco e Lúcia, a rezar e se sacrificar pela conversão e salvação dos irmãos.

A mensagem de Fátima é dura porque exige muito de nós. Mas também é doce porque é a presença de uma carinhosa e fiel Mãe, sempre disposta a acreditar em nós e na nossa volta aos braços do Pai.

Nossa Senhora de Fátima não é apenas uma devoção a mais; lá ela demonstrou ser aquela Mãe cheia de ternura e de bênção, que nos espera sempre, que nos chama sempre e que é, real e concretamente, um caminho seguro para nos levar até Deus.

Edições Loyola

editoração impressão acabamento
Rua 1822 nº 341 – Ipiranga
04216-000 São Paulo, SP
T 55 11 3385 8500/8501, 2063 4275
www.loyola.com.br